新中国口岸开放与变革发展70年

朱振　著

中国经济出版社
CHINA ECONOMIC PUBLISHING HOUSE
北京

图书在版编目（CIP）数据

新中国口岸开放与变革发展70年/朱振著. --北京：中国经济出版社，2021.11

ISBN 978-7-5136-6719-7

Ⅰ.①新… Ⅱ.①朱… Ⅲ.①通商口岸-经济发展-史料-中国 Ⅳ.①F752.5

中国版本图书馆CIP数据核字（2021）第227954号

责任编辑　严　莉
责任印制　巢新强
封面设计　任燕飞

出版发行　中国经济出版社
印 刷 者　北京中石油彩色印刷有限责任公司
经 销 者　各地新华书店
开　　本　710mm×1000mm　1/16
印　　张　16.75
字　　数　268千字
版　　次　2021年11月第1版
印　　次　2021年11月第1次
定　　价　78.00元
广告经营许可证　京西工商广字第8179号

中国经济出版社 **网址** www.economyph.com **社址** 北京市东城区安定门外大街58号 **邮编** 100011
本版图书如存在印装质量问题，请与本社销售中心联系调换（联系电话：010-57512564）

目 录

第一章

综述

我们的事业是正义的。正义的事业是任何敌人也攻不破的。

领导我们事业的核心力量是中国共产党。指导我们思想的理论基础是马克思列宁主义。

我们有充分的信心，克服一切艰难困苦，将我国建设成为一个伟大的社会主义共和国。

我们正在前进。我们正在做我们的前人从来没有做过的极其光荣伟大的事业。

我们的目的一定要达到。我们的目的一定能够达到。①

——毛泽东

---

① 摘自1954年9月15日毛泽东同志在第一届全国人民代表大会第一次会议开幕式上的致辞。

往事越千年，而今奏华章。在中华民族五千年的文明史上，当代中国的历史——中华人民共和国（即“新中国”，下同）的历史，无疑是最辉煌的篇章。2019 年 10 月，中共中央总书记、国家主席、中央军委主席习近平在庆祝中华人民共和国成立 70 周年大会上的讲话中强调：“70 年来，全国各族人民同心同德、艰苦奋斗，取得了令世界刮目相看的伟大成就。今天，社会主义中国巍然屹立在世界东方，没有任何力量能够撼动我们伟大祖国的地位，没有任何力量能够阻挡中国人民和中华民族的前进步伐。”① 新中国成立 70 年来，先后经历了社会主义革命和建设时期、改革开放和社会主义现代化建设新时期和党的十八大以来的中国特色社会主义新时代。新中国 70 年的发展实践证明，在中国共产党的坚强领导下，全党、全军、全国各族人民上下同心、团结奋进，完全有能力在较短时间内迎头赶上，跻身世界先进民族之林。

筚路蓝缕辟榛莽，砥砺奋进创奇迹。1949 年 10 月 1 日，中华人民共和国中央人民政府宣告成立。自 1949 年新中国成立以来，在中国共产党的坚强领导下，全国上下自力更生、艰苦奋斗、勠力同心、奋发图强、改革开放、解放思想、实事求是、与时俱进、砥砺前行，历经曲折，战胜了各种困难挫折，创造了举世瞩目的辉煌成就，勇于探索适合中国国情的社会主义发展道路，成功开辟了中国特色社会主义道路，当代中国已从昔日积贫积弱、“一穷二白”发展至今天民族振兴、国家富

---

① 习近平在庆祝中华人民共和国成立 70 周年大会上的讲话[EB/OL]. 新华视点,2019 - 10 - 01. http://cn. chinadaily. com. cn/a/201910/01/WS5d92c22ea31099ab995e362f. html.

强，实现了中华民族从站起来、富起来到强起来的伟大飞跃。巍然屹立于世界东方的当今中国，已经跃升为全球第一大货物贸易国、第一大工业国、第一大外汇储备国、第二大经济体、第三大外资引进国，70年间取得了举世瞩目的辉煌成就，创造了人类发展史上“当惊世界殊”的经济奇迹，这堪称是开天辟地、彪炳史册，具有里程碑意义的伟大奇迹。

对外开放口岸及其发展是时代的产物，它服从服务于国家发展战略和中心任务，与当时所面临的具体国情、经济基础、开放条件和国际环境等息息相关。实践证明，口岸是对外开放的门户、经贸往来的桥梁、互联互通的平台和形象展示的窗口，口岸开放促进了国内外加快合作交流，口岸发展带动了区域经济社会竞相繁荣。回顾总结新中国成立70年来口岸开放与发展的实践历程和主要经验，对新时代进一步立足全局、着眼长远、深化改革、扩大开放，更好地推动口岸开放发展服务国家大局、促进高水平开放、实现高质量发展等都具有重要意义。

第一节　新中国70年口岸开放发展取得了辉煌成就

新中国成立特别是改革开放40年来，我国经济总量大幅增加，对外贸易持续增长，国际地位和全球影响力显著提升，对外开放、对内改革不断深化，全方位多领域全面开放新格局已经形成，口岸开放发展对促进国家经济社会健康持续发展发挥了重要作用，做出了积极贡献。

一、我国经济持续快速增长，已成为全球经济增长的最强引擎

经济基础不仅决定着一个国家（地区）的上层建筑，还决定着一个国家（地区）对外开放的深度和广度。新中国成立之初的1952年，我国国内生产总值仅679.1亿元，其中，第一产业342.9亿元，第二产业141.1亿元，第三产业195.1亿元，人均国内生产总值119元/人。按照不变价格计算，2018年我国国内生产总值达900309.5亿元，比

1952 年增长了1324.7 倍，年均增长8.1%；其中，第一产业64734.0 亿元，比1952 年增长了187.8 倍，第二产业366000.9 亿元，比1952 年增长了2592.9 倍，第三产业469574.6 亿元，比1952 年增长了2405.8 倍，人均国内生产总值64644 元/人，比1952 年增长了542.2 倍。

改革开放以来，1979—2018 年，我国经济总量由世界第11 位跃升至第2 位；其间，2005 年超越法国，2006 年超越英国，2007 年超越德国，2010 年超越日本，自此我国成为全球第二大经济体，至今稳居世界第2 位。我国经济总量占世界经济总量的比重持续上升，1978—2018 年，我国国内生产总值占世界比重从1.8% 提升至15.9%，提高了14.1 个百分点。改革开放前，1961—1978 年，我国对世界增长的年均贡献率为1.1%；改革开放后，1979—2012 年，我国对世界经济增长的年均贡献率达15.9%，居世界第2 位；2013—2018 年，我国对世界经济增长的年均贡献率达28.1%，居世界第1 位。当今中国作为世界第二大经济体、制造业第一大国、货物贸易第一大国、外汇储备第一大国、商品消费第二大国、外资流入第二大国和世界上最具潜力的消费市场，截至目前对世界经济增长的贡献率已连续13 年稳居第一，已是全球公认的世界经济增长第一引擎和最大贡献者，堪称世界经济增长名副其实的"稳定器"和"动力源"。

麦肯锡全球研究院发布报告认为：2000—2017 年，世界对中国经济的综合依存度指数从0.4 逐步上升至1.2，中国贡献了全球制造业总产出的35%。近年来，"一带一路"建设成为世界经济增长的新引擎，有效推动了区域、次区域的合作交流和全球的跨境互联互通。世界银行研究报告显示，"一带一路"建设使相关国家760 万人摆脱极端贫困、3200 万人摆脱中度贫困，使参与国家的贸易增长2.8% ~9.7%，促进全球贸易增长1.7% ~6.2%、全球收入增加0.7% ~2.9%。

麦肯锡全球研究院研究报告认为：到2040 年，中国和世界上其他经济体彼此融合，有望创造22 万亿~37 万亿美元的经济价值，相当于全球经济总量的 15% ~26%。可以说，长期以来中国发展惠及全球，搭乘“中国号”快车机遇是越来越多国家和地区的明智选择；作为世界上最大的发展中国家，中国拓展了发展中国家走向现代化的典范路径，给其他国家和民族提供了可资借鉴的“中国道路”“中国方案”。表 1 -1 为世界主要国家国内生产总值及占世界比重，表 1 -2 为世界主要国家和地区经济增长率比较，表 1 -3 为主要国家和地区对世界经济增长的贡献率。

表 1 -1　世界主要国家国内生产总值及占世界比重

国家	1978 年			2018 年		
	位次	国内生产总值（亿美元）	占世界比重（%）	位次	国内生产总值（亿美元）	占世界比重（%）
世界		85377	100		857908	100
美国	1	23566	27.6	1	204941	23.9
中国	11	1495	1.8	2	136082	15.9
日本	2	10136	11.9	3	49709	5.8
德国	3	7377	8.6	4	39968	4.7
英国	5	3359	3.9	5	28252	3.3
法国	4	5067	5.9	6	27775	3.2
印度	12	1355	1.6	7	27263	3.2
意大利	6	3140	3.7	8	20739	2.4
巴西	8	2008	2.4	9	18686	2.2
加拿大	7	2186	2.6	10	17093	2.0
俄罗斯	—	—	—	11	16576	1.9
韩国	24	517	0.6	12	16194	1.9
西班牙	9	1602	1.9	13	14262	1.7
澳大利亚	13	1183	1.4	14	14322	1.7
墨西哥	15	1025	1.2	15	12238	1.4

注：1978 年和 2018 年参加排序的国家和地区分别为 140 个和 186 个。

资料来源：世界银行 WDI 数据库。

转引自：辉煌 70 年编写组．辉煌 70 年——新中国经济社会发展成就（1949—2019）[M]．北京：中国统计出版社有限公司，2019：39.

表 1－2　世界主要国家和地区经济增长率比较　（%）

国家和地区	1979 年	1990 年	2000 年	2010 年	2015 年	2018 年	1979—2018 年平均增速
世界	4.2	2.9	4.4	4.3	2.9	3.0	2.9
高收入国家	4.2	3.1	4.0	2.9	2.3	2.2	2.4
中等收入国家	3.8	2.2	5.8	7.4	3.9	4.6	4.3
低收入国家	3.4	1.1	2.2	6.9	2.9	4.9	3.1①
中国	7.6	3.9	8.5	10.6	6.9	6.6	9.4
美国	3.2	1.9	4.1	2.6	2.9	2.9	2.6
欧元区	3.8	3.6	3.9	2.1	2.1	1.9	1.9
日本	5.5	4.9	2.8	4.2	1.2	0.8	2.0
韩国	8.6	9.8	8.9	6.5	2.8	2.7	6.1
墨西哥	9.7	5.2	4.9	5.1	3.3	2.0	2.7
巴西	6.8	−3.1	4.1	7.5	−3.5	1.1	2.5
俄罗斯		−3.0	10.0	4.5	−2.3	2.3	0.6②
印度	−5.2	5.5	3.8	8.5	8.0	7.0	6.1
南非	3.8	−0.3	4.2	3.0	1.3	0.6	2.3

注：①为 1983—2018 年平均增速；②为 1990—2018 年平均增速。

资料来源：世界银行 WDI 数据库。

转引自：辉煌 70 年编写组．辉煌 70 年——新中国经济社会发展成就（1949—2019）［M］．北京：中国统计出版社有限公司，2019：38.

表 1－3　主要国家和地区对世界经济增长的贡献率　（%）

国家和地区	1978 年	1990 年	2000 年	2010 年	2015 年	2017 年	2018 年	1979—2018 年平均贡献率
中国	3.1	2.9	8.3	21.6	27.3	26.1	27.5	18.7
美国	33.3	15.9	23.8	13.8	22.2	15.3	20.4	20.4
欧元区	20.2	28.8	19.8	9.5	13.0	13.2	10.7	13.0
日本	13.9	20.4	6.9	8.5	3.4	4.7	2.0	6.0
韩国	1.3	3.0	2.8	2.5	1.6	1.6	1.5	2.2
墨西哥	3.7	3.0	2.1	1.9	1.9	1.1	1.1	1.5

续表

国家和地区	1978 年	1990 年	2000 年	2010 年	2015 年	2017 年	2018 年	1979—2018 年平均贡献率
巴西	2.7	-3.6	2.9	5.7	-4.1	1.0	1.0	2.6
俄罗斯		-4.1	4.1	2.4	-1.9	1.1	1.6	0.5①
印度	1.4	2.3	1.4	4.8	8.1	7.2	7.6	4.6
南非	0.5	-0.1	0.5	0.4	0.3	0.2	0.1	0.5

注：①为 1990—2018 年平均贡献率。

资料来源：世界银行 WDI 数据库。

转引自：辉煌 70 年编写组．辉煌 70 年——新中国经济社会发展成就（1949—2019）[M]．北京：中国统计出版社有限公司，2019：38.

二、区域全面开放联动协调发展成效显著

综观全球，人类发展历史就是一幅不同文明相互开放、交流、互鉴、融合的宏伟画卷。开放是发展的必由之路。对外开放口岸与所在区域经济社会发展息息相关、相辅相成。就全球区域发展的内在时空演进规律而言，地理区位较为优越、交通运输较为便利、市场资源较为丰富的区域通常都会率先发展，世界各国通常从沿海港口城镇起步先行，溯江沿河，沿交通运输干线逐步向纵深经济腹地梯度发展，伴随着生产、经营、销售、消费等市场范畴不断扩大而突破区域性壁垒和市场分割，从而推动生产要素跨区域流动，最终促进统一大市场的形成发展。

我国水陆兼具、东渐西被①、疆域辽阔、人口众多，长期以来各地区之间地理区位、自然条件、资源禀赋、人文风俗、发展基础等差异较大，区域经济发展难以实现齐头并进。自唐朝末年以来，我国经济版图逐步由北方向南方地区倾斜。

近代以来，始于清政府洋务运动中在天津创办机械制造局等近代工

① 出自《尚书·禹贡》，原句为“东渐于海、西被于流沙，朔南暨，声教讫于四海”。

业企业，天津崛起为近代华北地区的重要门户和经济中心、工商业中心。南方以上海、广州为中心的海港口岸城市分别带动长江、珠江流域开放发展，北方以天津、大连、青岛为中心的海港城市形成渤海经济圈和北方工业基地。总体来看，我国东南沿海地窄人稠，西北地区地广人稀，符合“胡焕庸线”假想，这也是长期以来各地区人口分布、工业发展适应资源环境和社会经济条件的“物竞天择”“自然选择”之结果。

出于历史原因，新中国成立初期，我国地区差距很大，工业基础非常薄弱，生产力分布十分畸形；工业偏集于东部沿海一隅，全国工业总产值77%以上聚集在占国土面积不到12%的东部沿海狭长地带，重点集中在“广（州）大（连）上（海）青（岛）天（津）”等沿海城市，广大的西南、西北和内蒙古等地区几乎没有现代工业。20世纪50—70年代，自“一五”时期（1953—1957年）到改革开放前，在工业化建设中生产力布局逐步变化，主要任务是沿海和内陆工业平衡发展，重点平衡产业布局，缩小地区之间差距。改革开放后，沿海地区充分利用区位优势，抢抓国际经济产业转移的机遇，率先设立若干经济特区、经济技术开发区等国家赋予特殊政策的管理区域，面向国际市场参与竞争，大力发展外向型经济，实现了率先开放、优先发展。1978—1995年，沿海地区吸引外资占全国吸引外资总额的84.7%。1996—2012年，区域协调发展成为主导思想，西部大开发、中部地区崛起、东北老工业基地振兴、东部率先发展等区域协调发展战略统筹推进，实现了区域良性互动发展。

党的十八大以来，以习近平同志为核心的党中央统筹国际国内两个大局，利用两个市场、两种资源，统筹东中西、协调南北方，坚持陆海统筹发展，开创性提出共建“一带一路”倡议，提出京津冀协同发展、长江经济带发展、粤港澳大湾区等一系列重大发展战略，东部沿海地区“一马当先”，继续率先发展，粤港澳大湾区建设全面启动，西部大开发、东北老工业基地振兴、促进中部地区崛起等持续推进，对内对外全方位开放，区域发展新空间不断拓展，新的经济增长极、增长带、辐射圈加快形成和蓄势崛起，全国不同区域发展的协调性不断增强，比较优势彰显、协调联动的城乡区域发展体系加快建设，区域协调协同发展大格局进一步完善。

三、全方位立体化对外开放口岸格局已经形成

新中国成立 70 年来，我国对外开放口岸走过了由少到多、由点到面、由被动开放到主动谋划、由沿海沿边到内陆地区、由重数量规模到重科学布局规划的渐进式发展过程。目前，口岸基础设施不断完善，口岸开放整体布局更趋合理，口岸通行能力不断提高，口岸管理体制不断完善，口岸开放对促进外向型经济健康持续发展做出了积极贡献。

从对外开放口岸的数量和规模看，新中国成立至 20 世纪 50 年代，对外开放的沿海主要港口仅 6 个（天津、秦皇岛、烟台、青岛、湛江、上海）；当时中国民航只能与苏联、朝鲜、缅甸、越南、蒙古国、斯里兰卡、老挝等邻近国家签署通航协定，通航总里程仅 4000 公里左右，对外开放的机场除北京外均为区域中心城市；对外开放的边境公路、铁路口岸较少，主要分布在中苏、中朝、中蒙、中越等边境地区。

改革开放初期的 1978 年，我国对外开放的口岸仅有 51 个。其中，水运口岸 18 个，分别是上海、天津、大连、青岛、烟台、温州、福州、厦门、广州、湛江、汕头、汕尾、海口、八所、北海、秦皇岛、连云港、黑河口岸；航空口岸 8 个，分别是北京、上海、广州、沈阳、昆明、南宁、哈尔滨、乌鲁木齐口岸；边境铁路口岸 9 个，分别是丹东、图们、集安、深圳、凭祥、河口、满洲里、绥芬河、二连浩特口岸；边境公路口岸 16 个，分别是临江、南坪、三合、拱北、水口、东兴、畹町、瑞丽、樟木、普兰、吉隆、开山屯、红其拉甫、霍尔果斯、吐尔尕特、友谊关口岸。到 2018 年底，全国共有经国务院批准开放的 306 个

口岸；其中，水运口岸 138 个（包括海运口岸 83 个、河运口岸 55 个），航空口岸 73 个，铁路口岸 20 个，公路口岸 75 个。

从对外开放口岸的地域分布看，水运口岸主要分布在东部沿海和沿江地区，航空口岸主要分布在东部和中西部中心城市及旅游资源丰富地区，边境铁路、公路口岸主要分布在东北、西北、西南等沿边地区。目前全国已经形成了沿海、沿江、沿边水运口岸密集分布，各省份重点开放城市和旅游城市航空口岸基本覆盖，沿边铁路和公路口岸多点开放的全方位、多层次、立体化口岸开放格局。

四、全国货物贸易和服务贸易不断迈上新台阶

（一）从进出口货物贸易看

新中国成立初期，由于受外部封锁、社会主义和资本主义“两个阵营”对垒等诸多因素影响，我国对外交往和对外贸易很少，外贸落后失衡，进出口规模非常有限。1950 年货物贸易进出口总额仅为 11.3 亿美元，居世界第 28 位。20 世纪 50—70 年代，我国货物进出口出现波动但总量仍较少，1950—1977 年累计货物进出口仅 1487 亿美元，相当于 2018 年的 3.2%。

改革开放之初的 1978 年，我国货物进出口贸易额为 206.3 亿美元，居世界第 29 位；到 2018 年底，我国货物进出口贸易额已提升至 46230.3 亿美元，占世界比重达 11.8%。1978—2018 年，我国货物进出口额增长 223 倍，年均增速达 14.5%，高出同期全球货物贸易平均增速 7.5 个百分点。其间，2001 年我国货物进出口额占全球份额达 4%，列全球第 6 位；2004 年、2007 年、2011 年、2013 年，我国货物进出口额相继突破 1 万亿美元、2 万亿美元、3 万亿美元和 4 万亿美元。2013 年，我国首次成为全球货物贸易第一大出口国和第二大进口国。2013 年至今，我国一直是全球货物贸易第一大国；2018 年货物贸易占全球份额

已达 11.8%，进出口份额分别占全球 12.8% 和 10.8%。图 1－1 为 1950—2018 年全国货物进出口贸易统计图。表 1－4 为货物进出口总额居世界前十位国家（地区）比较。图 1－2 为 1950 年各国货物进出口总额占世界货物进出口总额的比重。图 1－3 为 1978 年各国货物进出口总额占世界货物进出口总额的比重。图 1－4 为 2018 年各国货物进出口总额占世界货物进出口总额的比重。

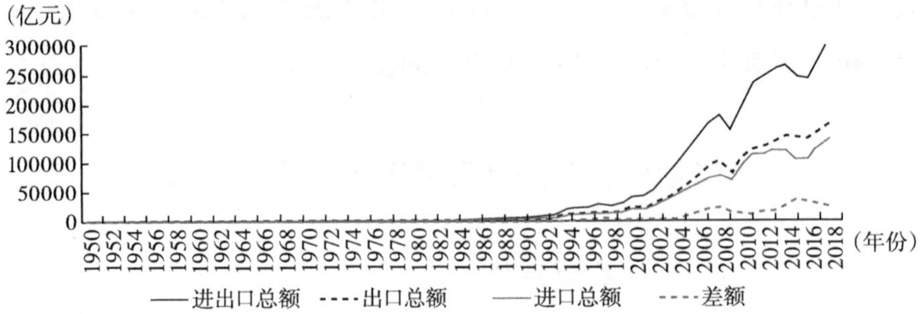

图 1－1　1950—2018 年全国货物进出口贸易统计图

资料来源：辉煌 70 年编写组．辉煌 70 年——新中国经济社会发展成就（1949—2019）［M］．北京：中国统计出版社有限公司，2019：387－388.

表 1－4　货物进出口总额居世界前十位国家（地区）比较

位次	国家和地区	1950 年		国家和地区	1978 年		国家和地区	2018 年	
		数值（亿美元）	占世界比重（%）		数值（亿美元）	占世界比重（%）		数值（亿美元）	占世界比重（%）
	世界	1259	100	世界	26653	100	世界	390410	100
1	美国	196	15.6	美国	3319	12.5	中国内地	46230	11.8
2	英国	136	10.8	德国	2642	9.9	美国	42784	11.0
3	法国	62	4.9	日本	1781	6.7	德国	28465	7.3
4	加拿大	61	4.9	法国	1612	6.0	日本	14871	3.8
5	德国	47	3.7	英国	1437	5.4	荷兰	13687	3.5
6	荷兰	40	3.2	荷兰	1189	4.5	法国	12544	3.2

续表

位次	国家和地区	1950 年		国家和地区	1978 年		国家和地区	2018 年	
		数值（亿美元）	占世界比重（%）		数值（亿美元）	占世界比重（%）		数值（亿美元）	占世界比重（%）
7	比利时—卢森堡	36	2. 9	意大利	1126	4. 2	中国香港	11968	3. 1
8	苏联	33	2. 6	苏联	1028	3. 9	英国	11593	3. 0
9	澳大利亚	32	2. 6	加拿大	947	3. 6	韩国	11401	2. 9
10	意大利	27	2. 1	比利时—卢森堡	936	3. 5	意大利	10474	2. 7
	中国	11（28）	0. 9	中国	206（29）	0. 8			

注：括号中的数据为中国的位次。1950 年、1978 年和 2018 年参加排序的国家和地区分别为 170 个、173 个和 211 个。

资料来源：世界贸易组织数据库，中国数据来源于《中国统计摘要（2019）》。

转引自：辉煌 70 年编写组．辉煌 70 年——新中国经济社会发展成就（1949—2019）［M］．北京：中国统计出版社有限公司，2019：41.

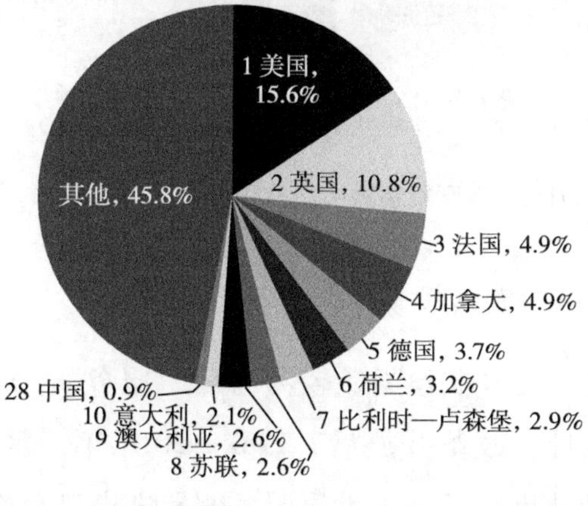

图 1－2　1950 年各国货物进出口总额占世界货物进出口总额的比重

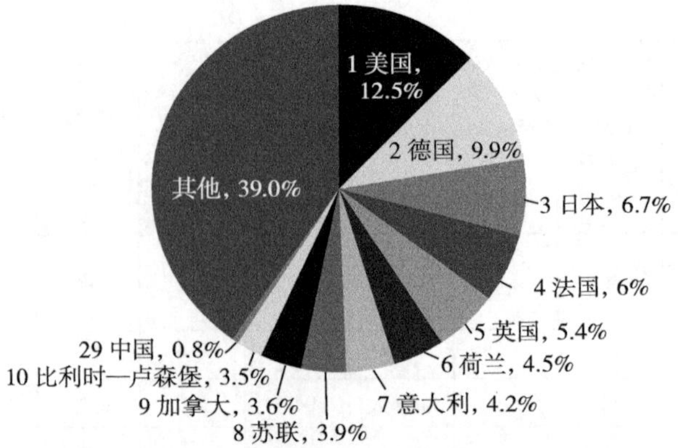

图 1－3　1978 年各国货物进出口总额占世界货物进出口总额的比重

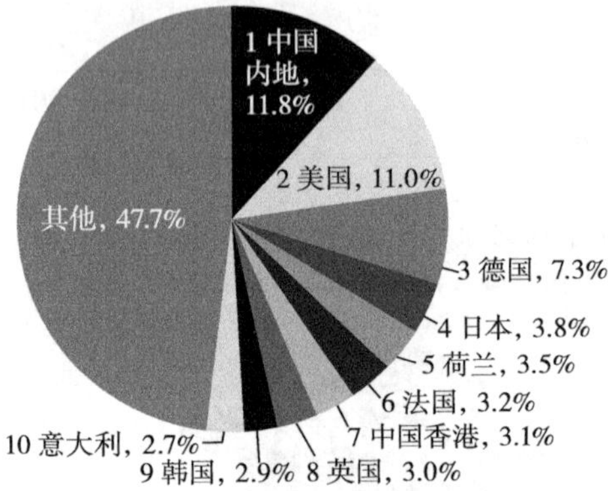

图 1－4　2018 年各国货物进出口总额占世界货物进出口总额的比重

（二）从进出口服务贸易看

改革开放前，我国服务贸易较为落后，服务贸易进出口额自 1982 年才进行专门统计。改革开放后，1982—2018 年，服务贸易进出口额以年均 15.3% 的速度增长，占世界服务贸易进出口总额的比重由 0.6% 提升至 7.0%，提高了 6.4 个百分点。其中，1982 年服务贸易进出口额仅 47 亿美元，居世界第 34 位，到 2018 年服务贸易进出口额则达到 7919 亿美元，居世界第 2 位，2014 年至今已连续 5 年稳居全球第 2 位。表 1－5为服务贸易进出口总额居世界前十位国家（地区）比较。

表 1 –5 服务贸易进出口总额居世界前十位国家（地区）比较

单位：亿美元

位次	1982 年			2000 年			2018 年		
	国家和地区	数值（亿美元）	占世界比重（%）	国家和地区	数值（亿美元）	占世界比重（%）	国家和地区	数值（亿美元）	占世界比重（%）
	世界	7721	100	世界	29551	100	世界	113101	100
1	美国	880	11.4	美国	4874	16.5	美国	13445	11.9
2	德国	653	8.5	德国	2163	7.3	中国	7919	7.0
3	法国	620	8.0	英国	2149	7.3	德国	7009	6.2
4	日本	539	7.0	日本	1822	6.2	英国	6088	5.5
5	英国	513	6.6	法国	1397	4.7	法国	5425	4.8
6	意大利	305	4.0	意大利	1103	3.7	荷兰	4710	4.2
7	荷兰	301	3.9	荷兰	1033	3.5	爱尔兰	4250	3.8
8	沙特阿拉伯	219	2.8	比利时—卢森堡	899	3.0	日本	3851	3.4
9	比利时—卢森堡	193	2.5	西班牙	851	2.9	印度	3807	3.4
10	加拿大	186	2.4	加拿大	829	2.8	新加坡	3705	3.3
	中国	47（34）	0.6	中国	712（11）	2.4			

注：括号中的数据为中国的位次。2018 年为初步数据。1982 年、2000 年和 2018 年参加排序的国家和地区分别为 144 个、183 个和 34 个。

资料来源：世界贸易组织数据库，中国数据来源于《中国统计年鉴》。

转引自：辉煌 70 年编写组．辉煌 70 年——新中国经济社会发展成就（1949—2019）［M］．北京：中国统计出版社有限公司，2019：42.

图 1 –5 为 1982 年各国服务贸易进出口总额占世界服务贸易进出口总额的比重。图 1 –6 为 2000 年各国服务贸易进出口总额占世界服务贸易进出口总额的比重。图 1 –7 为 2018 年各国服务贸易进出口总额占世界服务贸易进出口总额的比重。

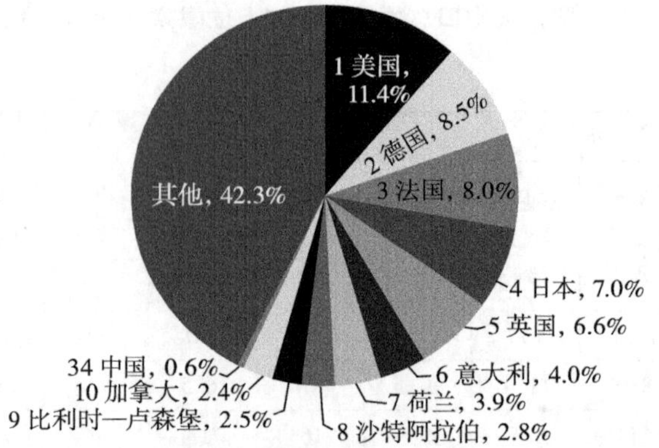

图1-5 1982年各国服务贸易进出口总额占世界服务贸易进出口总额的比重

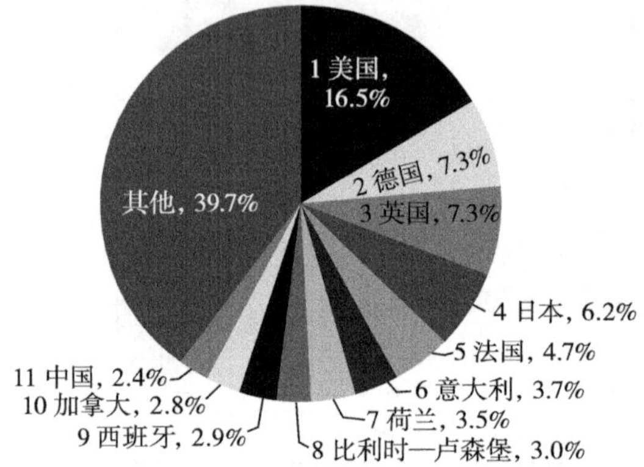

图1-6 2000年各国服务贸易进出口总额占世界服务贸易进出口总额的比重

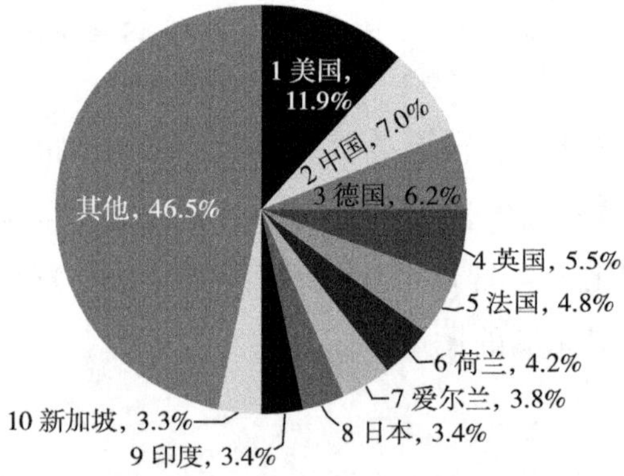

图1-7 2018年各国服务贸易进出口总额占世界服务贸易进出口总额的比重

五、全国出入境人员和交通运输工具创历史新高

（一）从出入境人员看

改革开放前，我国内地（大陆）公民和外国人出入境较少，内地（大陆）与香港、澳门、台湾之间来往也较少。改革开放至今，我国内地居民出境人数年均增长率达113%以上，1978—2017年出入境人员由565.8万人次增加到5.98亿人次，增长了104.7倍。2018年，我国公民出入境超过5.6亿人次，占出入境人员总量的86.1%，同比增长12%，连续15年保持增长态势；其中，内地居民出入境3.4亿人次，香港、澳门、台湾居民来往内地（大陆）分别达1.6亿人次、5031.1万人次、1225.4万人次。[①] 如今，持有效普通护照的内地居民达1.8亿人，约占总人口的13%。[②] 内地居民往来港澳地区的人数从1997年的82万人次增长到2018年的8325万人次，增长了100多倍。外国人入出境人数从1950年的4000余人次增长到1980年的146万人次，再到2018年达到9533万人次。2018年当年，外国人入出境达9532.8万人次（包括外国公民6099.7万人次，外国边民3433.1万人次），同比增长11.6%；入境的外国人数量居前十位的国家依次为缅甸（含边民）、越南（含边民）、韩国、日本、美国、俄罗斯、蒙古国、马来西亚、菲律宾、新加坡[③]，开放发展中的中国越来越展现出宽广的胸襟和国际视野。

---

① 国家移民管理局．2018年全国出入境达6.5亿人次[EB/OL]．新京报，2019-01-08. http://www.xinhuanet.com/legal/2019-01/08/c_1210032972.htm.

② 新中国成立70年来国家移民和出入境管理工作成就回眸[EB/OL]．中国警察网，2019-09-29. https://weibo.com/ttarticle/p/show? id=2309404421784916066323.

③ 国家移民管理局．2018年全国出入境达6.5亿人次[EB/OL]．新京报，2019-01-08. http://news.sina.com.cn/c/2019-01-08/doc-ihqfskcn5119575.shtml.

（二）从出入境交通运输工具看

改革开放前，全国对外开放口岸数量少、人员对外交往少、出入境交通运输工具少。改革开放以来，全国各类口岸出入境交通运输工具大幅增长，出入境交通运输工具已经由1978年的32.5万艘（架、列、辆）次增加到2018年的3504.5万艘（架、列、辆）次，增长了107.8倍，数量和增速均创历史新高。其中，2018年出入境机动车辆3352.9万辆次，同比增长13.6%，出入境飞机99.7万架次，同比增长7.7%，出入境船舶44.5万艘次，同比减少4.5%，出入境火车7.4万列次，同比增长23.3%。①

六、全国交通运输和口岸设施条件进一步改善

（一）总体发展

交通运输在国民经济发展中具有基础性、先导性和战略性作用，是可持续发展的重要支撑。新中国成立初期百废待兴，无论是交通运输设施还是口岸设施条件都很落后，无法满足发展需求。经过70年持续建设和不断改造，交通基础设施加速成网，运输服务能力连上台阶，目前全国综合交通运输网络日益完善，"五纵五横"综合运输大通道基本贯通②，铁路网纵横交错，境内外互联互通，公路网四通八达，通达度显著提升，各类港口和内河航道已经形成通江达海的水运航道网络，民航航线网络覆盖率和机场数量不断提高，国内国际客货运量大幅增长。我

---

① 国家移民管理局.2018年全国出入境达6.5亿人次[EB/OL].新京报，2019-01-08. http://news.sina.com.cn/c/2019-01-08/doc-ihqfskcn5119575.shtml.

② 中国"五纵五横"综合运输大通道基本贯通[EB/OL].中国新闻网，2017-12-25. http://www.chinanews.com/gn/2017/12-25/8408848.shtml."五纵五横"综合运输大通道中，"五纵"包括南北沿海运输大通道、京沪运输大通道、满洲里至港澳台运输大通道、包头至广州运输大通道、临河至防城港运输大通道；"五横"包括西北北部出海运输大通道、青岛至拉萨运输大通道、陆桥运输大通道、沿江运输大通道、上海至瑞丽运输大通道。

国正在由交通大国向交通强国迈进，交通运输作为国民经济主动脉的作用日益显现。

（二）具体比较

据统计，到 2018 年底，民航定期航班航线总条数达 4945 条，是 1950 年的 412.1 倍，年均增长 9.3%；定期航班航线里程由 1950 年的 1.1 万公里增至 2018 年的 838 万公里，年均增长 10.2%；国内定期航班通航城市由 1950 年的 7 个增至 2018 年的 230 个；定期航班通航机场数量由 1949 年的 36 个增至 2018 年的 233 个。全国铁路营业总里程达到 13.2 万公里，较 1949 年增长 5.0 倍，年均增长 2.6%；其中，电气化里程 9.2 万公里，复线里程 7.6 万公里，电气化率和复线率分别达到 70.0% 和 58.0%。高铁营业总里程 3.0 万公里，超过世界高铁总里程的 2/3，居世界第一位。公路总里程达到 485 万公里，是 1949 年的 60.0 倍，年均增长 6.1%。全国港口拥有生产用码头泊位 23919 个（包括沿海港口生产用码头泊位 5734 个、内河生产用码头泊位 18185 个），是 1949 年的 148.6 倍，年均增长 7.5%；其中，万吨级及以上泊位从 1957 年的 38 个增至 2444 个，年均增长 7.1%。内河航道通航里程达 12.7 万公里，其中等级航道占比 52.3%。2018 年全球港口集装箱吞吐量排名前十的港口中，我国已占有七席，包括上海港（第一位）、宁波—舟山港（第三位）、深圳港（第四位）、广州港（第五位）、香港港（第七位）、青岛港（第八位）、天津港（第十位）[①]。图 1－8 为 1949—2018 年全国运输线路长度统计图。

特定的地理区位、良好的交通运输条件助推全国口岸开放发展。目前全国口岸基础设施和检查检验设施显著改善，口岸科技化、信息化、智能化应用水平进一步提升，以大数据管理应用为核心，以“信息共

① 2018 年度全球港口集装箱吞吐量 120 强榜单出炉，前 10 中国占据 7 席[EB/OL]. 搜狐网，2019－04－14. https://www.sohu.com/a/307771457_468675.

享、监管互认、执法互助”为支撑，“智慧口岸”建设正在有序推进，口岸信息化、智能化为新时代口岸工作再上新台阶奠定了坚实基础。

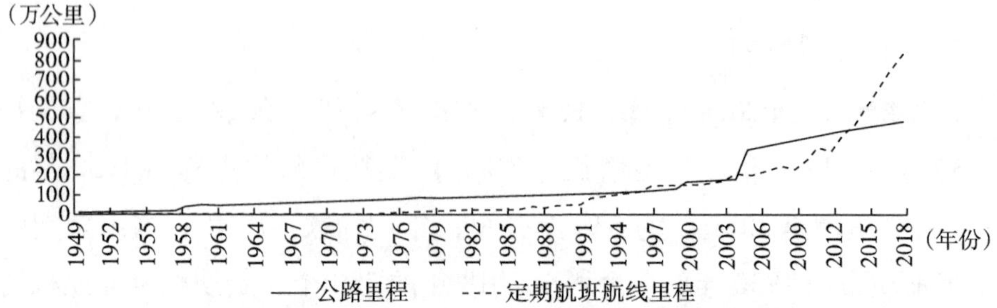

图 1-8　1949—2018 年全国运输线路长度统计图

资料来源：辉煌 70 年编写组．辉煌 70 年——新中国经济社会发展成就（1949—2019）[M]．北京：中国统计出版社有限公司，2019：419-420.

七、口岸管理和检查检验体制机制不断完善

一个国家（地区）的社会经济制度及其发展阶段，决定着这个国家（地区）在特定发展阶段的行政体制，而不能超越经济社会发展水平及其相应的客观条件。改革开放前，在当时特定的计划经济体制时代背景下，我国行政体制在中央和地方分权以及政府部门多次调整变革，对外贸易实行计划管理，公民因私出国（境）受到一定限制，口岸综合管理和检查检验工作条块交叉，国家和地方层面没有普遍设立口岸管理机构，出入境检验检疫由多部门分头负责，直至 20 世纪 70 年代党中央明确提出“集中领导、积极协作、统一对外”的口岸工作原则。

改革开放后，我国实现了从高度集中的计划经济体制到充满活力的社会主义市场经济体制的伟大转变，有效激发了社会活力，促进了生产力解放发展。以 1978 年 11 月国务院成立国务院港口口岸工作领导小组及其办公室为肇始，各省（区、市）建立健全地方政府口岸工作领导机构及办事机构，进一步加强口岸工作的组织领导和统筹协调。同期，探索适应市场经济的中国特色社会主义行政体制改革，明确部门职权，

理顺权责关系，恢复海关全国垂直领导体制，调整理顺边防检查和出入境商品检验、动植物检疫、卫生检疫、港务监督等管理机构设置，不断优化人员结构，加强口岸执法队伍建设。

党的十八大以来，进入中国特色社会主义新时代，党和国家机构改革深化，加快转变政府职能，治理能力现代化和简政放权、放管结合、优化服务等改革大力推进，进一步加强口岸工作顶层设计，建立国务院口岸工作部际联席会议制度，坚持优化协同高效，立足新时代，把握新要求，科学设置口岸查验机构，实现口岸查验机构、职能、人员等全面融合发展，共同捍卫、奋力维护国家主权、国门安全和发展利益，为新时代口岸事业再上新台阶夯实了基础。

八、口岸改革创新积极探索与时俱进

（一）大力推进口岸“大通关”工程建设

进入 21 世纪特别是我国加入世界贸易组织（WTO）以来，为了更大范围、更深程度、更高层次参与经济全球一体化进程，进一步提高口岸通关效率，2001 年时任国务院总理朱镕基同志提出建立“大通关”制度。自此，“大通关”工程建设正式启动并在全国逐步推开，全国口岸开始推行“政府牵头、统一信息平台、手续前推后移、加快实货验放”的通关制度，依托科技手段和技术进步，建设口岸电子执法系统（电子口岸前身），口岸通关管理体制改革进一步深化，有效促进口岸物流、单证流、资金流、信息流高效顺畅运转，实现口岸管理有效监管与高效服务相互结合。

（二）深入落实“放管服”改革

近年来，全国口岸部门深入贯彻落实党中央、国务院深化“简政放权、放管结合、优化服务”改革的决策部署，推动口岸管理部门间“信息互换、监管互认、执法互助”，深化口岸管理机制创新，着力加强口岸部门间沟通协调，协同提高口岸整体通行效率，不断加强口岸法治建设，注重提升口岸综合治理能力，大力推进通关一体化，进一步拓宽口岸国际合作舞台，确保口岸安全顺畅高效运行。

近年来，海关总署牵头，会同国家口岸管理相关部门，对标国际先进水平，在信息系统功能研发和建设上，按照先口岸执法管理功能，后贸易监管功能，再向贸易服务和国际化等功能拓展的通行路径，循序渐进、大力推进国际贸易“单一窗口”建设。以国际贸易“单一窗口”为抓手，推进智慧海关和智慧口岸建设，进一步精简口岸通关流程，降低企业通关成本，优化口岸通关服务，提升口岸管理的信息化智能化水平；持续优化口岸营商环境，落实进出口企业减负增效政策措施，推动降低进出口环节合规成本，持续压缩进出口货物整体通关时间，进一步提升跨境贸易便利化水平，进一步促进外资外贸稳定持续发展。

九、共建文明口岸活动取得实效

人类文明发展史上，所有社会都普遍重视精神文明建设，重视以一定的社会精神指导社会实践，重视以一定的社会规范约束公众行为，重视精神文明对物质文明的智力支持。每个时代有每个时代的民族精神，每个时代有每个时代的价值观念。伟大的事业需要崇高的精神。

社会主义精神文明是中国特色社会主义的重要特征。改革开放之初，中国共产党创造性地提出建设社会主义精神文明，确定“两手抓、两手都要硬”的指导方针，把精神文明建设贯穿改革开放全过程，纳入社会主义现代化建设总体布局。1981 年 2 月，全国总工会、共青团中央、全国妇联等 9 个部门响应党中央关于加强社会主义精神文明建设的号召，联合倡导开展以讲文明、讲礼貌、讲卫生、讲秩序、讲道德和心灵美、语言美、行为美、环境美为主要内容的“五讲四美”活动。1986 年 1 月，邓小平同志在中共中央政治局常委会会议上的讲话中指出，“抓精神文明建设，抓党风、社会风气好转，必须狠狠地抓，一天不放松地抓，从具体事件抓起。搞四个现代化一定要有两手，只有一手是不行的。所谓两手，即一手抓建设，一手抓法制”。1986 年 9 月，党的十二届六中全会通过《中共中央关于社会主义精神文明建设指导方针的决议》，强调“社会主义精神文明建设的根本任务，是适应社会主义现代化建设的需要，培养有理想、有道德、有文化、有纪律的社会主义公民，提高整个中华民族的思想道德素质和科学文化素质”。

口岸是跨部门、跨行业、跨地区、联合运作、条块结合的综合管理体系，开展共建社会主义精神文明口岸活动，推进文明口岸建设是物质文明、精神文明、政治文明、生态文明建设的组成部分。1987 年 2 月，国务院口岸领导小组决定在全国各省（自治区、直辖市）口岸开展共建社会主义精神文明口岸活动，得到全国口岸系统和口岸相关单位的积极响应和热情参与，加强和完善共建文明口岸活动的组织领导，重视共建文明口岸的规划化、制度化，把共建文明口岸与口岸业务工作紧密结合起来，突出口岸特点，加强协作配合，结合实际开展形式多种多样、内容丰富多彩的共建活动，此后十多年先后涌现了一大批全国文明口岸、先进口岸和先进单位。实践证明，通过共建文明口岸活动，倡导讲政治、顾大局，重视办实事、求实效，号召大家集合起来，共同做好口岸工作，有效促进了口岸各单位之间的相互了解和团结协作，有效促进了口岸管理改革，有效促进了口岸部门勤政廉政建设，全国口岸管理水平、工作效率、服务质量和人员综合素质进一步提升，口岸执法环境进一步优化，口岸工作效率进一步提高。

进入中国特色社会主义新时代以来，以习近平同志为核心的党中央高度重视精神文明建设，做出一系列决策部署，推动精神文明建设取得历史性成就。2017 年 4 月，中央精神文明建设指导委员会印发《关于深化群众性精神文明创建活动的指导意见》，为全国口岸管理相关部门（单位）自觉牢固树立和贯彻新发展理念，坚持用社会主义核心价值观引领群众性精神文明创建活动，培育社会文明新风，营造良好社会环境，不断增强民族自尊心、自信心、自豪感和凝聚力、向心力、执行力，着力构筑中国精神、中国价值、中国力量，提供了行动指南。

十、口岸营商环境不断优化

党的十八大以来，以习近平同志为核心的党中央高度重视优化营商环境，并做出决策部署。2018 年 11 月，习近平主席在首届中国国际进口博览会开幕式上的主旨演讲中指出：“营商环境只有更好，没有最好。”他强调：“为进一步扩大开放，中国将加大推进力度，营造国际一流营商环境。中国将尊重国际营商惯例，对在中国境内注册的各类企业一视同仁、平等对待。”2019 年 11 月，习近平主席在第二届中国国际进口博览会开幕式上的主旨演讲中强调：“中国将继续针对制约经济发展的突出矛盾，在关键环节和重要领域加快改革步伐，以国家治理体系和治理能力现代化为高水平开放、高质量发展提供制度保障，中国将不断完善市场化、法治化、国际化的营商环境。”习近平总书记关于优化营商环境的一系列重要讲话重要论述精神，为当前和今后持续优化市场化法治化国际化营商环境、着力打造国际一流营商环境指明了前进方向，提供了根本遵循。推动高水平开放、高质量发展，既需要持续改善基础设施等“硬环境”，更需要持续优化营商环境等“软环境”，这是推动形成全面开放新格局、推动经济高质量发展的重要举措；“硬环境”建设与“软环境”建设并重，这“两手”都要抓，“两手”都要硬。

近年来，国务院将优化营商环境作为加快转变政府职能、深化“放管服”改革、实现“六稳”“六保”目标任务的重要举措。为贯彻落实党中央、国务院的决策部署，海关总署牵头，会同国家相关部门和地方政府，深化“放管服”改革，坚持简政放权、改革创新、对标国际、高效便利、目标导向、协同治理，多措并举，实施更高水平跨境贸易便利化措施，创新监管方式，优化通关流程，提高通关效率，降低通关成本，进一步持续优化口岸营商环境，打造稳定、公平、透明、可预期的口岸营商环境，进一步促进了外贸稳定健康发展。

中国日益强大，不断影响全球，这是不争的事实。2018 年 10 月，世界银行发布的《营商环境报告 2019》显示，我国营商环境跨境贸易得分从上年的 69.91 分提高至 82.59 分，在全球排名从 2017 年的第 97 位跃升至 2018 年的第 65 位，上升了 32 位，是全球 190 个经济体中营商环境改善最为显著者之一，部分改革成果已接近或达到全球最佳水平。2019 年 10 月，世界银行发布的《营商环境报告 2020》显示，我国营商环境跨境贸易得分为 77.9，在全球 190 个经济体中排名第 31 位，较上年提升 15 位，列东亚太平洋地区第 7 位。该报告还充分肯定了我国为改善营商环境所做出的巨大努力和取得的显著成绩。由于我国大力推进改革议程，已连续两年跻身全球营商环境改善最大的十大经济体。

十一、口岸对外合作交流空间进一步拓展

海纳百川，有容乃大。新中国成立以来特别是改革开放至今，我国与周边国家间口岸合作交流不断加强，逐步建立健全口岸领域合作长效机制，既深化了双边友好合作关系，维护了国家利益和国门安全，又协同提高了边境口岸通行能力，促进了贸易便利化，方便了人员、货物、交通运输工具等进出境，口岸国际合作开创新局面。

周边合作是首要。中俄口岸合作不断深化，双方着眼于有效监管、便利通关和促进区域经济贸易发展，建立了长效合作机制，就促进两国贸易发展、简化人员货物出入境手续、加强口岸设施建设、创新探索边境口岸通关监管模式等合作达成广泛共识并有序推进。中哈口岸和海关合作不断加强，双方定期召开会议，就边境口岸开放和建设、工作时间调整、查验机构间协作、海关联合监管、开通农产品快速通关“绿色通道”等合作达成广泛共识，进一步提升口岸通行能力。中越口岸合

作稳步推进，双方在口岸开放、基础设施建设、工作时间优化调整、规范口岸贸易秩序等方面达成广泛共识。中蒙口岸合作积极推进，双方围绕口岸开放、基础设施建设改造、提高边境口岸通关效率、查验单位间对口合作等开展了务实合作。我国与其他毗邻国家间口岸合作有序推进。

内地与香港、澳门之间口岸合作富有成效。深圳湾口岸“一地两检”通关查验模式已经试行多年，成效显著。广深港高铁西九龙站口岸、港珠澳大桥珠海公路口岸已建成投入使用，全国人民代表大会常务委员会已经批准广深港高铁西九龙站实行“一地两检”通关监管模式，并取得良好运行成效。

第二节　新中国70年口岸开放与发展的主要经验

中共中央总书记、国家主席、中央军委主席习近平在庆祝中华人民共和国成立70周年大会上指出：“70年前的今天，毛泽东同志在这里向世界庄严宣告了中华人民共和国的成立，中国人民从此站起来了。这一伟大事件，彻底改变了近代以后100多年中国积贫积弱、受人欺凌的悲惨命运，中华民族走上了实现伟大复兴的壮阔道路。”艰难困苦，玉汝于成。伟大成就来之不易，奋斗历程艰苦卓绝，宝贵经验弥足珍贵，制度优势倍加珍惜，精神定力始终自信。我国的建设与发展实践证明：只有社会主义才能救中国，只有改革开放才能发展中国。新中国成立70年间，1978年党的十一届三中全会召开后实行改革开放，1992年邓小平南方谈话后实行社会主义市场经济，2012年党的十八大以来中国特色社会主义进入新时代，这些都是当今中国发展最重要的里程碑之一。

习近平总书记强调：“历史是最好的教科书，也是最好的清醒剂。”伟大的民族和国家总能在历史进程中汲取前行力量。环顾古今中外，人世间难有一帆风顺、马到成功的伟业，历史总喜欢在跌宕起伏中曲折前进，任何一个国家的发展道路也都并非直线形而是波浪式发展。不同时期具有里程碑意义的重大历史事件往往构成时代发展变化的分水岭，这些重大事件和特定年份总是能够给后来之人以反思既往、把握现实、汲取智慧、砥砺前行的内生动力。历史如同一面镜子，需要时常擦拭、时时映照，以史为鉴，反思过往，铭记历史，奋勇前进。历史经验可贵之处在于正确运用历史经验、把握规律认识，透射“历史之窗”，给人们提供继续奋发图强的力量和以历史眼光研究解决新问题的智慧。沿着时光隧道回溯，新中国成立以来口岸开放与发展的奋斗历程与国家经济社会发展息息相关，实践中积累了宝贵经验，提供了诸多有益启示。

一、口岸工作应当坚持服从服务于国家大局

2015 年 7 月，习近平总书记主持召开中央全面深化改革领导小组第十四次会议并发表重要讲话，强调：“要结合‘三严三实’专题教育，抓好思想政治工作，教育引导广大党员干部看大局、明大势，深刻认识全面深化改革的重大意义，自觉站在改革全局的高度，正确看待局部利益关系调整，坚定改革决心和信心，形成推动改革的思想自觉和行动自觉。”①

绳短不能汲深井，浅水难以负大舟。古人云：“不谋全局者，不足谋一域；不谋万世者，不足谋一时。”推进口岸开放与持续发展，必须正确把握大局、时刻顾全大局，坚持识大局、顾大体，进一步主动服从服务于国家政治经济外交大局，以宽广视野审时度势、统筹把握、协同推进，按照客观规律办事，处理好全局与局部、国家与地方、国内与国

① 习近平主持召开中央全面深化改革领导小组第十四次会议[EB/OL]. 新华网，2015 - 07 - 01. http://www.xinhuanet.com/politics/2015 - 07/01/c_1115787597.htm.

外等诸多方面关系，充分考虑各方合理利益诉求，勇于担当、主动作为，才能更好地提升口岸服务水平和促进国家经济社会发展能力，促进口岸事业又好又快发展。

二、口岸工作应坚持国家利益至上

2017 年 10 月，习近平总书记在中国共产党第十九次全国代表大会上强调："必须坚持国家利益至上，以人民安全为宗旨，以政治安全为根本，统筹外部安全和内部安全、国土安全和国民安全、传统安全和非传统安全、自身安全和共同安全，完善国家安全制度体系，加强国家安全能力建设，坚决维护国家主权、安全、发展利益。"①

会当凌绝顶，一览众山小。口岸安全是国家安全不可或缺的组成部分。口岸工作涉及多层面、多部门、多区域，既涉及中央与地方、国家利益与地方利益，又涉及企业利益与个人利益；在这诸多利益关系中，国家利益是首要，必须坚决维护国家主权、安全和发展利益。在确保维护国家利益的前提下，兼顾地方利益并协调部门利益，充分发挥口岸各单位各部门的职能作用和工作优势，加强协作配合、协同发展，积极协调推动实现跨部门、跨地区、跨行业间的互利协作共赢。

三、口岸工作应当坚持改革创新发展

2018 年 9 月，习近平总书记在黑龙江省齐齐哈尔考察时的讲话中强调："当前，国家正在推进高质量发展，建设'一带一路'，正是装备制造业大有可为之机，要继续练好'内功'，继续改革创新，确保永

---

① 习近平．决胜全面建成小康社会 夺取新时代中国特色社会主义伟大胜利——在中国共产党第十九次全国代表大会上的报告[N]．人民日报，2017－10－28．

立不败之地、永远掌握主动权。”① 2019 年 6 月，习近平主席在二十国集团领导人峰会关于世界经济形势和贸易问题的讲话中强调：“坚持改革创新，挖掘增长动力。”“我们将在近期采取措施的基础上，进一步推出若干重大举措，加快形成对外开放新局面，努力实现高质量发展。”

口岸工作的内生动力在于改革创新。回顾口岸开放发展历程可知，在不同发展阶段，口岸工作的重点内容、目标任务、主要抓手、实现路径等均有所不同，取决于时代发展的具体需求。当前和今后一段时期，口岸工作应当把改革创新作为持续发展动力，与时俱进、明确目标、找准问题、研究对策，推动口岸管理模式和体制机制创新，坚持不懈推进口岸治理现代化，深入推进口岸管理部门间“信息互换、监管互认、执法互助”，不断创新口岸查验监管模式，永葆口岸蓬勃发展的生机与活力。同时应对标国际通行标准，借鉴国际先进经验，拓展口岸国际合作，进一步简化通关手续，降低通关成本，促进跨境贸易便利化，提升跨境互联互通水平。

四、口岸工作应当坚持顶层设计与基层实践并重

2019 年 3 月，习近平总书记主持召开中央全面深化改革领导小组第七次会议并发表重要讲话，强调：“改革开放在认识和实践上的每一次突破和发展，无不来自人民群众的实践和智慧。要推动顶层设计和基层探索良性互动、有机结合。”在这千帆竞发、百舸争流的伟大时代，口岸工作应当加强顶层设计与基层实践分类指导并重，既要“顶天”更要“立地”，既要敢为天下先、敢闯敢试，又要积极稳妥、蹄疾步稳，既要注意口岸需求侧改革实际，又要加大供给侧结构性改革力度，着眼统筹规划、合理布局、科学管理、效益优先、因地制宜、分类指

① 习近平在东北三省考察并主持召开深入推进东北振兴座谈会[EB/OL]. 新华网,2018 - 09 - 28. http://www.gov.cn/xinwen/2018 - 09/28/content_5326563.htm.

导，精心编制实施国家口岸发展五年规划，有序推进口岸开放，合理整合口岸资源，不断优化口岸布局，实现口岸资源的最优配置、优势互补、协同发展。

五、口岸工作应当坚持提升治理现代化水平

2019 年 10 月，习近平总书记在党的十九届四中全会第二次全体会议上讲话中强调："制度优势是一个国家的最大优势，制度竞争是国家间最根本的竞争。制度稳则国家稳。新中国成立 70 年来，中华民族之所以能迎来从站起来、富起来到强起来的伟大飞跃，最根本的是因为党领导人民建立和完善了中国特色社会主义制度，形成和发展了党的领导和经济、政治、文化、社会、生态文明、军事、外事等各方面制度，不断加强和完善国家治理。"

经国序民，正其制度。没有规矩无以成方圆。当前提升口岸治理现代化水平，应当更加重视口岸法治建设，增强口岸法律法规和规章制度的及时性、系统性、针对性、有效性；严格口岸执法，进一步提高口岸执法制度化、规范化、程序化水平。应当着眼口岸安全、高效、和谐、畅通，把依法把关、监管有效、方便进出、服务优良、管理科学、和谐高效的理念贯穿其中，不断提升现代化治理能力和监管服务水平，营造市场化、法治化、国际化的营商环境，实现高水平贸易和投资自由化便利化，为建设高水平开放型经济新体制做出应有贡献。

道路决定命运。2019 年 3 月，习近平总书记在参加全国政协十三届二次会议文化艺术界、社会科学界委员联组会时指出："70 年砥砺奋进，我们的国家发生了天翻地覆的变化，中华民族迎来了从站起来、富起来到强起来的伟大飞跃。无论是在中华民族历史上，还是在世界历史上，这都是一部感天动地的奋斗史诗。"他在 2019 年 10 月庆祝中华人民共和国成立 70 周年大会上强调："中国的昨天已经写在人类的史册上，中国的今天正在亿万人民手中创造，中国的明天必将更加美好。全

党全军全国各族人民要更加紧密地团结起来，不忘初心、牢记使命，继续把我们的人民共和国巩固好、发展好，继续为实现‘两个一百年’奋斗目标、实现中华民族伟大复兴的中国梦而努力奋斗！”习近平总书记系列重要讲话为我们指明了正确的前进方向。

艰难困苦，玉汝于成。新中国成立 70 年来，70 年披荆斩棘、砥砺奋进，70 年沧桑巨变、春华秋实。当前，已进入中国特色社会主义新时代，面对错综复杂的国际形势和繁重艰巨的国内改革发展稳定任务，以习近平同志为核心的党中央统筹推进“五位一体”总体布局，协调推进“四个全面”战略布局，顺应历史潮流，积极应变，主动求变，锐意进取，更好地实现与时代同行，解决了许多长期想解决而没有解决的难题，办成了许多过去想办而没有办成的大事，党和国家事业都发生了历史性变革、取得了历史性成就。我国口岸开放与发展伴随着共和国光辉发展而走过了不平凡的实践历程。新时代开启新征程，新使命呼唤新作为。我们已经站在中国特色社会主义新时代的起点上，坚持以习近平新时代中国特色社会主义思想为指导，深入贯彻落实党中央、国务院的决策部署，扎实推进口岸开放与发展各项任务，努力推动口岸工作再上新台阶，全力推进口岸事业更加行稳致远。

延伸阅读1.1

中国经济对世界经济增长的贡献率和依存度

贡献率是分析经济效益的一个指标，计算方法是：贡献率（%）=某因素增加量（增量或增长程度）/总增加量（总增量或增长程度）×100%。这实际上是指某因素的增长量（程度）占总增长量（程度）的比重。而经济依存度所反映的是一国经济与他国经济或与世界经济相互依赖的程度，即外部经济变动对一国经济产生影响的程度及一国经济变动对外部经济产生影响的程度。

在经济全球化、区域一体化的国际背景下，各个经济体之间相互依存度增强，世界对中国经济依存度逐步上升。2007年，中国经济对世界经济增长的贡献率首次位居世界第一。国家统计局数据显示，当年中国对世界经济增长的贡献率达19.2%，超过美国。2008年至2012年，中国对世界经济增长的年均贡献率超过20%，超过美国，居世界第一。附表1-1为中国主要总量指标追赶美国指数（1950—2010年）。2012年开始，中国经济步入中高速增长阶段，2014年中国GDP首次突破10万亿美元，继美国之后第二个跻身超10万亿美元经济体俱乐部。近年来，中国对世界经济的贡献持续保持在约30%的较高水平。

改革开放以来中国经济一直在快速增长，这令世界震惊。2019年7月，麦肯锡全球研究院发布名为《中国与世界：理解变化中的经济联系》的研究报告，从多个维度探讨了中国与世界之间正在发生变化的经济联系。该研究报告显示，中国在融入世界经济历程中取得长足发展，并已成为具有全球影响力的贸易大国，不仅自身经济实现腾飞，更使全球其他经济体受益良多。从中长期来说，中国与世界的关系发生了结构性变化。

当前，中国作为世界第一大货物贸易国、世界第二大外国直接投资（FDI）目的地国和来源国，对世界经济的依存度有所降低，这表明中国经济正逐步转向以内需驱动为主的增长模式；而世界对中国经济的依存度上升，表明中国作为消费市场、供应方和资本提供方的全球重要性日益凸显。同时，中国与世界融合进程仍有深化空间，这对全球企业都意味着巨大的机遇。这份报告通过模拟得出结论：中国与世界其他经济体有大量机会推进彼此融合，到2040年创造的经济价值或可高达22万亿~37万亿美元，相当于全球GDP的15%~26%。可以说，中国经济的稳定增长已经成为全球经济增长的主要推动力，对世界经济稳步增长持续发挥着“压舱石”和“助推器”的作用。

附表1-1　中国主要总量指标追赶美国指数（1950—2010年）　（%）

指标	1950年	1960年	1970年	1980年	1990年	2000年	2010年	中国超过美国的年份
粮食产量	—	67.02	107.48	103.86	129.45	118.89	115.21	1968年
钢产量	0.7	1.1	17.8	36.6	73.9	126.2	976.0	1993年
工业增加值	—	—	10.26	9.84	9.20	23.72	70.12（2008年）	2015年左右
城镇人口数	—	84.3	94.3	114.8	165.5	202.5	232.8（2009年）	1974年
GHDI	—	—	176.06	196.17	244，.00	284.26	316.07（2009年）	1970年之前
高速公路	—	—	—	—	1.1	16.5	93.8（2009年）	2011年
GDP（PPP）	4.9	9.6	17.3	24.2	36.6	53.8	67.1	2015年左右
GDP（汇率法）	0.6	1.5	2.3	3.6	6.3	12.3	40.0	2019年左右
移动电话数	—	—	—	—	0.3	78.1	263.2	2005年
互联网用户数	—	—	—	—	0.1	16.9	185.2	2008年
能源消耗量	—	—	24.67	33.16	45.06	48.12	104.2	2009年

续表

指标	1950 年	1960 年	1970 年	1980 年	1990 年	2000 年	2010 年	中国超过美国的年份
二氧化碳排放量	—	26.72	17.48	31.08	50.58	59.30	112.02（2007 年）	2006 年
世界发明专利数	—	—	—	0.03（1985年）	0.07	1.96	27.37	2030 年左右
国际论文数	—	—	—	0.50	3.72	12.94	37.59（2009 年）	2025 年左右
人力资源总量	—	—	—	252.69	261.44	286.05	313.59（2009 年）	1960 年之前
出口额	1.78	4.00	7.18	10.39	25.57	75.28	83.25（2009 年）	2010 年
货物进出口总额	3.94	4.21	7.14	8.81	20.64	58.70	76.92（2009 年）	2011 年
综合国力	2.3	7.6	14.4	27.5	24.3	39.2	66.7	2030 年左右

注：追赶指数是指中国相当于美国的比重，GHDI 是指人类发展指数与人口的乘积，人力资源总量是指人口数与平均受教育年限的乘积。

资料来源：笔者根据不同数据来源计算。

本附表原载于：胡鞍钢，王绍光，周建明，韩毓海．人间正道［M］．北京：中国人民大学出版社，2011：222.

延伸阅读 1.2

新中国区域经济发展 70 年的基本脉络

我国国土空间辽阔，水陆疆域兼备，自然资源丰富，地形地势多样，造就不同发展格局，长期以来区域差距持续存在。纵观全球，历览古今，各国区域发展大都遵循着特定的、内在的时空演进规律，多为临海依江、交通运输条件较为优越的沿海沿江地区先行发展，其后顺沿着交通运输网络梯度发展至内地、沿边等地区，在实现区域化协同发展基础上逐步拓展一体化发展。

地区之间发展差异是全球各国区域发展中普遍存在的现象，也是长期存在的需要国家层面进行统筹研究、协调解决的发展问题之一。回顾我国区域经济发展历程，1949 年新中国成立以来，我国区域经济发展大致经历了 4 个阶段：改革开放前的沿海与内地工业区域均衡发展为主导阶段（1949—1978 年）、改革开放后的“先富带动后富”非均衡发展为主导阶段（1979—1995 年）和区域经济协调发展为主导阶段（1996—2012 年）、区域经济高质量发展为主导阶段（2013 年至今）。不同历史时期，区域发展战略的指导思想和当时发展阶段需要着力解决的问题不尽相同，每个特定阶段的区域经济发展均被烙上鲜明的时代特色。

1949—1978 年，我国实行高度集中的计划经济体制，注重计划安排与投入产出分析，区域经济发展服从服务于国家重工业发展战略，区域经济相对统筹兼顾、综合均衡发展，重点实现生产力均衡布局，充分利用沿海工业基地，大力发展内地工业，在当时国家投资的重点地区分配和重大项目选取上，强调均衡布局、缩小沿海与中西部地区之间差距，一定程度上缓解了区域经济发展的不平衡状况。当时沿海地区工业和产业布局相对集中，国家投资建设重点放在内陆“三线”等地区，中西部地区工业发展和产业布局得到极大改善，截至1978年底内地工业产值占全国比重已由1952年的31.9%提升至40.1%。从“一五”计划（1953—1957年）到“四五”计划（1971—1975年）期间全国不同区域基础设施建设投资比例看，沿海地区基建投资平均占全国比重为40.0%，内地地区占全国比重为55.0%（其中“三线”地区占全国比重为40.0%）。

实行改革开放后至20世纪90年代中期（1978—1995年），逐渐由计划经济向市场经济转变，这一阶段区域经济呈现梯度推进和基于效率导向的非均衡发展，当时主要以梯度发展、增长极、点轴开发等区域发展理论为核心，以效率优先为指导，国家允许和鼓励沿海等一部分有条件的地区和一部分勤劳肯干、有经营能力的人先富起来，带动越来越多的地区和群众走向富裕；东部沿海地区得益于天然区位优势、面向太平洋的运输便利、资源禀赋以及国家给予政策支持等诸多有利因素，率先发展，呈加速发展态势，实现经济高速增长；而中西部地区则梯度推进开放，渐次发展。“六五”计划（1981—1985年）至“八五”计划（1991—1995年）时期，沿海地区基建投资超过全国的50%，1979—1995年沿海地区吸引外资占全国吸引外资总额的84.7%。

20世纪90年代中期之后（1996—2012年），我国区域经济发展转向区域协调发展为主导阶段，在我国加快改革开放、推进市场化进程和区域一体化、经济全球化的国内外背景下，国家开始重视区域内与区域间协调合作，实施西部大开发，振兴东北等老工业基地，促进中部地区崛起，同时鼓励东部地区率先发展，着力增强中西部自身发展能力和内生动力，逐步加快推进东中西部均衡发展，健全区域协调良性互动机制，推动形成合理的区域发展格局，逐步缩小不同区域之间的发展差距。

党的十八以来（2013 年至今），我国正在由大国向强国迈进，以高水平开放、高质量发展为引领，区域经济进入高质量发展为主导阶段。党中央着眼于统筹区域协调互动发展，促进区域更加平衡发展，着力推进“一带一路”建设、长江经济带发展和京津冀协同发展，加快推进粤港澳大湾区建设，着力打造跨行政区的区域经济板块，通过中心城市和城市集群与区域经济板块进行耦合并辐射带动更多地区加快发展，主体功能区规划与建设有序推进，新型城镇化建设加快，进一步促进区域经济一体化，区域发展实现了统筹东中西、协调南北方、陆海内外联动、东西双向互济的格局，有效促进我国市场化改革进程和全方位对外开放格局形成，使各区域比较优势得到充分发挥，区域空间布局各具特色、有机统一、趋于均衡，重点城市集群、都市圈“增长极”效用和集聚带动作用增强，各区域间合理分工、协调发展，促进了基本公共服务均等化、基础设施通达程度较均衡、人民生活水平大体相当的区域协调发展目标的实现。当前和今后一段时期，培育新的增长极和增长带，促进区域协调协同发展、实现区域经济更加平衡发展将是我国区域发展的重要内容之一。

延伸阅读1.3

“胡焕庸线”与“总理之问”

一、关于“胡焕庸线”。1935年，我国人文地理学家、时年34岁的“国立中央大学”地理系主任胡焕庸（1901—1998年，字肖堂，江苏宜兴人，师从竺可桢教授）在《地理学报》上发表的论文《中国人口之分布——附统计表与密度图》中，利用中国县级尺度的人口数据，提出了“胡焕庸线”。即自东北边境的黑龙江省瑷珲（今黑河）至西南边境的云南腾冲，这条约45度倾斜的直线把中国版图一分为二，直线东南侧的面积占当时版图的36%、人口约占96%，直线西北侧的面积占版图的64%、人口仅占约4%，二者平均人口密度比为42.6∶1，这条著名的人口分界线“瑷珲—腾冲”线（1949年后称“黑河—腾冲线”）在国际上被命名为“胡焕庸线”。

胡焕庸先生继承近代地理学家野外考察之传统，怀治国兴邦之宏愿，毕其心血于地理学之科学化。“胡焕庸线”的原始论述为：“今试自黑龙江之瑷珲，向西南作一直线，至云南之腾冲为止，分全国为东南与西北两部，则此东南部之面积，计四百万方公里，约占全国总面积之百分之三十六，西北部之面积，计七百万方公里，约占全国总面积之百分之六十四；惟人口之分布，则东南部计四万四千万，约占总人口之百分之九十六，西北部之人口，仅一千八百万，约占全国总人口之百分之四，其多寡之悬殊，有如此者。”胡焕庸在论文中将地形图、雨量图与人口分布图进行比较，认为自然因素与人口分布之间具有十分密切的关系；论文在最后对东南半壁内部人口分布稀疏的区域和西北半壁内部人口分布密集的区域进行阐述，从细部进一步分析了当时中国人口分布的情形以及人口分布极不平衡的重要地理特征。

“胡焕庸线”作为我国人口地理分界线，有着深刻的自然和历史基础，其形成发展与我国不同区域的地形、地貌、气候、水文等自然条件要素密切相关，更与长期以来的社会、经济发展状况及人类活动等息息相关，它是一条穿越千年历史的时空分割线。400 毫米等降水量线的东南半壁，以平原、水网、丘陵、喀斯特和丹霞地貌为主要地理结构，自古以农耕为经济基础；400 毫米等降水量线的西北半壁，以草原、沙漠和雪域高原为主，自古为游牧民族和游牧经济的天下。随着时间的推移，人们逐渐发现，这条人口分割线与气象上的降雨线、地貌区域分割线、文化转换的分割线以及民族界线均存在某种程度的重合，这条线也是中原王朝直接影响力和中央控制疆域的边界线，是汉民族和其他民族之间战争与和平的生命线。从某种意义上来说，胡焕庸线还是一条文明分界线。自 1935 年以来，胡焕庸线经历了 80 多年的实践验证，有其稳定的形成机制。该线提出至今，尽管我国经济社会发展、人口规模、区域经济等历经无数变化，但其所揭示的东南与西北地区人口疏密关系基本不变，人口分布规律依然没有被打破，并对我国经济社会发展持续产生着影响。

二、关于“总理之问”。2013 年 8 月 30 日，国务院总理李克强邀请中国科学院、中国工程院院士及有关专家到中南海，听取城镇化研究成果报告并进行座谈。李克强总理在座谈会上提出：城镇化关系到中国现代化的成败，胡焕庸线是个经济地理问题，应不应该打破？能不能打破？请你们帮着研究。2014 年 11 月 27 日，李克强总理在国家博物馆参观人居科学研究展时，再次发出了“胡焕庸线怎么破”之问。他指出，新型城镇化的核心是人。城镇化要以人为核心，其他的一切都要为人服务。推进城镇化意不在“地”，不在“楼”，而在“人”。当看到一张中国地图上的“胡焕庸线”时，李克强给现场的专家学者抛出一个重大课题：“我国 94% 的人口居住在东部 43% 的土地上，这条划分我国人口密度的分界线直观地展示出东南地窄人稠、西北地广人稀的现实。但中西部如东部一样也需要城镇化。我们是多民族、广疆域的国家，要研究如何打破这个规律，统筹规划、协调发展，让中西部老百姓在家门口也能分享现代化。”很多媒体将此归结为“总理之问”，也即当前新型城镇化建设进程中“胡焕庸线”如何突破的问题。“总理之问”与国家区域平衡发展、实现两个“一百年奋斗目标”密切相关。

客观分析，作为近代以来人口密度突破线的“胡焕庸线”，其两侧人口分布是动态变化而绝非一成不变的。新中国成立后，我国相继实施“三线”建设、西部大开发、促进中部崛起、振兴东北老工业基地、新型城镇化建设、“一带一路”建设等一系列国家发展战略，有效地改善了全国区域经济尤其是中西部地区发展状况，推进了东中西部区域经济协调发展，有助于西部地区充分利用资源优势和向西开放前沿阵地的区位红利突破“胡焕庸线”限制而实现更好更快发展。

需要说明的是，除中国之外，世界上一些国家（地区）也存在类似的“胡焕庸线”。“胡焕庸线”一侧区域的主要特征可概括为“深V地带”，该地带是人口密集区域，“胡焕庸线”另一侧则是人口稀少的区域。比如，美国的“胡焕庸线”是一条不规则U形线，这条U形线和美国地形地势、降雨量分割线基本吻合。俄罗斯的“胡焕庸线”是一条近似斜线，基本分割了俄罗斯的欧、亚地区和南部地区，俄罗斯欧洲部分人口约占全国的75%。日本的“胡焕庸线”是一个倾斜的矩形，矩形内的关东平原（东京）、浓尾平原（名古屋）、近畿平原（大阪、京都、神户）、濑户内海沿岸和九州岛的福冈等地区为日本人口最密集的区域，矩形分割线内的GDP占日本总的GDP约八成。

延伸阅读 1.4

货物贸易、服务贸易及技术性贸易措施

货物贸易和服务贸易作为一个国家（地区）对外贸易的重要组成部分，两者协调、健康、持续发展对于一个国家（地区）外向型经济竞争力的提升具有重要作用。货物贸易和服务贸易均有其自身的发展特点，在不同时期和不同发展阶段，两者关系不尽相同。总体来看，货物贸易与服务贸易存在相互促进、相互依存、相互制约的联动关系；货物贸易发展能促进服务贸易发展，服务贸易发展为货物贸易发展起到支撑作用。

一、关于货物贸易。货物贸易又称有形贸易、商品贸易，其用于交换或流动的商品主要是以实物形态表现的各种实物性商品。根据《联合国国际贸易标准分类》（*United Nations Standard International Trade Classification*, SITC），把国际贸易商品分为10大类，分别是：食品及主要供食用的活动物（0），饮料及烟类（1），燃料以外的非食用粗原料（2），矿物燃料、润滑油及有关原料（3），动植物油脂及油脂（4），未列名化学品及有关产品（5），主要按原料分类的制成品（6），机械及运输设备（7），杂项制品（8），没有分类的其他商品（9）；国际贸易中，一般把0~4类商品称为初级产品，把5~8类商品称为制成品。

有形贸易进出口要办理海关手续，进出口额在海关统计中反映出来，是贸易国家国际收支经常项目的内容之一。需要说明的是，与“有形贸易”相对应的“无形贸易”，通常指因劳务或其他非实物商品的进出口而发生的收入与支出，主要包括：和商品进出口有关的一切从属费用收支，如运输费、保险费、商品加工费、装卸费等；和商品进出

口无关的其他收支，如国际旅游费用、外交人员费用、侨民汇款、使用专利特许权费用、国外投资汇回的股息和红利、公司或个人在国外服务的收支等。无形贸易金额不反映在海关统计上，但显示在一国（地区）的国际收支表中。

二、关于服务贸易。服务贸易是指一国的法人或自然人在其境内或进入他国境内，向外国的法人或自然人提供服务、实现服务输入或者输出的贸易行为；贸易一方向另一方提供服务并获得收入的过程称为服务出口或服务输出，购买他人服务的一方称为服务进口或服务输入。服务贸易主要方式有：从一成员境内向任何其他成员境内提供服务；在一成员境内向任何其他成员的服务消费者提供服务；一成员的服务提供者在任何其他成员境内以商业存在提供服务；一成员的服务提供者在任何其他成员境内以自然人的存在提供服务。服务包括商业服务，通信服务，建筑及有关工程服务，销售服务，教育服务，环境服务，金融服务，健康与社会服务，与旅游有关的服务，娱乐、文化与体育服务，运输服务等。广义的服务贸易既包括有形活动，也包括服务提供者与使用者在没有直接接触下交易的无形活动。

服务贸易与货物贸易主要有以下区别：一是贸易形态。货物贸易一般是有形的，服务贸易一般是无形的。二是贸易监管方式。货物贸易通常由各国（地区）海关通过通关查验、税收、许可和监管证件、进出口配额、后续稽查、边境管控等措施进行监管，服务贸易一般通过国内立法和相关规定来进行监管。三是贸易商品的可否储存性。货物贸易商品通常具有可储存性，服务贸易商品通常具有非储存性、非转移性和国际性等特点。四是贸易统计途径。服务贸易数额统计在各国（地区）国际收支表中显示，一般不在海关进出口统计中显示，而货物贸易数额是海关统计的重要组成部分。五是贸易的国家保护。服务贸易保护以对自然人、法人及其他经济组织的资格与活动限制为主，货物贸易保护则以商品的数量、质量、标准等为主。

在国际货物贸易中，影响和制约商品自由流通和市场准入的手段与措施，通常被称为贸易壁垒。在限制进口方面，主要是采取关税壁垒和非关税壁垒两种措施，前者主要通过征收高额进口关税以阻止外国商品进口，后者则包括采取进口许可证制、进口配额制、技术措施（包括知识产权保护）等一系列非关税手段来限制外国商品进口。

三、关于技术性贸易措施。技术性贸易措施由技术性贸易壁垒衍生出来，是指在世贸组织（WTO）规则允许范畴内，一个国家（地区）为维护国家安全、保护人类健康安全、保护动植物生命和健康、保护环境、保证产品质量、防止欺诈行为等合法目标，而采取的必要的技术法规、标准、合格评定程序、动物卫生与植物卫生检疫、食品安全等各种技术性措施的集合。WTO《技术性贸易壁垒协定》（*Agreement on Technical Barrier to Trade*，TBT 协定）和《实施卫生与植物卫生措施协定》（*Agreement on the Application of Sanitary and Phytosanitary Measure*，SPS 协定），对各成员制定涉及贸易货物的技术法规、标准、合格评定程序的行为及结果、动植物卫生检疫等进行规范。制定技术性贸易措施，需遵守最少贸易限制、公平贸易、非歧视、协调一致、等效和相互认可、透明度等原则。

第二章

社会主义革命和建设时期的口岸开放与发展：1949—1978年

建立中国共产党、成立中华人民共和国、推进改革开放和中国特色社会主义事业，是五四运动以来我国发生的三大历史性事件，是近代以来实现中华民族伟大复兴的三大里程碑。

以毛泽东同志为主要代表的中国共产党人，把马克思列宁主义基本原理同中国革命具体实践结合起来，创立了毛泽东思想，团结带领全党全国各族人民，经过长期浴血奋斗，完成了新民主主义革命，建立了中华人民共和国，确立了社会主义基本制度，成功实现了中国历史上最深刻最伟大的社会变革，为当代中国一切发展进步奠定了根本政治前提和制度基础。在探索过程中，虽然经历了严重曲折，但党在社会主义革命和建设中取得的独创性理论成果和巨大成就，为在新的历史时期开创中国特色社会主义提供了宝贵经验、理论准备、物质基础。①

——习近平

① 习近平在庆祝改革开放40周年大会上的讲话[EB/OL]. 新华网,2018-12-18. http://www.xinhuanet.com/2018-12/18/c_1123872025.htm.

历史总是以里程碑的方式来概括既往和实践，这些具有里程碑意义的事件注定会成为一个时代的永恒记忆。历史是最好的教科书，也是最好的清醒剂。唯有永远铭记历史，才能更加珍惜今朝。1949 年 10 月 1 日，中华人民共和国成立。新中国成立具有伟大而深远的意义，开辟了中国历史新纪元，使中国从半殖民地半封建国家成为真正具有独立主权的国家，标志着从根本上结束了自晚清王朝至国民党政府时期内外战乱频发、国家四分五裂的局面，实现了近代以来国家独立自主、民族团结振兴、人民得以解放的历史使命。自新中国成立至 1978 年 12 月党的十一届三中全会召开约 30 年时间，为社会主义革命和建设时期，这一时期的主要任务是国民经济恢复发展、社会主义改造、确立国家工业化发展战略和借鉴苏联实行社会主义计划经济体制。

第一节　改革开放前的国民经济发展

一、新中国成立前的国民经济发展状况

新中国成立之前，由于长期处于半殖民地半封建社会和帝国主义列强不断侵略、残酷掠夺、严重破坏，旧中国经济非常落后，生产力十分低下，全国物资匮乏、物价飞涨、交通梗阻、民生凋敝、失业者众。据统计，1949 年，全国社会总产值仅有 557 亿元，其中工业总产值 140 亿元，比抗日战争前的 1936 年下降了 50.1%。全国生铁的历史最高年产量（1943 年）不过 180 多万吨，钢不过 90 多万吨，并且没有制造主要

生产工具的机器制造工业。[①] 1936年美国的钢、生铁、原煤、电力的人均产量分别是中国的418倍、144倍、42倍和145倍。[②] 毛泽东同志曾经感叹："现在我们能造什么？能造桌子椅子，能造茶壶茶碗，能种粮食，还能磨成面粉，还能造纸，但是，一辆汽车、一架飞机、一辆坦克、一辆拖拉机都不能造。"[③] 新中国成立前所面临的是国民经济混乱、工农业生产锐减、基础设施残破不堪、民众生活困苦、城乡失业严重、物价连续上涨、经济千疮百孔的"烂摊子"，处于一种"半瘫痪"和百业待兴的状态。

毛泽东同志曾经说过："我们一为'穷'，二为'白'。'穷'，就是没有多少工业，农业也不发达。'白'，就是一张白纸，文化水平、科学水平都不高。从发展的观点看，这并不坏。穷就要革命，富的革命就困难。"穷则变，变则通，通则久。[④] 新中国成立后，彻底推翻了近代以来压在中国人民身上的"三座大山"，废除了帝国主义在中国的一切特权，收回了长期被外国人把持的海关等管理权，建立起了以工人阶级为领导、工农联盟为基础的人民民主专政政权，中国人民从此站起来了，中华民族自此走上了和平建设发展和实现伟大复兴的壮阔道路。

二、学习借鉴苏联实行计划经济体制

新中国成立时，以美国为首的资本主义阵营和以苏联为首的社会主义阵营处于严重对峙状态，基本形成了美苏冷战的国际格局，当时的国际环境直接关系新中国外交方针制定与实施。1949年春夏之间，毛泽东同志先后将新中国的对外方针概括为"另起炉灶""打扫干净屋子再请

---

① 全国人大财政经济委员会办公室，国家发展和改革委员会发展规划司．建国以来国民经济和社会发展五年计划重要文件汇编[M]．北京：中国民主法制出版社，2008：663.

② 吴承明，董志凯．中华人民共和国经济史（1949—1952年）[M]．北京：社会科学文献出版社，2010：41.

③ 毛泽东．毛泽东文集：第6卷[M]．北京：人民出版社，1999：329.

④ 引自《周易·系辞下》。

客”“一边倒”三句话。

所谓“另起炉灶”，就是同半殖民地半封建的旧中国外交一刀两断，对国民党政府同各国建立的旧的外交关系一律不予承认，也不承认外国政府派驻旧中国的代表为正式的外交人员而只当作普通侨民对待；在新的基础上同各国另行建立新的外交关系。

所谓“打扫干净屋子再请客”，就是考虑到旧中国长期受帝国主义控制，帝国主义通过一系列不平等条约在中国攫取了驻军权、海关管理权、内河航行权、自由经营权、独立司法权、领事裁判权等诸多特权并培植了大量势力，为此不急于争取美英等帝国主义国家的承认，以便肃清内部、避免麻烦，先彻底清除帝国主义在中国的特权、残余势力和影响，然后才能从容考虑同资本主义国家建交。

所谓“一边倒”，就是倒向以苏联为首的社会主义阵营这一边，这一方针虽包含一定的意识形态因素，但更主要的是为了维护新中国的国家独立与民族尊严，以力争可能的国际援助与相对和平稳定的外部环境。毛泽东同志指出：“一边倒，是孙中山 40 年经验和共产党的 28 年经验给我们的，深知欲达到胜利和巩固胜利，必须一边倒。积 40 年和 28 年的经验，中国人不是倒向帝国主义一边，就是倒向社会主义一边，绝无例外。骑墙是不行的，第三条道路是没有的。”[①] 同时，“一边倒”绝不意味着依赖于某一国家，也不妨碍我国同资本主义国家建立平等互利的经贸关系。

新中国成立后实行“一边倒”的外交政策，迎来了第一次建交高潮。1949 年 10 月 2 日，苏联政府宣布承认中华人民共和国政府，两国建立了外交关系。1949 年 12 月至 1950 年 2 月，毛泽东同志率领中国代表团访问苏联，与斯大林讨论了中苏双方有关政治与经济问题，2 月 14

① 毛泽东．毛泽东选集：第 5 卷[M]．北京：人民出版社，1996：262.

日双方签订了《中苏友好同盟互助条约》[①]《关于中国长春铁路、旅顺口及大连的协定》[②]《关于贷款给中华人民共和国的协定》[③] 等文件。从 1949 年 10 月至 1950 年 10 月，新中国先后同保加利亚、罗马尼亚、朝鲜、捷克斯洛伐克、匈牙利、波兰、蒙古国、德意志民主共和国、阿尔巴尼亚、越南 10 个人民民主国家和印度、印度尼西亚、缅甸等周边民族独立国家及瑞典、丹麦、瑞士、芬兰等欧洲国家建立了外交关系。到 1950 年 10 月，新中国已同 17 个国家正式建立外交关系，25 个国家公开承认新中国。

苏联作为世界上第一个社会主义国家，强调重工业优先发展，实行高度集权的指令型计划经济，其工业化赶超的经验和制度优越性成为第二次世界大战后发展中国家效仿的典范。以 1913—1937 年的工业产值为例，苏联增长了 7.5 倍，工业总产值在欧洲排位由第 4 位上升至第 1 位；而美国增长了 54.3%，资本主义国家平均增长了 44.3%。当时，中国受外部国际环境和内部发展条件等诸多因素影响，迅速走上了“以俄为师”、学习“苏联模式”[④] 的道路，参照苏联经验，建立起以公有制为基础，以国家计划配置资源的计划经济体制。对外贸易实行国家

---

① 《中苏友好同盟互助条约》共 6 个条款，有效期 30 年。该条约规定：双方保证以友好合作的精神，并遵照平等、互利、互相尊重国家主权与领土完整及不干涉对方内政的原则，发展和巩固中苏两国之间的经济与文化关系，彼此给予一切可能的经济援助，并进行必要的经济合作。1979 年 4 月 3 日，第五届全国人大常委会第七次会议决定：《中苏友好同盟互助条约》期满后不再延长；同日，中国政府照会苏联政府，通知了上述决定。

② 《关于中国长春铁路、旅顺口及大连的协定》规定：不迟于 1952 年末，苏联政府“将共同管理中国长春铁路的一切权利以及属于该路的全部财产无偿地移交给中华人民共和国政府”，苏联军队“自共同使用的旅顺口海军根据地撤退，并将该地区的设备移交给中华人民共和国政府”。大连的行政管理权于 1951 年初由苏方完全移交给中方，中长铁路于 1952 年 12 月由苏联正式移交给中国，旅顺口也于 1955 年 5 月由中国收回。

③ 根据该协定，苏联政府向中国提供 3 亿美元的贷款，利率为 1%，偿还期限为 10 年；中国则向苏联提供钨、锡、锑等战略原料和茶叶、现金等以偿还贷款，偿付苏联交付的机器设备及其他器材。

④ 所谓“苏联模式”，简单讲即经济上高度集中、政治上高度集权，国家管理经济，制定、下达、实施计划，生产、分配、消费均由计划进行安排。有专家称之为“八重八轻”，即重政治轻经济、重工轻农、重重工业轻轻工业、重军工轻民用、重速度轻效益、重积累轻消费、重计划轻市场、重国家集体利益轻个人利益等。

统一指令计划、集权式管理的体制，生产、分配、销售、消费等完全依赖国家的计划安排，其弊端在发展中逐步凸显。

三、快速实现国民经济恢复发展和对私有制的社会主义改造

1950 年 6 月，毛泽东同志在中共七届三中全会上做了《为争取国家财政经济状况的基本好转而斗争》的书面报告和《不要四面出击》的讲话，提出争取国家财政经济状况的基本好转、恢复国民经济是全党和全国人民在新中国成立后头三年的中心任务，中共七届三中全会为国民经济的恢复工作制定了明确的策略路线和行动纲领。

1950—1952 年短短 3 年间，全国实现国民经济恢复发展，并发展新民主主义经济。1952 年，我国工业农业的总产值（按 1952 年不变价格计算，下同）比 1949 年增长了 77.5%，其中现代工业增长了 178.6%，农业（包括农村副业）增长了 48.5%；作为国家经济发展水平主要标志的现代工业，在工业农业总产值中所占的比重由 1949 年的 17% 上升到 1952 年的 26.7%；工业总产值（包括现代工业和工场手工业的产值，不包括合作化手工业、个体手工业和农村副业的手工业的产值）中生产资料和消费资料产值比例由 1949 年的 29∶71 变为 1952 年的 39.7∶60.3。1950 年、1951 年、1952 年的国民收入总额增速分别达到了 19.0%、16.7% 和 22.3%。对外贸易已由国家管制。[①]内外贸易的恢复发展是恢复整个国民经济的重要环节，在坚持独立自主、平等互利原则的基础上，新中国在不断扩大与苏联贸易的同时，积极发展同其他国家间的政府贸易和民间贸易。

需要说明的是，在国民经济恢复工作中，交通运输的恢复发展被摆

---

① 全国人大财政经济委员会办公室，国家发展和改革委员会发展规划司．建国以来国民经济和社会发展五年计划重要文件汇编[M]．北京：中国民主法制出版社，2008：663.

在优先地位，1950年底全国原有铁路网基本恢复，改变了新中国成立时全国没有一条可以全线通车的铁路的状况。1952年底，全国铁路通车里程达2.29万公里，比新中国成立前的最高年份增加了50%，公路通车里程由新中国成立之初的5.4万公里增加至13.02万公里，内河航运里程达9.5万公里，比1949年增加29%，民航航线里程1.31万多公里，其中国际航线5100公里。

在实现国民经济恢复发展后，为了尽快把长期贫穷落后的农业国建设成为先进富强的工业国，1953年6月，毛泽东同志在中共中央政治局扩大会议上提出党在过渡时期的总路线，强调“从中华人民共和国成立，到社会主义改造基本完成，这是一个过渡时期。党在这个时期的总路线和总任务，是要在一个相当长的时期内，逐步实现国家的社会主义工业化，并逐步实现国家对农业、对手工业和对资本主义的社会主义改造”。过渡时期总路线提出后，于1954年9月写入新制定的第一部《中华人民共和国宪法》序言。1953—1956年，我国对农业、手工业和资本主义工商业的社会主义改造加速完成，创造性地完成了新民主主义向社会主义的转变，国家加强经济活动的集中统一管理并实行计划配给，建立以统销统购为核心的物资管理，形成了以国有和集体经济为绝对主体的公有制，全面建立了中央高度集权、自上而下的行政性计划经济体制，逐步建立起社会主义基本制度。

四、实施第一个发展国民经济五年计划并确立优先发展重工业政策

1953年1月1日，党和政府通过《人民日报》社论宣告：我国开始执行国家建设的第一个五年计划。我国自1953年实施第一个发展国民经济的五年计划，自“一五”计划（1953—1957年）至“十五”计划（2001—2005年），先后实施了十个五年计划。自“十一五”时期（2006—2010年）至今，国民经济发展五年“计划”改称“规划”。

“一五”计划是在国民经济已恢复发展基础上，在苏联帮助下，从 1951 年着手编制，在中共中央委员会和毛泽东同志直接领导下编制完成并于 1953 年开始实行，1955 年 7 月经第一届全国人民代表大会第二次会议审议通过。其间，1953 年 5 月，中苏两国在莫斯科签订了《关于苏维埃社会主义共和国联盟政府援助中华人民共和国中央人民政府发展中国国民经济的协定》。该协定规定，到 1959 年底，苏联将帮助中国新建和改建 141 项工程项目，在援建过程中苏联派遣许多专家来华工作。“一五”计划是全国人民为实现过渡时期总任务而奋斗、进行和平时期经济建设和文化建设的带有决定意义的纲领性文件，到 1957 年底超额完成。

“一五”计划的基本任务，概括来说就是：集中主要力量进行以苏联帮助我国设计的 156 个建设单位为中心的、由限额以上的 694 个建设单位组成的工业建设，建立我国的社会主义工业化的初步基础；发展部分集体所有制的农业生产合作社，并发展手工业生产合作社，建立对于工业和手工业的社会主义改造的初步基础；基本上把资本主义工商业分别纳入各种形式的国家资本主义的轨道，建立对于私营工商业的社会主义改造的基础。①

“一五”计划时期，我国的发展战略思路是：主要依靠国内积累建设资金，建立和优先发展重工业，高速度发展国民经济，基本改变旧中国留下的工业布局极不合理、区域经济发展极不平衡的畸形状态，用重工业部门提供的生产资料装备农业、轻工业和其他产业部门，逐步建立起独立完整的工业体系和国民经济体系，逐步改善人民的物质文化生活。这是一个以高速度发展为主要目标的赶超型发展战略，也是 20 世纪 50 年代大多数后发展国家普遍选择的工业化战略。

实现国家工业化，把中国由落后的农业国变为先进的工业国，是 1840 年鸦片战争以来近代所有仁人志士的共同追求，更是中国共产党

---

① 全国人大财政经济委员会办公室，国家发展和改革委员会发展规划司．建国以来国民经济和社会发展五年计划重要文件汇编[M]．北京：中国民主法制出版社，2008：665.

的奋斗目标。从当时全球范围看，第二次世界大战后新独立的后发展国家面临着一个共同选择：尽快赶上先进工业国家。这关系着国家前途和民族命运，新中国也不例外。从世界工业化300年进程看，工业化是现代化的核心内容，是国家竞争力不断提升的根本保障，也是实现现代化不可逾越的历史阶段。英国、美国、苏联等世界大国都是从工业大国和工业强国发展起来的；特别是苏联优先发展重工业的示范效应，对新中国发展道路选择产生了深刻影响。

自“一五”计划之初的1953年，我国进入大规模经济建设阶段。“一五”计划确立了“采取积极的工业化的政策，即优先发展重工业的政策”，集中主要力量开展苏联帮助我国设计的156个工业单位项目为中心的工业建设，建立起国家工业化和国防现代化的初步基础。随着国民经济的高涨，相应地发展运输业和邮电业，主要是铁路的建设，同时发展内河和海上的运输，扩大公路、民用航空和邮电事业的建设。[①] 在经济发展布局上，基础设施投资及工业建设项目有一半左右安排在内地，以改变历史上形成的我国工业大多集中在沿海地区的不合理状况。“一五”计划把“156项工程”作为工业化建设的中心和重点，实际施工的150项工程中，军工企业44家、冶金工业企业20家、化工企业7家、机械加工企业24家、能源工业企业52家、轻工业和医药工业3家，这些建设项目及配套项目主要配置在东北、中部和西部地区，很大程度上改变了工业过度集中于沿海的状态，迅速展开较合理的工业布局，为建立较为完整的基础工业和国防工业体系奠定了初步基础。156项建设项目是中国建成完整的独立工业体系的奠基石，对当代中国工业化发展具有重大而深远的历史意义。

从“一五”计划实施成效及其历史贡献看，一是初步形成和建立了我国社会主义经济体制，建立起国营经济为领导、多种经济形式并存的

---

① 全国人大财政经济委员会办公室，国家发展和改革委员会发展规划司．建国以来国民经济和社会发展五年计划重要文件汇编[M]．北京：中国民主法制出版社，2008：666.

所有制结构。二是建立了国民经济计划管理体制。1952 年底成立国家计划委员会，随着“一五”计划的实施，该机构不断加强计划管理，对整个经济实行直接计划与间接计划相结合的计划管理制度。三是建立全国统一的财政体制。1950 年统一全国财政收支，1951 年实行“划分收支、分级管理”的财政管理体制，将全国财政划分为中央、省、县三级财政。四是建立了统一领导的流通体制，统一全国内外贸易。1953 年起在全国范围内实行计划分配制度，物资由主管部门平衡分配，商业也实行统一领导、分级管理的体制。五是建立了以中央集中管理为主的劳动工资体制。

这种集中统一的经济体制，对于集中财力、物力和人力保证 156 项重点工程建设，对于有效进行计划控制、保证国民经济有计划按比例地发展，对于保证物价稳定和人民生活的安定等都起到了重要作用。“一五”期间，工业总产值平均每年增长 18%（见表 2 - 1、图 2 - 1），农业总产值平均每年增长 4. 5%，职工的平均实际工资五年内增长 30. 3%，农民收入增长近 30%。当然，“一五”计划末期开始暴露出集中过多、统得过死等弊病问题。

需要特别指出的是，“一五”期间工业生产所取得的成就远远超过旧中国的 100 年。从与口岸开放发展较为密切的全国客货运输量来看，同 1952 年相比，1957 年主要运输部门的运输量和周转量均实现了快速增长：铁路货物运输量为 24550 万吨，增长 85. 9%；货物周转量为 1. 209 亿吨公里，增长 101%。铁路旅客运输量为 24700 万人，增长 51. 3%；旅客周转量为 319. 66 亿人公里，增长 59. 5%。内河轮驳船（木船除外）货物运输量为 3686. 4 万吨，增长 294. 6%；货物周转量为 152. 92 亿吨公里，增长 321. 5%；旅客运输量为 5604 万人，增长 93. 8%；旅客周转量为 34. 08 亿人公里，增长 78. 7%。沿海货物运输量为 1146. 1 万吨，增长 195. 1%；货物周转量为 57. 51 亿吨公里，增长 190. 5%；旅客运输量为 147 万人，增长 110%；旅客周转量为 2. 37 亿人公里，增长 137%。汽车货物运输量为 6749. 3 万吨，增长 225. 8%；货物周转量为 32. 11 亿吨公里，增长373.5%；旅客运输量为11414.6万人，增长159.1%；旅客周转量为57.322亿人公里，增长193.7%。民用航空货物运输量为0.56万吨（包括邮件），增长175%；货物周转量为805万吨公里（包括邮件），增长231.3%；旅客运输量为5.44万人，增长145.6%；旅客周转量为0.91亿人公里，增长278.5%。

表2-1 1953—1957年我国工业总产值增长速度与主要国家比较 （%）

指标	中国	苏联	美国	英国	西德	法国	日本
1953—1957年平均增长速度	18.0	11.6	3.6	3.8	10.1	7.9	15.0
1953年比上年增长速度	30.2	11.9	8.1	5.7	8.7	1.0	22.5
1954年比上年增长速度	16.3	13.2	-6.7	6.0	12.0	10.0	8.0
1955年比上年增长速度	5.6	12.4	12.9	5.1	15.1	9.1	8.1
1956年比上年增长速度	28.2	10.6	3.1	0.5	7.7	10.8	23.3
1957年比上年增长速度	11.4	10.0	0.0	1.8	5.8	9.0	16.1

资料来源：中国社会科学院，中央档案馆．1953—1957年中华人民共和国经济档案资料选编·工业卷［M］．北京：中国物价出版社，1998：1147.

转引自：徐宪平，等．国家发展战略与宏观政策（上）［M］．北京：北京大学出版社，2018：63.

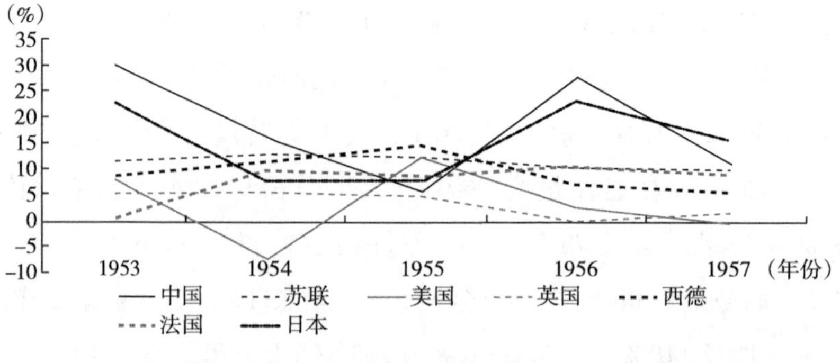

图2-1 1953—1957年我国工业总产值增长速度与主要国家比较

五、毛泽东同志发表《论十大关系》，探索适合中国国情的社会主义建设道路

1956 年我国进入全面建设社会主义时期，如何进行社会主义建设成为党和国家面临的重大问题。新中国成立初期借鉴苏联模式已逐渐暴露出不适合中国国情的一面。这促使中国共产党重新审视苏联经验。

1956 年 4 月，毛泽东同志在听取 35 个部门汇报并进行系统调研讨论基础上，决定以苏联为鉴戒，总结我们自己的经验，探索适合中国国情的社会主义建设道路。他在中共中央政治局扩大会议上作了《论十大关系》的讲话[①]，系统阐述并提出了处理这些关系的原则：①重工业和轻工业、农业的关系。要防止片面发展重工业，应当用多发展一些农业和轻工业的方法来促进重工业的发挥。②沿海工业和内地工业的关系。为了平衡工业发展布局，应大力发展内地工业，为发展内地工业，必须充分利用和发展沿海工业。③经济建设和国防建设的关系。必须把军政费用降到一个适当的比例，尽快增加经济建设费用，只有经济建设发展得更快了，国防建设才能有更大的进步。④国家、生产单位和生产者个人的关系。必须兼顾国家、集体和个人三者利益。⑤中央和地方的关系。应当在巩固中央统一领导的前提下，扩大一点地方的权力，给地方更多的独立性，让地方办更多的事情。⑥汉族和少数民族的关系。要

---

① 毛泽东同志作《论十大关系》讲话的时代背景：1956 年初，对生产资料私有制的社会主义改造即将完成，全面建设社会主义的时期即将开始。“一五”计划的开展已为我国积累了一些实践经验，同时对苏联社会主义经济建设中暴露出来的一些缺点和错误逐步有所认识，在此背景下，1956 年 2 月 14 日至 4 月 24 日，毛泽东同志历时 43 天先后听取中央 35 个部委汇报，于 4 月 25 日在中央政治局扩大会议上作了《论十大关系》的讲话。《论十大关系》是对我国要建设一个什么样的社会主义、怎样建设社会主义做出的最早回答。1976 年 12 月 26 日，经中共中央批准，《论十大关系》在《人民日报》首次公开发表，《人民日报》发表时在题解中写道：“这是毛泽东同志在中共中央政治局扩大会议上的讲话。毛泽东同志在这篇讲话中，以苏联的经验为鉴戒，总结了我国的经验，论述了社会主义革命和社会主义建设中的十大关系，提出了适合我国情况的多快好省地建设社会主义总路线的基本思想。”随后出版发行单行本都按照《人民日报》发表的版本刊印。

着重反对大汉族主义，地方民族主义也要反对。⑦党和非党的关系。要坚持中国共产党和各民主党派长期共存、互相监督的原则。⑧革命和反革命的关系。要按照不同情况，对反革命分子采取不同的处理方法，应当给他们以生活出路，使他们有自新的机会。⑨是非关系。对待犯错误的同志要采取“惩前毖后，治病救人”的方针，一要看、二要帮。⑩中国和外国的关系。一切民族、一切国家的长处都要学，但必须是有批判地学，不能盲目地学，不能一切照搬照抄。

毛泽东同志强调：“提出这十个问题，都是围绕着一个基本方针，就是要把国内外一切积极因素调动起来，为社会主义事业服务。”“特别值得注意的是，最近苏联方面暴露了他们在建设社会主义过程中的一些缺点和错误，他们走过的弯路，你还想走？过去我们就是鉴于他们的经验教训，少走了一些弯路，现在当然更要引以为戒。”[①]《论十大关系》是当时中共中央对“苏联模式”深刻反思的产物，即以苏联经验为鉴戒，总结我国经验，开始探索适合中国国情的社会主义建设道路，这也标志着中国已经从“以俄为师”向“以俄为鉴”转变。1958 年 3 月，毛泽东同志在成都会议上指出：“1956 年 4 月的《论十大关系》，开始提出了我们自己的建设路线，原则和苏联相同，但方法有所不同，有我们自己的一套内容。”[②]

六、经济建设的“大跃进”运动与国民经济的曲折调整波动

新中国成立后至改革开放前，我国经济发展波浪式前进。“一五”计划提前完成后，在社会主义建设速度上，毛泽东同志希望能够找到一条比苏联、东欧更快更好的道路。1956 年 9 月，中共八大提出：“社会

① 毛泽东．论十大关系[M]．北京：人民出版社出版，(安徽人民出版社重印)，1976：1－2.

② 毛泽东．毛泽东文集：第 7 卷[M]．北京：人民出版社，1999：369－370.

主义制度已在我国基本建立起来；国内主要矛盾已由工人阶级和资产阶级的矛盾，转化为人民对于建立先进工业国的要求同落后的农业国的现实之间的矛盾，人民对于经济文化迅速发展的需要同当前经济文化不能满足人民需要的状况之间的矛盾；全国人民的主要任务是集中力量发展生产力。”

“二五”计划（1958—1962 年）执行之初，1958 年 5 月召开的中共八大二次会议通过了毛泽东同志提出的“鼓足干劲、力争上游、多快好省地建设社会主义”的总路线，提出争取在 15 年或者更短时间内，在主要工业产品产量方面赶上和超过英国的口号，标志着“大跃进”运动的开始。

“大跃进”运动是在国际共产主义运动赶超浪潮下，中国共产党试图通过发动群众运动来实现经济高速增长的实践探索，以追求高速度、发动群众搞建设和“超英赶美”为目标，时间长达 3 年（1958—1960 年），实际上是与苏联展开竞赛。但由于当时急于求成、过分强调人为因素而忽视客观规律，脱离发展实际，高指标浮夸风全国蔓延，严重冒进跃进，最终导致国民经济遭受严重破坏，全国经济发展问题多、波动大，工业发展与人民生活极端困难，经济增长难以为继的严重后果。“大跃进”运动值得后世警醒。

1960 年中苏关系恶化，当年 7 月，苏联政府突然单方面决定召回苏联专家，并在一个月内撤回全部在华专家 1390 名，同时终止派遣专家并撕毁了专家合同和合同补充书 343 个，废除科学技术合同项目 257 个，停止供应急需的重要设备，给我国经济建设造成重大损失。特别是 20 世纪 60 年代末，中苏在边境爆发冲突，导致中苏关系降至“冰点”。东欧一些国家随之疏远同我国的关系，给我国经济建设造成巨大损失，迫使中国开始转向其他国家引进设备和发展贸易。

面对日益严重的国民经济困难，1961 年 1 月召开的中共八届九中全会决定，从 1961 年起对国家经济实行“调整、巩固、充实、提高”

的八字方针，相继采取大力压缩基本建设战线、降低工业生产速度、继续大力精减职工和压缩城镇人口等一系列措施，自1962年至1965年国民经济得到调整和恢复再发展，1963—1966年还从日本、英国、法国、意大利、联邦德国等国家引进多项设备和技术。1964年12月，根据毛泽东同志提议，周恩来同志在第三届全国人大第一次会议上提出了实现四个现代化的战略目标："今后发展国民经济的主要任务，总的来说，就是要在不太长的历史时期内，把我国建设成为一个具有现代农业、现代工业、现代国防和现代科学技术的社会主义强国，赶上和超过世界先进水平。"① 随后，1966—1976年长达十年的"文化大革命"使得国民经济遭受严重的冲击、干扰和破坏，1976年10月粉碎"四人帮"后，国家政治生活才进入长期稳定的正常状态。

1965年9月，中共中央工作会议同意了第三个五年计划"以国防建设第一，加速三线建设，逐步改变工业布局"的方针。1970年2月，全国计划工作会议强调要"集中力量建设大三线战备后方"。"文化大革命"期间的"三五"计划（1966—1970年）和"四五"计划（1971—1975年）中，实施了以备战为中心、大规模开展"三线"建设②为重点的经济建设，并实施"四三"引进方案③，扩大从西方国家引进成套生产技术设备，20世纪70年代前期对外引进、经济交流为实行改革开放政策

---

① 周恩来．周恩来选集：下卷[M]．北京：人民出版社，1984：439.

② 所谓"三线"建设，是按中国地理区域划分，沿海地区为一线，中部地区为二线，后方地区为三线；三线又可分为两大片，一片为包括云南、贵州、四川三省的全部或大部分及湘西、鄂西地区的西南三线，一片为包括陕西、甘肃、宁夏、青海四省区的全部或大部分及豫西、晋西地区的西北三线。三线又有大小之分，西南、西北为大三线，中部及沿海地区省区的腹地为小三线。

③ "四三"引进方案，指1972年2月，中共中央、国务院批准国家计委、轻工业部、燃料化学工业部、商业部、外贸部等共同提出的进口14套化纤、化肥成套技术设备的报告；1973年1月，国家计委向国务院报送关于增加设备进口、扩大经济交流的请示报告，提出利用西方处于经济危机的时机，在今后三五年内引进43亿美元的外国成套设备和单机，此方案被称为"四三方案"。"四三方案"项目包括：13套大化肥、4套大化纤、3套石油化工、1个烷基苯工厂、43套综合采煤机组、3个大电站和武钢一米七轧机以及透平压缩机、燃气轮机、斯贝发动机项目和工业汽轮机制造工厂等，这是新中国第二次大规模引进国外设备的开始，也是"文化大革命"以来首次批准实施的大宗进口成套设备方案。到1977年底，"四三方案"实际对外签约成交39.6亿美元。

奠定了物质条件和思想基础。

总体来看，20 世纪 60 年代是中国内外交困、国民经济和社会发展最困难的 10 年。国内“文化大革命”处于高潮，“四人帮”等派系斗争混乱，经济面临崩溃；外部受到苏联、美国等国家的威胁与孤立，当时苏联已经在中苏、中蒙边境陈兵百万，我国所面临的国际形势殊为严峻。这一时期，苏联与美国“冷战”对峙，苏联占据了优势，美国则处于劣势，我国调整以意识形态决定对外政策的指导方针迫在眉睫，中美关系改善的良机已经出现。

七、中国恢复联合国合法席位和实现中美关系正常化发展

国家利益关系永远高于一切，它决定着国家间的相互关系。天下没有永远不变的朋友，也没有永远不变的敌人。20 世纪 60 年代，面对美苏两国争夺世界霸权的局面，毛泽东同志审时度势制定了联合广大中间地带的外交战略，即发展同美苏以外的国家之间关系。新中国出现了第二次建交高潮。1958 年，戴高乐在法国重新执政后，主张“欧洲人的欧洲”，反对美苏两个大国左右世界事务，他积极谋求改善同中国的关系。1964 年 1 月，法国作为西方大国第一个与我国建交，在孤立中国的冷战时期，中法建交犹如“外交核爆炸”轰动了整个国际社会，直接冲击第二次世界大战后国际关系和“两极”格局，为西方其他国家与我国建交发挥了示范表率作用。

这一时期，中国加强与亚非拉等第三世界国家团结合作，大力支持亚非拉人民反帝、反霸、反殖民斗争，对第三世界[①]国家给予无条件的

① 所谓第三世界，是指经济发展比较落后、不发达或者欠发达，在国际政治经济关系中地位较低的国家和地区，在地域上大多处于发达国家的南边，也称为发展中国家或者南方国家。第三世界包括亚洲、非洲、拉丁美洲及其他地区的 130 多个发展中国家，俗称“亚非拉”国家，占世界陆地面积和总人口的 70% 以上。1974 年 2 月 22 日，毛泽东同志同赞比亚总统卡翁达谈话中曾指出：“我看美国、苏联是第一世界。中间派，日本、欧洲、澳大利亚、加拿大是第二世界。咱们是第三世界。”

尽力援助。1971 年 10 月，在阿尔巴尼亚、阿尔及利亚等 23 个提案国和其他国家全力支持下，联合国第 26 届大会通过投票表决，以 2758 号决议恢复中华人民共和国在联合国的一切合法权利，恢复新中国的联合国安全委员会常任理事国地位，并立即把中国台湾国民党集团的代表从联合国及其所属一切机构中驱逐出去。我国在联合国和安理会的合法席位恢复，意味着个别超级大国对我国的敌视、孤立、封锁等政策的破产。随后，1972 年我国先后与英国、荷兰建立大使级外交关系，并与日本、德国建交，我国与西方国家关系大为改善。

关于中美交往。时光溯源，美国在近代以来参与了西方列强对中国的一系列侵略行动，奉行所谓“门户开放”“利益均沾”政策。新中国成立后，美国在政治上不承认新中国，在经济上对我国进行经济封锁、物资禁运、贸易管控和制裁，对我国国民经济恢复和对外经贸发展造成严重影响。20 世纪 60 年代末 70 年代初，世界格局发生微妙变化，美苏争夺世界霸权的斗争中，美国逐渐处于守势。美国为了遏制苏联，实现其“联华制俄”申张美国利益目的，开始向中国释放友好信号。

在“文化大革命”后期的 20 世纪 70 年代初，毛泽东同志高瞻远瞩，统筹考虑调整中国、美国、苏联的“大三角”国际关系，当时中苏矛盾大于中美矛盾、美苏矛盾大于中苏矛盾，美苏两国都重视打“中国牌”，中国处于战略主动地位，已经出现良机，来缓和改善中国与以美国为首的西方国家间关系。1971 年 3 月下旬至 4 月上旬在日本名古屋举行的第 31 届世界乒乓球赛上，中国邀请美国乒乓球队访华，开展中美“乒乓外交”，以“小球”推动“大球”运转。当年 4 月 14 日，时任美国总统尼克松宣布结束已存在 20 年的对两国间贸易的禁令，随后放宽对新中国的货币和航运管制。从 1971 年 4 月起，中美高层接触的进程明显加快。1972 年 2 月，时任美国总统尼克松访华，他是第一位踏上中国国土的美国总统。毛泽东同志同尼克松就中美关系和国际事务认真坦率地交换了意见，并发表中美《上海联合公报》，标志着新中国成立后 20 多年中美相互隔绝的局面和敌对状态终于被打破，标志着中美关系正常化的开始，此后中美交往迅速扩大，为以后改革开放创造了良好的外部环境。

中美关系缓和直接带动其他国家与我国建交。1972 年 9 月，中日建交。1972 年 12 月《中美建交公报》发表，美国承认中华人民共和国中央人民政府是中国唯一合法政府。中美关系的突破打开了我国 20 世纪 70 年代外交新局面，对国际关系产生了重大影响，促进了中国、美国、苏联“大三角”格局的形成。新中国掀起第三次建交高潮，中国与西欧、北欧等部分国家纷纷建交。可以说，中美建交是我国与西方关系改善与突破的标志性事件，进入西方市场大门正式向中国敞开，自此中国的国际地位大大提升，国际影响力进一步扩大，对外交往和经贸合作进入发展新高潮。

第二节　改革开放前我国对外贸易发展和外贸管理体制沿革

不同时期我国所面临的外部国际环境和国内经济发展的基础条件、中心任务、发展特征等因素，对当时国家对外开放、经贸发展等都具有决定性的影响作用。

一、对外开放和发展外贸状况

早在 1949 年 11 月，美国及其盟国就筹划成立了旨在限制向社会主义国家出口特定商品和设备的“巴黎统筹委员会”（COCOM）[①]，并采

① 巴黎统筹委员会，1949 年 11 月由美国提议，经北大西洋公约组织通过而成立的一个对苏联和东欧等社会主义国家实行禁运的国际机构，并于 1950 年 1 月 1 日在巴黎正式成立，即“向共产党国家出口统筹委员会”，简称“巴统”。最初参加“巴统”的国家有美国、英国、法国、联邦德国、意大利、荷兰、加拿大、比利时、卢森堡、丹麦、挪威、葡萄牙 12 个国家；后来，日本、希腊、土耳其相继加入该组织。新中国成立后，美国将中国列入“巴统”关注的国家，利用“巴统”胁迫主要西方国家对中国采取禁运措施，以便阻碍中国对外贸易发展。

取多种手段和一系列措施，对中国共产党领导的新中国等社会主义国家进行政治孤立、经济封锁、商品禁运和军事包围打压。新中国成立后相当长一段时期，以美国为首的西方国家对我国实行全面经济封锁、商品和设备禁运，阻碍中国对外贸易发展。当时美国、苏联两大阵营对抗，中国对外开放的基础条件和外部环境非常恶劣，对外经贸关系受制于国际环境等诸多因素。

发展内外交流是新民主主义基本经济方针的内容之一。1949 年 3 月，毛泽东同志《在中国共产党第七届中央委员会第二次全体会议上的报告》指出：中国革命在全国胜利，并且解决了土地问题以后，中国还存在着两种基本的矛盾。第一种是国内的，即工人阶级和资产阶级的矛盾；第二种是国外的，即中国和帝国主义国家的矛盾。……立即统制对外贸易，改革海关制度，这些都是我们进入大城市的时候所必须首先采取的措施。在做了这些以后，中国人民就在帝国主义面前站立起来了。1949 年 9 月，中国人民政治协商会议通过的具有宪法性质的《中国人民政治协商会议共同纲领》明确要求“在平等和互利的基础上，与各外国政府和人民恢复并发展通商贸易关系”。成立不久的新中国需要在复杂的国际局势中迅速做出策略抉择，当时加入以苏联为首的社会主义阵营、与苏联建立友好同盟是受到政治、外交、国际环境、历史传统、党际关系等诸多因素共同作用而做出的时代选择。

我国相当长一段时期（新中国成立至 20 世纪 60 年代初）在政治上实行对苏联、东欧等社会主义国家“一边倒”的外交政策，在经济上对社会主义阵营国家开放，在实行对外贸易统制和保护民族工业的同时，积极同苏联和其他人民民主国家建立发展经贸关系并寻求同资本主义国家做生意，实行进口替代，重点引进发展工业所急需的先进技术设备和生产资料。

据统计，1950 年，我国与资本主义国家贸易额达 27. 6 亿元，占进出口总额的 66. 5% ，中国香港是重要的转口贸易基地，是华北、华中、华南进出口贸易的主要集散地区；当时，我国出口物品主要是油料油脂、皮毛、猪鬃、矿砂、粮食等，进口物品主要是各种机器、器材、设备、科学仪器、钢材等。另据统计，1950 年我国对外贸易总额为 11. 35 亿美元，超过 1931 年九·一八事变以来的任何一年，也是自 1895 年以来第一次实现出超，旧中国外贸长期入超状况逐渐转变为进出口大体平衡。整个 20 世纪 50 年代是我国大规模从苏联、东欧等新民主国家引进技术与设备的重要时期；1950—1959 年，我国订购进口的 415 个成套设备项目中，来自苏联和东欧国家的分别为 304 个和 108 个。20 世纪 60 年代后，我国逐步转向与日本、英国、法国等发达国家以引进先进技术设备为重点发展经贸关系，这为后来改革开放拓展了空间，这一时期对外开放和外贸主要立足于建设独立自主的国内经济体系。

二、对外贸易发展和主要贸易伙伴

改革开放前，我国对外贸易总体在较低水平上发展，货物贸易主要是出口大量农副产品、资源型初级产品来换取外汇，用以购买工业设备、工业原料和制品等。1949—1978 年，对外贸易实行计划管理，外贸规模总体较小，计划管理较为严格，我国外贸进出口基本保持平衡，对外贸易差额控制在 6 亿 ~7 亿美元。

（一）总体货物贸易情况

据统计，1950 年全国货物进出口贸易额以人民币计价为 41. 54 亿元，其中出口 20. 19 亿元、进口 21. 35 亿元；以美元计价为 11. 35 亿美元，其中出口 5. 52 亿美元、进口 5. 83 亿美元。1978 年，全国货物进出口贸易额以人民币计价为 355. 04 亿元，其中出口 167. 75 亿元、进口 187. 39 亿元；以美元计价为 206. 38 亿美元，其中出口已由 1950 年的 5. 52 亿美元增长至 97. 45 亿美元，年均增长 10. 79%，进口已由 1950 年的 5. 83 亿美元增长至 108. 93 亿美元，年均增长 11. 02%。改革开放前29年间，全国货物贸易进出口额累计为4064.26亿元（以美元计价为1693.15亿美元）。图2-2为1950—1978年全国货物进出口贸易额统计图（以人民币计价）。

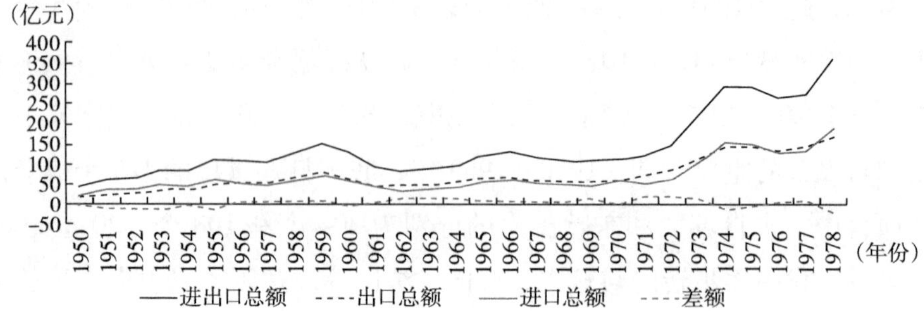

图2-2　1950—1978年全国货物进出口贸易额统计图

资料来源：辉煌70年编写组．辉煌70年——新中国经济社会发展成就（1949—2019）［M］．北京：中国统计出版社有限公司，2019.

（二）不同时期的主要贸易伙伴

对外贸易服从服务于国家外交大局。改革开放前，因为双多边关系的调整变化，不同时期我国的主要贸易伙伴和外贸地理结构不尽相同。新中国成立初期，我国外贸主要与苏联等社会主义国家开展，贸易伙伴构成较为单一，1955年中苏进出口贸易占全国整体外贸额的57%。20世纪60年代中苏关系恶化后，我国加强与西方国家贸易往来，但截至1978年我国贸易伙伴仅有40多个。

具体来看，1950—1952年，中国内地最大的贸易伙伴主要有苏联、美国、中国香港、印度、民主德国、英国、捷克斯洛伐克、马来西亚、巴基斯坦、日本、波兰、匈牙利等。1953—1960年，中国内地对外贸易的主要市场为苏联和东欧社会主义国家等，主要贸易伙伴为苏联、中国香港、民主德国、捷克斯洛伐克、英国、斯里兰卡、朝鲜、日本、波兰、印度尼西亚、越南、匈牙利等。1961—1966年，中国内地主要贸易伙伴为苏联、中国香港、日本、古巴、澳大利亚、英国、加拿大、朝鲜、法国、越南、印度尼西亚、捷克斯洛伐克等。“文化大革命”（1966—1976年）期间，我国主要贸易伙伴总体比较稳定，但也出现一些变化，从社会主义国家为主向以亚洲国家为主转变，西方发达国家（如日本、联邦德国、法国、澳大利亚、加拿大等）与我国贸易往来逐渐趋于活跃。

三、外贸管理体制发展情况

新中国成立后至改革开放之前，我国外贸进出口实行高度集中的计划管理，由国家统一制定计划、统一管理、统负盈亏。1949 年 10 月，中央人民政府政务院设立贸易部，任命叶季壮为贸易部部长；当月，海关总署成立，任命孔原为海关总署署长，结束了长期以来由洋人控制中国海关管理和关税收支的局面。1950 年 1 月，政务院发布《关于关税政策和海关工作的决定》，规定海关总署必须是统一集中和独立自主的国家机关，负责对各种货物及货币的输入输出执行实际的监督管理，征收关税，与走私进行斗争，以此来保护中国不受资本主义国家的经济侵略。1950 年 2 月，贸易部公布《出口货物统购统销临时办法》。1950 年 7 月，贸易部召开全国进出口贸易会议，调整对外贸易中的公私关系，恢复和发展对外贸易。1950 年 12 月，颁布《对外贸易暂行管理条例》。当月，政务院明确“各地方海关（或关）直隶于海关总署，各分关、支关的隶属关系由海关总署规定之”。

1951 年 2 月，中央人民政府将全国各口岸成立的外贸管理局收归贸易部统一领导，并对实行进出口商品分类管理、推行进出口许可证制度等方面做出统一规定，同时着手组建国营外贸公司，直接经营外贸活动。1951 年初，贸易部和交通部组建中国海外运输公司，统一掌握海外货运计划和办理对外租船等事宜。1951 年 3 月，颁布《暂行海关法》，并自当年 5 月 1 日起施行，由国家管制对外贸易，实行进出口许可证制度。1951 年 11 月，中央财经委员会[①]公布《商品检验暂行条例》。1952 年 8 月，中央人民政府举行第 17 次会议，通过了《关于调整中央人民政府机构的决定》和《关于调整地方人民政府机构的决议》；决定撤销贸易部等部门，成立对外贸易部（简称外贸部）、商业部等部门。外贸部对进出口贸易实施集中管理。

随着我国对外贸易恢复发展，沿海港口和国境口岸进口到货日益增多，外贸部于 1953 年 1 月成立中国陆运公司，统一办理进出口货物在港口和口岸的交接、代储、代运、分运等工作，减少货物在港口积压。1955 年 4 月，中国陆运公司改组为中国对外贸易运输公司，中国海外运输公司的海上运输工作移交给中国对外贸易运输公司办理。1956 年在对私人工商业的所有制改造基本完成后，对外贸易的管理、计划制定和执行、经营等职责都集中于外贸部，对外贸易国家垄断制度基本确立；全国对外贸易由外贸部统一领导、统一管理，进出口贸易的具体经营业务则由外贸部所属各外贸专业公司统一进行。1958 年又规定，除外贸部所属各总公司和各口岸对外贸易机构外，任何机构不许经营进出口业务。1961 年 2 月，中共中央决定将原下放地方管理的大连、秦皇岛、天津、上海、青岛、南通、连云港、烟台等 10 个沿海港口收归交通部领导。

为改变"文化大革命"期间对外贸易停滞状态，1974 年外贸部着手在一定范围内开展下放外贸经营权试点，在沿海原有广州、大连、上海、青岛、天津 5 大口岸基础上，新辟江苏、河北、浙江、广西 4 省区外贸口岸，同时批准原第一机械工业部成立自属机械设备进出口总公司

① 中财委，即中央财政经济委员会的简称。新中国成立前，由于各解放区处于彼此分割的战争形势下，财政经济工作基本上是各自为政。为适应各大解放区财经统一需要，顺利实现由革命战争到经济建设的转变，北平和平解放后，中共中央考虑成立中央财政经济委员会，统一管理财经工作。1949 年 3 月，周恩来同志起草的《中央关于财政经济工作及后方勤务工作若干问题的决定》指出："中央应即成立财政经济委员会，首先与华北财政经济委员会合并，并加入东北、华东、西北、华中各区财政经济工作负责人为委员，依靠华北政府各部及其直辖的各省市，进行业务。"中央决定由陈云同志任中央财政经济委员会主任，主持全国财经工作。

直接经营对外贸易，下放外贸经营权较好地促进了对外贸易发展。总体来看，改革开放前，我国实行高度集中、国家统制、国家专营、统负盈亏、政企合一的外贸体制，这是当时高度集权的计划经济体制所决定的，在一定时期内适应了中国经济发展需要，在一段时期内保证了国际收支基本平衡。20 世纪 70 年代，随着国内外情况变化，计划经济外贸体制缺点逐渐显现。

第三节　全国交通运输和口岸开放发展情况

交通运输是国民经济发展和对外开放的重要基础，是国民经济中基础性、先导性、战略性产业和重要的服务行业。一个时期内的国家对外贸易、口岸开放，都离不开与当时经济社会发展相适应相配套的交通运输条件。新中国成立特别是改革开放以来，全国交通运输取得了举世瞩目的发展成就，为经济社会持续快速发展提供了有力保障。

一、新中国成立初期的全国交通运输状况

1949 年，我国交通运输发展极为落后，基础设施和运输设备数量少、质量差、能力低、布局偏。1949 年，全国铁路里程仅 2.18 万公里，铁路无一条线路能够全线通车，勉强能够通车的铁路里程约 1.1 万公里；铁路机车、客车、火车分别为 4069 台、3987 辆和 46487 辆。自 1954 年 1 月 1 日起，我国开始与苏联、朝鲜、蒙古国、民主德国、波兰、捷克斯洛伐克、罗马尼亚、保加利亚、阿尔巴尼亚等国开展国际铁路客货联运。全国公路大部分路况严重受损，公路里程仅 8.08 万公里，没有一条高速公路，民用汽车仅 5.09 万辆。沿海船运航线大部分被国民党海军封锁；内河航道 7.36 万公里，仅有等级航道 2.4 万公里，轮驳船 5698 艘，净载重量仅 37 万吨，1949 年 12 月 11 日长江才恢复全线通航。民航航线里程 1.1 万公里，仅有 12 条航线（1950 年 8 月 1 日，

国内民用航空正式开航)。沿海主要港口仅 6 个，泊位 161 个（万吨级以上泊位为 0)，货物吞吐量 663.3 万吨，内河港口泊位较少，货物吞吐量仅 440.8 万吨。全社会客运量 13965 万人次，包括铁路客运量 10297 万人次、公路客运量 1809 万人次、水运 1562 万人次、民航 27 万人次，全社会旅客周转量 155.0 亿人公里；全社会货运量 18713 万吨，包括铁路运量 5589 万吨、公路运量 10579 万吨、水运 2543 万吨，全社会货运周转量为 258 亿吨公里。

二、改革开放前夕全国交通运输发展状况

新中国成立到 1978 年，经过近 30 年有计划有重点地发展，我国综合运输体系初具规模。1978 年，全国铁路营业里程 5.17 万公里，公路里程 89.02 万公里，全国尚没有一条高速公路，内河航道 13.60 万公里，航班航线 14.89 万公里（含国际航线 5.53 万公里)，管道输油（气）里程 0.83 万公里。沿海主要港口 14 个，泊位 311 个，货物吞吐量 19834 万吨（含外贸货物 5911 万吨)，内河港口 24 个，泊位 424 个，货物吞吐量 8172 万吨。全社会客运量 253993 万人次，包括铁路客运量 81491 万人次、公路客运量 149229 万人次、水运 23042 万人次、民航 231 万人次，全社会旅客周转量 1743.1 亿人公里。全社会货运量 319431 万吨，包括铁路运量 110119 万吨、公路运量 151602 万吨、水运 47357 万吨、民航 6.4 万吨、管道输油（气）10347 万吨，全社会货运周转量为 9929 亿吨公里。图 2 - 3 为 1949—1978 年全国运输线路长度统计图。

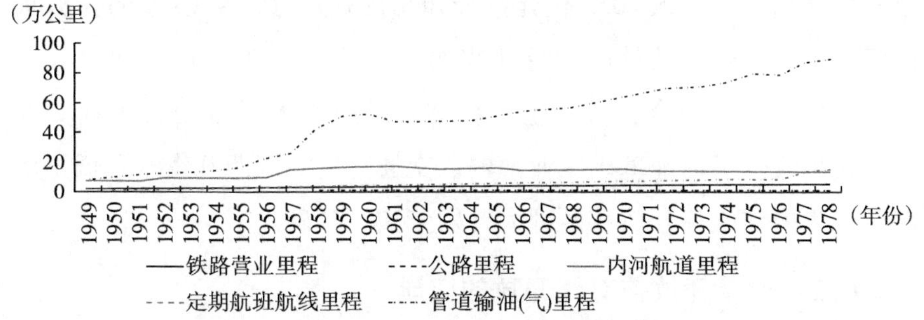

图 2－3 1949—1978 年全国运输线路长度统计图

资料来源：辉煌 70 年编写组．辉煌 70 年——新中国经济社会发展成就（1949—2019）［M］．北京：中国统计出版社有限公司，2019.

三、全国口岸开放布局和整体规模状况

（一）平衡全国工业布局

全国工业经济布局一定程度上决定着口岸开放布局。新中国成立前，由于东部沿海地区具备天然地理区位和运输优势及发展条件，旧中国工业主要集中于东部沿海地区。为了改变工业布局畸形发展格局，毛泽东同志 1956 年 4 月在《论十大关系》中阐述了“沿海工业和内地工业的关系”，他强调：“我国的工业过去集中在沿海。所谓沿海，是指辽宁、河北、北京、天津、河南东部、山东、安徽、江苏、上海、浙江、福建、广东、广西。我国全部轻工业和重工业，有约百分之七十在沿海，只有百分之三十在内地。这是历史上形成的一种不合理的状况。沿海的工业基地必须充分利用，但是，为了平衡工业发展的布局，内地工业必须大力发展。”①

从 20 世纪 60 年代中期开始，国家进行以大小“三线”建设为中心向中西部地区转移的地区工业布局调整。从 1965 年至 1980 年，历经三

① 毛泽东．论十大关系［M］．北京：人民出版社（安徽人民出版社重印），1976：4.

个五年计划，共投入2052亿元资金和几百万人力，在13个省份开展了规模大、时间长、动员广、行动快的“三线”建设，初步建立起具有相当规模、门类齐全、科研生产相结合的战略大后方现代工业交通体系，初步改变了内地基础工业薄弱、交通落后、资源开发水平低下的状况，也为内陆改革开放和西部大开发夯实了基础。

（二）改革开放前对外开放的口岸

新中国成立后至改革开放前，全国对外开放的口岸数量少、规模小，水运口岸主要集中于沿海、沿江地区，陆路（公路、铁路）口岸主要集中于沿边地区，航空口岸开放主要集中于区域中心城市。据统计，截至1978年底，全国仅有对外开放的口岸51个。其中，水运口岸18个，包括海运口岸17个、河运口岸1个；海运口岸分别是上海、天津、大连、青岛、烟台、温州、福州、厦门、广州、湛江、汕头、汕尾、海口、八所、北海、秦皇岛、连云港，边境河运口岸为黑河口岸。公路口岸16个，分别是临江、南坪、三合、拱北、水口、东兴、畹町、瑞丽、樟木、普兰、吉隆、开山屯、红其拉甫、霍尔果斯、吐尔尕特、友谊关口岸。铁路口岸9个，分别是丹东、图们、集安、深圳、凭祥、河口、满洲里、绥芬河、二连浩特口岸。航空口岸8个，分别是北京、上海、广州、沈阳、昆明、南宁、哈尔滨、乌鲁木齐口岸。

四、改革开放前的口岸基础设施建设状况

新中国成立后至改革开放前，我国口岸基础设施和检查检验设施普遍落后，口岸通行能力较差，外贸运输港口装卸效能低下，沿海主要港口吞吐能力明显不足，时有外贸货物压船、压港和口岸服务较差甚至造成不良影响等现象发生，亟须改进完善。

这一时期口岸特别是港口建设以技术改造、恢复利用为主。从20世纪50年代至70年代初，沿海港口平均每年增加1~2个深水泊位。

就港口发展而言，1949—1972 年为恢复发展阶段，经过 20 多年自力更生发展，到 1972 年全国主要港口泊位由解放初期大小泊位 200 多个增加至 617 个；其中，沿海深水泊位由解放初期 6 个增加至 92 个，码头长度由解放初期 3 万多米增加至 5.1 万米，新增港口吞吐能力 6384 万吨。表 2－2 为 1949—1978 年我国沿海主要港口、泊位及客货吞吐量。

"一五"计划时期，水路运输主要发展内河运输，以长江为重点，同时适当发展海上运输。为适应海上运输和长江运输的需要，新建广东湛江港和安徽裕溪口港，增建上海和汉口等主要港口的机械装卸设备和通信设备，并建立长江全江的调度电话；逐步改善川江航道，进行航标改革，实行分段夜航，以提高航行效率；统一管理珠江运输，初步整治航道，适当增建船舶。

20 世纪 70 年代，我国内外部环境基本稳定，当时面临的首要问题是迅速发展经济、解决温饱问题。随着对外关系发展，对外贸易不断扩大，外贸货物海运量大幅增加，沿海港口口岸货物通行能力不足，货物压船、压港等情况日趋严重。沿海主要港口船舶平均在港停留时间由 1971 年的 2.6 天上升至 1973 年的 4.1 天；其中，外贸船舶由 5.9 天上升至 11.6 天，1974 年增至历史峰值 13.3 天。

为了解决沿海港口严重拥堵问题，1973 年初国务院总理周恩来同志发出"三年改变中国港口面貌"号召，全国开始第一次建港高潮。1973 年 9 月，全国首次港口建设会议召开，会议确定了到 1976 年全国港口建设的基本目标，并提出了港口建设的方针和政策。到 1978 年底，全国主要港口泊位增加至 735 个；其中，沿海深水泊位增加至 133 个，码头长度增加至 6.5 万米，6 年间新增港口吞吐能力 1 亿多吨；船舶平均在港停留时间逐步缩短，1978 年缩短到 3.3 天左右，其中外贸船舶缩短到 9.2 天，港口货物压港局部得到缓解。

需要说明的是，20 世纪 80 年代中期以后，港口建设步伐进一步加快，沿海主要港口船舶平均在港停留时间逐年下降，到 1998 年为 1.2 天，压船压货问题得以根本缓解。表 2 – 3 为 1949—1998 年全国沿海主要港口船舶在港停时。图 2 – 4 为 1949—1978 年我国沿海主要港口货物吞吐量。图 2 – 5 为 1963—1978 年我国沿海主要港口旅客吞吐量。图 2 – 6 为1949—1978 年我国沿海主要港口生产用泊位数量。图 2 – 7 为 1957—1998 年全国沿海主要港口船舶在港停时。图 2 – 8 为 1980—1998 年全国沿海主要港口每千吨货在港停时。

表 2 – 2　1949—1978 年我国沿海主要港口、泊位及客货吞吐量

年份	港口数（个）	生产用泊位（个）	万吨级泊位（个）	旅客吞吐量（千人）	离港	货物吞吐量（千吨）	外贸
1949	6	161				6633	
1950	6	161				7913	2487
1951	6	161				11497	2318
1952	6	161				15830	2290
1953	6	158				20274	4055
1954	6	156				27231	4262
1955	6	138				30864	5610
1956	6	139				38443	8385
1957	6	235	38			44163	7428
1958	6	245	40	2040	2040	66967	9552
1959	6	254	43	5316	5316	97311	10185
1960	14	261	48			87860	9160
1961	14	271	55			64230	13220
1962	14	271	66			52650	11800
1963	15	272	67	8362	8362	55820	14720
1964	15	274	74	4380	4380	60430	18460
1965	15	273	72	7450	7450	71810	20980
1966	14	260	81	3220	3220	80840	23000
1967	14	271	83	3480	3480	74070	22340
1968	14	274	85	3480	3480	75750	21570
1969	14	277	88	3820	3820	81520	20310

续表

年份	港口数（个）	生产用泊位（个）	万吨级泊位（个）	旅客吞吐量（千人）	离港	货物吞吐量（千吨）	外贸
1970	14	279	91	3520	3520	94150	23290
1971	14	279	91	3480	3480	98850	22670
1972	15	286	92	3710	3710	105560	25470
1973	14	273	95	4020	4020	120400	36250
1974	14	284	100	4330	4330	130300	39610
1975	14	290	112	4570	4570	143580	39660
1976	14	298	117	4891	4891	141970	35530
1977	14	307	128	4987	4987	159690	42480
1978	14	311	133	5035	5035	198340	59110

资料来源：交通部综合规划司．新中国交通五十年统计资料汇编（1949—1999）［M］．北京：人民交通出版社，2000：95.

表 2－3　1949—1998 年全国沿海主要港口船舶在港停时

年份	平均每次在港停时（天）	外贸船平均每次在港停时（天）	平均每千吨货停时（天）	外贸船平均每千吨货停时（天）
1949	—	—	—	—
1950	—	—	—	—
1951	—	—	—	—
1952	—	—	—	—
1953	—	—	—	—
1954	—	—	—	—
1955	—	—	—	—
1956	—	—	—	—
1957	3	—	—	—
1958	3. 5	—	—	—
1959	3. 7	—	—	—
1960	3. 6	—	—	—
1961	4. 4	—	—	—
1962	3. 8	—	—	—
1963	3. 4	4. 8	—	—

续表

年份	平均每次在港停时（天）	外贸船平均每次在港停时（天）	平均每千吨货停时（天）	外贸船平均每千吨货停时（天）
1964	4. 3	5. 9	—	—
1965	4. 4	5. 8	—	—
1966	2. 6	5. 2	—	—
1967	4. 6	9. 5	—	—
1968	4. 4	10. 8	—	—
1969	3. 7	8. 4	—	—
1970	2. 8	6. 2	—	—
1971	2. 6	5. 9	—	—
1972	3	7. 7	—	—
1973	4. 1	11. 6	—	—
1974	4. 9	13. 3	—	—
1975	4	9. 1	—	—
1976	4. 6	11. 7	—	—
1977	3. 7	8. 5	—	—
1978	3. 3	9. 2	—	—
1979	3. 1	8. 2	—	—
1980	2. 9	7. 7	0. 51	0. 64
1981	3. 7	10. 4	0. 6	0. 87
1982	3. 3	8. 8	0. 52	0. 71
1983	3. 6	9. 9	0. 56	0. 78
1984	3. 3	8. 7	0. 47	0. 66
1985	4. 4	11. 1	0. 61	0. 85
1986	3. 5	6. 9	0. 45	0. 6
1987	3. 1	5. 7	0. 4	0. 52
1988	3. 8	6. 7	0. 42	0. 6
1989	3. 4	6	0. 33	0. 46
1990	2. 7	4. 3	0. 26	0. 35
1991	2. 8	4. 6	0. 27	0. 36
1992	3. 1	4. 9	0. 28	0. 4
1993	3. 4	4. 9	0. 31	0. 43

续表

年份	平均每次在港停时（天）	外贸船平均每次在港停时（天）	平均每千吨货停时（天）	外贸船平均每千吨货停时（天）
1994	2.6	3.4	0.24	0.31
1995	2.3	2.7	0.23	0.26
1996	1.8	2	0.19	0.21
1997	1.7	1.8	0.19	0.19
1998	1.2	1.3	0.19	0.17

资料来源：交通部综合规划司．新中国交通五十年统计资料汇编（1949—1999）[M]．北京：人民交通出版社，2000：124.

图 2－4　1949—1978 年我国沿海主要港口货物吞吐量

注：年份后括号内数字表示港口数量，当与上一年度数量一致时省略。下同。

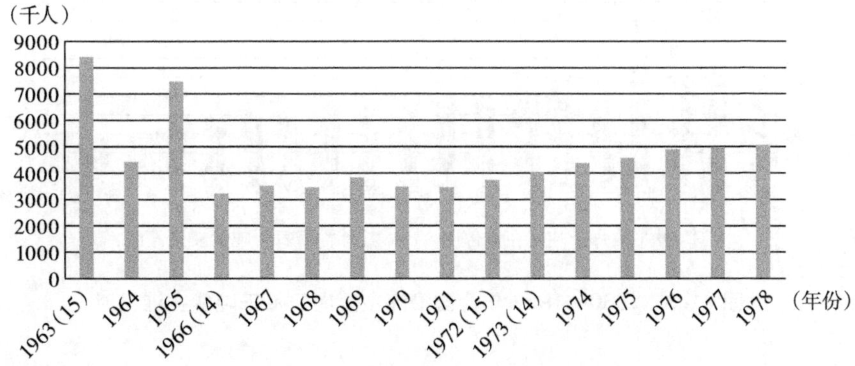

图 2－5　1963—1978 年我国沿海主要港口旅客吞吐量

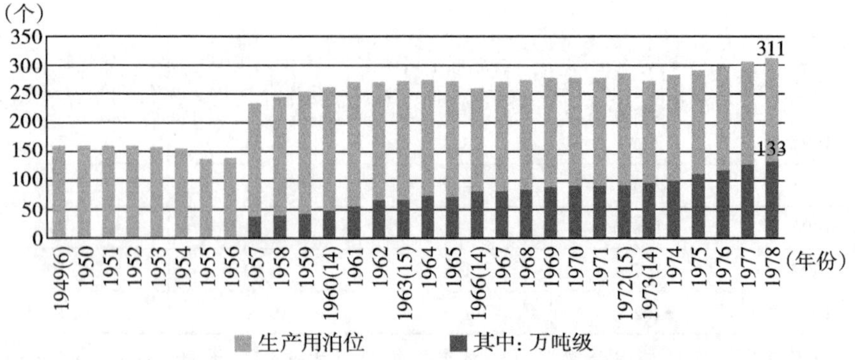

图 2-6　1949—1978 年我国沿海主要港口生产用泊位数量

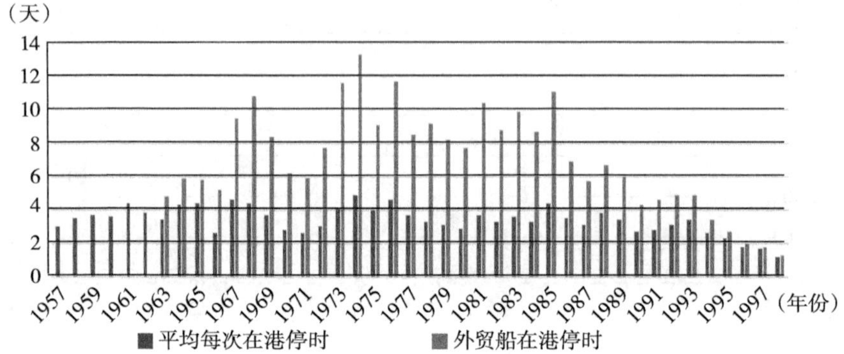

图 2-7　1957—1998 年全国沿海主要港口船舶在港停时

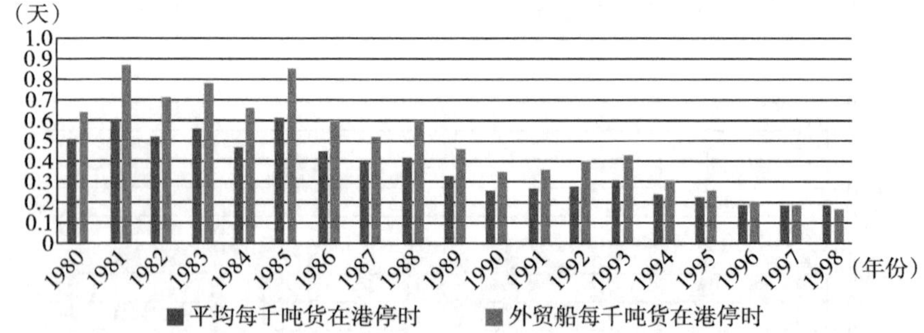

图 2-8　1980—1998 年全国沿海主要港口每千吨货在港停时

第四节　改革开放前的口岸检查检验和口岸管理体制机制

一、边防检查机构

边防检查机构主要任务是维护国家主权，主要承担开放口岸的出入境人员（包括边民）和交通运输工具的边防检查任务，维护口岸出入境秩序。1949 年 11 月，组建公安部边防保卫局。1951 年，建立边防公安检查站。1952 年，各级边防机构与解放军公安部队合并工作完成，公安部颁布《出入国境治安检查暂行条例》。1958 年，全国所有的边防检查站移交公安机关。1965 年，公布施行《中华人民共和国边防检查条例》。1973 年，边防检查站移交公安边防部门建制领导，人员改为人民警察，退出现役。1974 年，国务院、中央军委批准边防检查站人民武装警察实行义务兵役制，转为现役。1980 年，成立人民边防武装警察部队。

二、海关管理机构

海关是世界各国普遍在出入境口岸设立的进出境监督管理机构，主要承担对进出境人员、货物、物品、交通运输工具等实施监督管理的任务。

新中国成立后，海关管理的“金钥匙”真正交到中国人民手里。新中国成立以来，海关领导体制几经变更。1949 年 10 月至 1952 年底，根据中央财政经济委员会发布的《关于海关总署直接领导全国各地海关的通知》，海关系统实行集中统一的垂直领导体制，海关总署为政务院的一个职能部门和组成部分。全国海关统一执行海关总署的规章、命令、指示，其组织人事、行政、业务等事宜均由海关总署直接领导并接受各大行政区域或者直辖市财政经济委员会指导。1953 年 1 月，政务院决定，海关总署划归外贸部领导，将外贸部的对外贸易管理总局与海关总署合并，改称对外贸易部海关总署，俗称“关局合并”。1952—1960年，各口岸对外贸易管理局及其分支机构与当地海关合并，统称海关；关局合并后，各地海关组织建制属中央，直属外贸部海关总署，同时各地海关受所在地大行政区或者省级财政经济委员会的监督指导。1960年11月，海关总署改为海关管理局，仍归属外贸部领导；各地海关建制下放到各省、自治区、直辖市，受地方党政和外贸部双重领导，并以地方领导为主，成为各地外贸局的组成部分。

1980年2月，国务院发布《关于改革海关管理体制的决定》，明确提出：海关工作具有对外统一性和全国海关统一性的特点。全国海关建制归中央统一管理，成立中华人民共和国海关总署作为国务院直属机构，统一管理全国海关机构和人员编制、财务及其业务。各地海关受所在省、自治区、市人民政府监督指导。自1980年2月至今，全国海关恢复实行中央统一管理的垂直领导体制。

三、出入境检验检疫机构

我国出入境检验检疫包括进出口商品检验、出入境动植物检疫、国境卫生监督等方面。1949年10月，成立中央技术管理局，负责管理工业生产所必需的计量和标准；同年10月，中央贸易部国外贸易司商检处成立，在天津、上海、广州、青岛、汉口、重庆等主要口岸恢复设立商品检验局，开展针对进出口货物的检验工作。1954年1月，政务院公布实施《输出输入商品检验暂行条例》。与进出境管理相关的动植物和卫生检疫专门机构相继设立，1957年12月公布实施《中华人民共和国国境卫生检疫条例》。新中国成立后到1964年，出入境动植物检验检疫工作由外贸部管理，具体执行工作由各地商检局实施，经历了从垂直管理到双重领导地方为主管理的体制转变。1960年11月，国务院下放商检体制，外贸部商品检验总局改为商品检验局，将各地商检局下放给地方，实行地方党政与外贸部双重领导、条块结合、块块为主的管理体制。1965 年 2 月，国务院同意农业部在国境口岸设立动植物检疫所，全国各口岸的动植物检疫机构陆续建立。1973 年 1 月，外贸部发布通知：经国务院批准，各地商检局统一改称为中华人民共和国 × × 商品检验局。

四、海事管理机构

1949 年新中国成立后，交通部海事局负责海上交通安全监督管理。1953 年，交通部设立港务监督局，同时在沿海港口设立港务监督机构，对外统一行使海上交通安全监督管理职责。20 世纪 80 年代初，交通部设立水上安全监督局，沿海各主要港口设港务监督机构，在长江、黑龙江分设长江航政管理局、黑龙江港航管理局，各省（区、市）交通厅设置港航监督机构。1949—1985 年为海事管理机构的港务监督管理阶段。

五、口岸管理部门总体状况

新中国成立后，对外开放的各类口岸（包括港口、机场、车站等），普遍设立出入境边防检查、海关、海事港务监督、卫生检疫、动植物检疫、商品检验等检查检验机构。

改革开放前，口岸管理条块交叉，各部门分头负责，各级地方政府没有普遍设置口岸综合管理机构和职能部门。进出境通关监管工作涉及多家检查检验机构，主要有边防、海关、港务监督、卫生检疫、动植物检疫、商品检验、食品检验、船舶检验等部门，这些单位既有中央建制，又有地方建制，没有形成独立、统一的管理体系。由于口岸管理部门林立，上述检查、检验、检疫等部门在口岸管理中存在业务交叉、各自为政、管理范围和查验项目重叠等情形，口岸通关经常出现一些矛盾和问题，影响整体通行效率提升。

1973 年 2 月，经中共中央批准，国务院发布《关于口岸工作的情况和改进意见》，提出了加强和整顿口岸工作的 5 项措施，要求努力改进以下几方面工作：加强口岸工作的统一领导和组织建设，认真贯彻执行党的涉外政策，改进口岸业务工作和服务接待工作，做好对外宣传工作，充实口岸工作急需的工具设备；同时明确，国务院责成交通部、外交部、外贸部、商业部、公安部、卫生部等，组织若干联合检查组（以交通部为主，外交部、公安部为辅）分赴口岸（包括港口、火车交接站、国际机场、公路交接站等），进行落实政策和加强工作的检查和帮助。1978 年 11 月，国务院发出《关于加强港口口岸组织领导的通知》，决定成立国务院港口口岸工作领导小组，由时任国家经委副主任、党组副书记郭洪涛任组长，加强港口口岸工作的组织领导。

第三章

改革开放和社会主义现代化建设时期的口岸开放与发展：1978—2012年

我们党作出实行改革开放的历史性决策，是基于对党和国家前途命运的深刻把握，是基于对社会主义革命和建设实践的深刻总结，是基于对时代潮流的深刻洞察，是基于对人民群众期盼和需要的深刻体悟。邓小平同志指出，“贫穷不是社会主义”，“我们要赶上时代，这是改革要达到的目的”。

历史发展有其规律，但人在其中不是完全消极被动的。只要把握住历史发展大势，抓住历史变革时机，奋发有为，锐意进取，人类社会就能更好前进。①

——习近平

① 习近平在庆祝改革开放40周年大会上的讲话[EB/OL]. 新华网,http://www.xinhuanet.com/2018-12/18/c_1123872025.htm.

习近平总书记强调：“改革开放是决定当代中国命运的关键一招，也是决定实现‘两个一百年’奋斗目标、实现中华民族伟大复兴的关键一招。”2018年12月18日，习近平总书记在庆祝改革开放40周年大会上的讲话中指出：“改革开放是我们党的一次伟大觉醒，正是这个伟大觉醒孕育了我们党从理论到实践的伟大创造。改革开放是中国人民和中华民族发展史上一次伟大革命，正是这个伟大革命推动了中国特色社会主义事业的伟大飞跃！”

我国实行改革开放政策肇始于1978年12月党的十一届三中全会召开，本次全会做出了把全党工作的重心和全国人民的注意力转移到社会主义现代化建设上来的战略决策，确定了“解放思想、开动脑筋、实事求是、团结一致向前看”的指导方针，提出实行改革开放，明确在自力更生的基础上积极发展同世界各国平等互利的经济合作，重新确立了马克思主义的思想路线、政治路线和组织路线，完成了中国共产党在政治路线上最根本的拨乱反正，实现了新中国成立以来党的历史上具有深远意义的伟大转折，开启了我国改革开放和社会主义现代化建设历史新时期，这是新中国成立70年里最重要的里程碑和分水岭。

以经济建设为中心是兴国之举。从1978年党的十一届三中全会召开到2012年11月党的十八大召开，这段时间是我国改革开放和社会主义现代化建设时期。这一时期，以1992年邓小平同志南方谈话、我国建立和完善社会主义市场经济体制为标志，又可细分为改革开放逐步启动和探索前进阶段（1979—1992年）、改革开放快速推进和市场经济体制建立完善阶段（1993—2012年）。

第一节　改革开放逐步启动和探索前进阶段（1979—1992 年）

在改革开放和社会主义现代化建设时期，改革开放激发了全国各省份、各行业、各领域、各战线的积极性、主动性、创造性，促进了生产力快速发展。这一时期处于对外开放的萌芽探索时期，以东南沿海地区为发端，利用发达经济体劳动密集型产业转移时机，发挥自身比较优势，采取出口导向战略，通过引进外资发展劳动密集型制造业。国家宏观开放政策向东部沿海地区倾斜，改革由农村逐步推向城市，对外开放逐步由沿海地区推向内陆、沿边地区，以经济特区、保税区为重点开放区域，先后建成一批承接国际产业和资本转移的开发区域，通过进口替代和鼓励出口促进外向型经济发展，着力解决储蓄和外汇“双缺口问题”。其间，1978—1984 年，改革从农村发端，重点在农村，“大包干”、家庭联产承包责任制等改革极大地调动了农民的积极性。从 1984 年开始，改革重点从农村转向城市，国家大幅度减少指令性计划数量，财税、价格、流通等领域改革不断推进。

一、设立经济特区作为对外开放“窗口”

“文化大革命”结束后，为了学习借鉴国外经济建设和经济管理的先进经验，1977—1978 年，国家先后派出以时任上海市委书记林乎加同志为团长的赴日本经济代表团，以时任国务院副总理谷牧同志为团长的赴欧洲经济代表团，以时任国家计划委员会副主任段云同志为组长的港澳经贸考察团，林乎加同志、谷牧同志、段云同志分别将考察情况向中共中央政治局进行汇报，并研究提出了相关建议，包括在广东省宝安（深圳）、珠海设立实行特殊经济政策的出口加工区的设想。

1978 年 7 月，国务院发布《开展对外加工装备业务试行办法》，要求大力发展加工装备和补充贸易。1979 年 3 月，广东省宝安县、珠海县经国务院批准，分别改为省辖市——深圳市、珠海市。1979 年 4 月，时任广东省委书记习仲勋同志在中央工作会议中南组发言提出：广东邻近港澳，华侨众多，应充分利用这个有利条件，积极开展对外经济技术交流；这方面，希望中央给点权，让广东先走一步，放手干。福建省也提出在厦门建立出口加工区的要求。时任广东省委领导习仲勋同志、杨尚昆同志、王全国同志专门向邓小平作了汇报，希望中央下放若干权力，允许举办出口加工区。邓小平同志十分赞同这一设想。当年 6 月，广东、福建省委分别向党中央递交了报告。

1979 年 7 月，中共中央、国务院批转广东省委、福建省委关于对外经济活动实行特殊政策和灵活措施的两个报告，原则同意两省试行在中央统一领导下的大包干的经济管理体制方式；除财政管理体制试行大包干的办法外，两省在计划、物资供应、物价政策等方面也都实行新的经济体制和灵活政策。出口特区在深圳、珠海、汕头和厦门试点，在对外贸易、利用外资等方面实行特殊优惠政策，率先探索改革开放发展之路。1980 年 5 月，中共中央、国务院批转《广东、福建两省会议纪要》，正式将出口特区改称为经济特区。1982 年，党的十二大提出“计划经济为主、市场调节为辅”的原则，明确社会主义经济是公有制基础上有计划的商品经济，突破了高度集中的计划经济体制。

1984 年 1—2 月，邓小平同志先后视察深圳、珠海、厦门经济特区和上海宝山钢铁总厂等地。他为深圳特区题词“深圳的发展和经验证明，我们建立经济特区的政策是正确的”，为珠海特区题词“珠海经济特区好”，为厦门特区题词“把经济特区办得更快些更好些”，为宝钢题词“掌握新技术，要善于学习，更要善于创新”。邓小平同志在上海指出，“现在看，开放政策不是收的问题，而是开放得还不够。你们要加快速度，条件可以放宽一些”。此次邓小平同志南下考察为后续其他地区扩大开放奠定了基础。

1984年3—4月，中共中央书记处和国务院召开沿海部分城市座谈会，建议进一步开放大连、秦皇岛、天津、烟台、青岛、连云港、南通、上海、宁波、温州、福州、广州、湛江、北海14个沿海港口城市，这是1979年7月中共中央、国务院决定在深圳、珠海、厦门、汕头兴建经济特区以来的又一次对外开放的重大步骤。1984年10月，党的十二届三中全会通过《关于经济体制改革的决定》，规定以城市为重点的经济体制改革的任务、性质和各项方针政策，提出社会主义经济是公有制基础上的有计划的商品经济，将对外开放确定为长期的基本国策，为改革开放夯实了思想基础、提供了政治保障。

二、沿海省市率先开放发展

1982年1月，中共中央、国务院批转沿海九省（自治区、直辖市）对外经济贸易工作座谈会纪要，提出“在新的形势下，沿海地区特别是沿海重要城市，应当充分发挥优势，加强对外经济贸易工作，善于利用国际市场、国外资源、资金和先进技术，加速沿海地区经济发展，并且加强同内地的经济联合和技术协作”。1984年以来，天津、上海、大连、秦皇岛、烟台、青岛、连云港、南通、宁波、温州、福州、广州、湛江、北海14个沿海港口城市逐步兴办经济技术开发区，扩大地方权限和经济自由度，有效释放潜在发展活力。这一阶段国家对经济技术开发区的政策支持主要是给政策、给自主权。截至1991年，14个经济技术开发区共实现工业产值145.94亿元，税收7.90亿元，出口11.4亿美元，合同利用外资额8.14亿美元，实际利用外资3.61亿美元。

1985年1月，国务院召开长江、珠江三角洲和闽南厦漳泉三角地区座谈会。座谈会提出，通过经济特区—沿海开放城市、沿海经济开放区—内地这样多层次的探索和实践，由东向西、由外向内滚动式地逐步推进，就能有效地把沿海经济的发展同内地经济的开发密切结合起来，振兴全国经济；并决定在长江三角洲、珠江三角洲和厦漳泉三角地区开辟沿海经济开放区。1985 年 4 月，我国开始实行出口退税制度。1987 年党的十三大进一步提出建立计划与市场相统一的经济体制。

1988 年 3 月，国务院发布《关于扩大沿海经济开放区范围的通知》，决定新划入沿海开放区 140 个市、县，包括杭州、南京、沈阳 3 个省会城市，开放前沿地带扩大到 288 个市、县，面积增加到约 32 万平方公里。此后，国务院又相继决定开放一批沿江、沿边、内陆和省会城市，形成了多层次、多渠道、全方位开放格局。1988 年 4 月，第七届全国人民代表大会第一次会议决定设立海南省和建立海南经济特区。1988 年 9 月，邓小平同志在听取工作汇报时提出“两个大局”战略思想，他指出：“沿海地区要加快对外开放，使这个拥有两亿人口的广大地带较快地先发展起来，从而带动内地更好地发展，这是一个事关大局的问题。内地要顾全这个大局。反过来，发展到一定的时候，又要求沿海拿出更多力量来帮助内地发展，这也是个大局。那时沿海也要服从这个大局。”

1990 年 4 月，中共中央、国务院批准上海加快浦东地区的开发，在浦东地区实行经济技术开发区和某些经济特区的政策；上海浦东开发开放启动，建立浦东开发区是我国深化改革、扩大开放的又一重大部署，促成了中国首个副省级市辖区上海浦东新区的诞生，对上海和全国都是一件具有战略意义的大事。1990 年 9 月，我国内地兴建最早的高速公路——沈大（沈阳至大连）高速公路正式通车，此后高速公路建设步入快车道。1992 年 12 月，全程 10800 公里的东起江苏连云港、西至荷兰鹿特丹的新亚欧大陆桥开通运行，此后大陆桥跨境运输迈入新的发展阶段。

三、内陆沿边地区逐步开放发展

1992 年 1—2 月，邓小平同志视察武昌、深圳、珠海、上海等地并发表谈话，即“南方谈话”。他强调：“基本路线要管一百年，动摇不得；改革开放的胆子要大一些，敢于试验，看准了的，就大胆地试，大胆地闯；对于我们这种发展中的大国来说，经济发展得要快一点，要注意经济稳定、协调，但稳定和协调是相对的，发展才是硬道理。”他告诫说：“从现在起到下世纪中叶，将是很要紧的时期，我们肩膀上的担子重，责任大，一定要埋头苦干，在建设有中国特色的社会主义道路上继续前进。”“南方谈话”是把改革开放和现代化建设推进到新阶段的解放思想、实事求是的宣言书，随后国家进一步扩大开放。

在开放地域上，已从沿海地区开放扩大到沿江（长江、黄河、珠江等）、沿边地区，内陆省会城市逐步开放。1992年3月，国务院批准黑河、绥芬河、珲春、满洲里为首批沿边对外开放城市，批准海南省开发建设洋浦经济开发区；1992年6月，国务院决定进一步对外开放南宁、凭祥、昆明、畹町等市县和长江沿岸的芜湖、九江、岳阳、武汉、重庆等主要城市，长江三角洲及沿江的开发开放和经济发展加快推进；1992年8月，国务院决定进一步对外开放哈尔滨、长春、呼和浩特、石家庄、太原、合肥、南昌、郑州、长沙、成都、贵阳、西安、兰州、西宁、银川等城市。在开放领域上，已从生产领域扩大到金融、贸易等服务领域，呈现出全方位对外开放的态势。据1992年4月20日新华社报道：实行对外开放政策以来，中国实际利用外资800多亿美元。截至1991年底，中国外汇储备为426亿美元。

1992年10月，党的十四大确定我国经济体制改革的目标是建立社会主义市场经济体制，由此拉开了市场经济改革序幕，全国加快改革开放步伐。国家先后开放重庆、岳阳、武汉、九江、芜湖和哈尔滨、长春、呼和浩特、石家庄及太原、合肥、南昌、郑州、长沙、成都、贵阳、西安、兰州、西宁、银川等沿江、沿边、内陆省会城市，对外开放区域从沿海地区到沿江、沿边和内陆地区，逐步形成“经济特区—沿海开放城市—沿海经济开发区—内地”的多层次、全方位、点面线相结合的区域开放布局。

四、全国对外贸易发展状况

就货物贸易而言。据统计，1979 年全国货物进出口贸易额以人民币计价为 454.62 亿元，其中出口 211.68 亿元、进口 242.942 亿元；以美元计价为 293.33 亿美元，其中出口 136.58 亿美元、进口 156.75 亿美元。到 1992 年底，全国货物进出口贸易额以人民币计价为 9119.62 亿元，其中出口 4676.29 亿元、进口 4443.33 亿元；以美元计价为 1655.25 亿美元，其中出口 849.4 亿美元、进口 805.85 亿美元。14 年间，全国货物贸易进出口额累计为 42206.99 亿元（以美元计价为 11074.2 亿美元）。图 3 - 1 为 1979—1992 年全国货物进出口贸易额统计图（以人民币计价）。

就服务贸易而言。统计显示，我国最早进行服务贸易统计的 1982 年服务进出口贸易额为 47 亿美元，包括出口 27 亿美元、进口 20 亿美元；到 1992 年底则达到 220 亿美元，包括出口 126 亿美元、进口 94 亿美元。

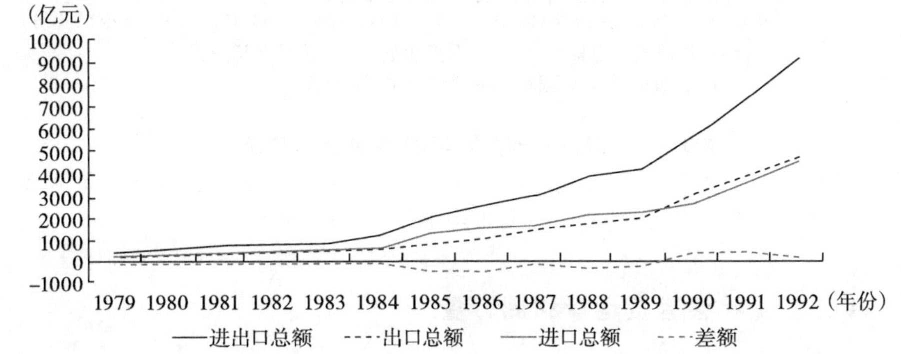

图 3 - 1　1979—1992 年全国货物进出口贸易额统计图

资料来源：辉煌 70 年编写组．辉煌 70 年——新中国经济社会发展成就（1949—2019）[M]．北京：中国统计出版社有限公司，2019.

五、全国交通运输发展状况

（一）全国运输里程

1979 年，全国铁路营业里程 5. 34 万公里，公路里程 87. 58 万公里，内河航道里程 10. 78 万公里，民航里程 16 万公里（含国际航线 5. 13 万公里），管道输油（气）里程 0. 91 万公里。到 1992 年，经过 14 年快速发展，全国铁路营业里程达到 5. 36 万公里，公路里程 105. 67 万公里（含高速公路 0. 07 万公里），内河航道里程 10. 97 万公里，航班航线里程 83. 66 万公里（含国际航线 30. 3 万公里），管道输油（气）1. 59 万公里。图 3 -2 为 1979—1992 年全国运输线路长度统计图。

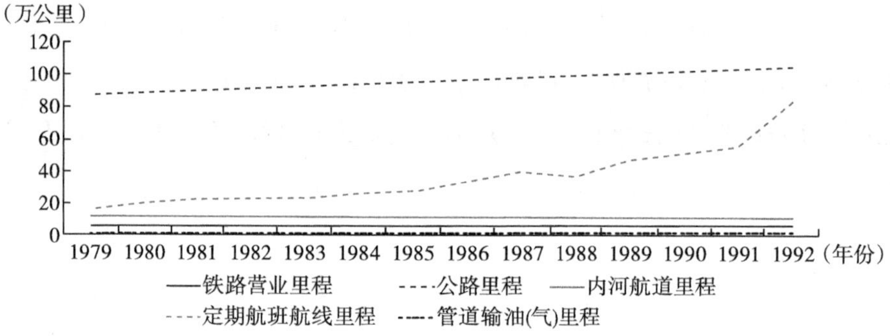

图 3 -2　1979—1992 年全国运输线路长度统计图

资料来源：辉煌 70 年编写组．辉煌 70 年——新中国经济社会发展成就（1949—2019）［M］．北京：中国统计出版社有限公司，2019.

（二）全社会客货运量和周转量

1979 年，全社会客运量 289665 万人次，包括铁路客运量 86389 万人次、公路客运量 178618 万人次、水运 24360 万人次、民航 298 万人次，全社会旅客周转量 1743. 1 亿人公里；全社会货运量 318258 万吨，包括铁路运量 111893 万吨、公路运量 147935 万吨、水运 47080 万吨、民航 8. 0 万吨、管道运输 11342 万吨，全社会货运周转量为 11014 亿吨公里。到 1992 年底，全社会客运量 860855 万人次，包括铁路客运量 99693 万人次、公路客运量 731774 万人次、水运 26502 万人次、民航 2886 万人次，全社会旅客周转量 6949.4 亿人公里；全社会货运量 1045899 万吨，包括铁路运量 157627 万吨、公路运量 780941 万吨、水运 92490 万吨、民航 57.5 万吨、管道运输 14783 万吨，全社会货运周转量为 29218 亿吨公里。

六、沿海和内河港口建设及货运量发展状况

改革开放之初的发展状况。1979 年，沿海主要港口 15 个，生产用泊位 313 个，含万吨级生产用泊位 133 个；港口货物吞吐量 21257 万吨，含外贸货物 7073 万吨；内河主要港口 25 个，生产用泊位 432 个，无万吨级生产用泊位，货物吞吐量达 8573 万吨，无外贸货物。

“六五”计划（1981—1985 年）期间。港口被列入国民经济建设的战略重点，进入第二次建设高潮，这是新中国成立以来港口建设发展最快的时期，先后在大连、营口、秦皇岛、天津、烟台、石臼、连云港、南京、镇江、南通、张家港、上海、宁波、厦门、汕头、黄埔、湛江、防城港、北海 19 个港口开工新建万吨级以上深水泊位 132 个及一批中级泊位；共建成深水泊位 54 个、中级泊位 25 个，拥有万吨级泊位的港口由 1980 年的 11 个增加到 1985 年的 15 个，新增港口吞吐能力 1 亿多吨。除改造、扩建原有的港口外，还开辟了若干新的港口和新的港区，如山东的石臼港、广西的防城港、大连的和尚岛港区、营口港的鲅鱼圈港区、秦皇岛港的东港区、烟台港的西港区、连云港的庙岭港区、南京港的新生圩港区、镇江港的大港港区、宁波港的北仑和镇海港区等。截至 1985 年底，我国沿海主要港口的深水泊位已达到 99 个、中级泊位 156 个，吞吐能力达到 3.17 亿吨，比 1980 年增长 50%；“六五”期间建港的投资比“五五”期间增加一倍多，五年建设的成果接近前十年的总和。

“七五”计划（1986—1990 年）期间。继续贯彻大中小港口并举和沿海内河并举的方针，五年间我国港口发展速度快、技术进步大，共建成泊位 186 个（含深水泊位 96 个、中级泊位 90 个），新增港口吞吐能力 1.38 亿吨（不含货主专用泊位），使我国港口紧张状况得到较大程度缓解，港口仓储能力和疏运条件得到明显改善；建成的深水泊位是“六五”期间的 1.7 倍，超过新中国成立后 30 年的总和。到 1990 年底，沿海港口泊位达到 930 个，其中深水泊位 284 个（计入长江的南京及其下游各港则为 312 个），大多数深水泊位是具有先进技术水平的专业化泊位，港口吞吐能力达到约 4.45 亿吨；已开始形成比较完善的海上煤炭运输系统，煤炭装船能力达到 1 亿吨以上。建设了一批新港口和港区，如丹东港大东港区、大连港大连湾和大窑湾港区、锦州港、青岛前湾港区、连云港庙岭港区、上海港的朱家门及关港和宝山港区、广州新沙和西基港区、海南洋浦港等，对提高我国海上综合运输能力、促进国民经济发展起到了重要作用。

“八五”计划（1991—1995 年）期间。出现第三次港口建设高潮，继续坚持大中小港口相结合，建设重点是处于我国南北海上运输主通道的枢纽港及煤炭、集装箱、陆岛客货滚装船三大运输系统码头。到 1992 年，全国沿海主要港口达 49 个，泊位 1007 个（含万吨级泊位 342 个），货物吞吐量 532203 万吨（含外贸货物 195714 万吨）；内河港口 70 个，泊位 3311 个（含万吨级泊位 30 个），货物吞吐量 273064 万吨（含外贸货物 13695 万吨）。

“九五”计划（1996—2000 年）期间。到 2000 年底，沿海主要港口达 51 个，分别是 1949 年和 1979 年的 8.5 倍、3.4 倍；生产用泊位数达 1455 个，其中万吨级生产用泊位达 526 个，分别是 1949 年和 1979 年的 9.0 倍、4.6 倍（1949 年无万吨级生产用泊位）。内河主要港口数达 79 个，是 1979 年的 3.2 倍；生产用泊位 6184 个，包括万吨级生产用泊位 55 个，是 1979 年的 14.3 倍。另据统计，截至 1999 年底，沿海和内河共新建改造泊位 1523 个，包括深水泊位 360 个，拥有万吨级泊位港口增加到 45 个，新增码头长度 14.2 万米，净增各类装卸机械 1.6 万台，新增港口吞吐能力 6.2 亿吨。沿海主要港口口岸中，上海、广州、天津、青岛、大连、秦皇岛、宁波、厦门、深圳等枢纽港口作用突出，辐射带动效应大。

七、全国口岸开放布局状况

1979—1992 年，国家共批准新开口岸 128 个，年均新开口岸 9.14 个。其中，“六五”计划期间（1981—1985 年）新开口岸 40 个，年均新开口岸 8 个；“七五”计划期间（1986—1990 年）新开口岸 42 个，年均新开口岸 8.4 个。截至 1992 年底，全国共有经国务院批准开放的各类口岸 178 个，其中，水运口岸 94 个，航空口岸 39 个，铁路口岸 12 个，公路口岸 33 个，全国各类口岸对外开放较好地适应了加快改革开放步伐和加速对外开放的发展需求。表 3－1 为 1949—1992 年我国开放口岸分年度一览表。

表 3－1　1949—1992 年我国开放口岸分年度一览表

年份	当年新开	累计数量	水运口岸	航空口岸	铁路口岸	公路口岸
1978 年以前	51	51	上海、天津、大连、青岛、烟台、温州、福州、厦门、广州、湛江、汕头、汕尾、海口、八所、北海、秦皇岛、连云港、黑河	北京、上海、广州、沈阳、昆明、南宁、哈尔滨、乌鲁木齐	丹东、图们、集安、深圳、凭祥、河口、满洲里、绥芬河、二连浩特	临江、南坪、三合、拱北、水口、东兴、畹町、瑞丽、樟木、普兰、吉隆、开山屯、红其拉甫、霍尔果斯、吐尔尕特、友谊关
1979	3	54	宁波	杭州	广州	

续表

年份	当年新开	累计数量	水运口岸	航空口岸	铁路口岸	公路口岸
1980	13	67	舟山、营口、★绿华岛、★大陈岛、★黄兴岛、★洞头、重庆、武汉、黄石、芜湖、九江、南京、城陵矶			
1981	7	74	泉州、蛇口、九洲	桂林、西安、成都、南京		
1982	10	84	漳州东山、莆田秀屿、南通、张家港、梧州、江门、肇庆	天津、福州		文锦渡
1983	8	92	三亚、防城、台州海门、西冲、太平（虎门）、三埠	海口、厦门		
1984	7	99	赤湾、威海、龙口、湾仔、梅沙、中山			沙头角
1985	8	107	丹东、惠州、日照石臼、广海、莲花山、大亚湾、佛山（南海）	大连		
1986	5	112	同江、安庆、镇江、容奇	汕头		

续表

年份	当年新开	累计数量	水运口岸	航空口岸	铁路口岸	公路口岸
1987	5	117	东头角、斗门	湛江、武汉、重庆		
1988	10	127	石岛、水东、渤中、柳州、鹤山	青岛、郑州		珲春、皇岗、塔克什肯
1989	11	138	锦州、岚山、哈尔滨、佳木斯、富锦、漠河、逊克	梅州		东宁、室韦、黑山头
1990	11	149	妈湾、盐田、洋浦、清澜、马鞍山、大安	济南、南昌、长沙、合肥	阿拉山口	
1991	1	150		呼和浩特		
1992	28	178	南沙、唐山、贵港、江阴、扬州、泰州（高港）、抚远、新会、高明	长春、深圳、贵阳、宁波、兰州、洛阳、烟台、黄山、佳木斯	佛山	磨憨、罗湖、阿日哈沙特、老爷庙、红山嘴、马鬃山、乌拉斯台、甘其毛都、珠恩嘎达布其

注：1980 年批准对外开放的水运口岸中，标识★的绿华岛、黄兴岛后合并入舟山口岸，大陈岛后合并入台州口岸，洞头后合并入温州口岸。

资料来源：叶剑．中国口岸通览［M］．北京：经济管理出版社，1996.

八、口岸管理、查验和外贸体制发展状况

（一）中央和地方政府口岸管理机构

1978 年，国务院为加强港口口岸工作的组织领导，成立了国务院港口口岸工作领导小组，在国家经委设立办公室；随后，各沿海开放港

口相继设立口岸办公室。1984 年 1 月，国务院发布关于进一步加强口岸工作领导的通知，决定将国务院港口口岸工作领导小组改名为国务院口岸领导小组，由时任国务院副总理李鹏同志任组长。随后，沿海地方政府相继建立健全了口岸工作领导机构及办事机构。在国务院口岸领导小组及其办公室存续的 1978—1993 年，全国水运、陆运、空运口岸所在地政府都建立健全了口岸管理机构，有的省级政府分管副省长（副主席、副市长）还兼任了口岸管理机构主要负责人职务。1985 年 9 月，国务院发布《国务院关于口岸开放的若干规定》，加强口岸管理的制度化、规范化建设。

（二）口岸检查检验机构变革

1980 年 2 月，国务院发布《国务院关于改革海关管理体制的决定》，将全国海关建制收归中央统一管理，成立海关总署，作为国务院直属机构，统一管理全国海关机构和人员编制及其业务；各地海关受所在地省、自治区、直辖市人民政府监督指导；关税收入统一归中央。1980 年 2 月，国务院批准将外贸部商品检验局改为进出口商品检验总局（1982 年 9 月更名为国家进出口商品检验局，1994 年升格为副部级），各地进出口商品检验机构作为总局下属机构接受总局和省级政府双重领导。1981 年 12 月，国务院批准《国境口岸卫生监督办法》，1982 年 2 月由卫生部、交通部、中国民航总局和铁道部发布施行。1982 年 2 月国家设立农业部动植物检疫总所（1994 年 8 月更名为动植物检疫局），国务院发布《进出口动植物检疫条例》。1983 年 7 月，中国政府加入《关于成立海关合作理事会公约》。1984 年 1 月，国务院发布《进出口商品检验条例》。1985 年，全国承担边防检查、边境管理的部队从武警部队划归公安部管理，仍保持现役军人体制。1987 年 9 月，组建口岸国家卫生检疫机构，成立卫生部卫生检疫总所（1995 年 3 月更名为卫生检疫局），将全国各口岸的卫生检疫机构划归卫生部统一管理。1998 年 3 月，国家进出口商品检验局、农业部动植物检疫局、卫生部卫生检疫局合并组建国家出入境检验检疫局。这一时期，口岸检查检验机构主要处于调整恢复为垂直管理体制阶段。

（三）外贸管理体制变革

1979 年 1 月 1 日，中美正式建立外交关系；同日，全国人大常委会发表《告台湾同胞书》，正式提出实现和平统一的大政方针，呼吁两岸实现通航、通邮、通商“三通”经济交流。1979 年 8 月，国务院发布《关于大力发展对外贸易增加外汇收入若干问题的规定》，提出现行的外贸管理体制和其他有关的管理体制必须实行改革。1982 年 3 月，第五届全国人大常委会第二十二次会议通过了关于国务院机构改革问题的决议，决定将进出口管理委员会、对外贸易部、对外经济联络部和外国投资管理委员会合并，设立对外经济贸易部。

1984 年 9 月，国务院批转对外经济贸易部关于外贸体制改革意见的报告，报告主要内容包括：政企分开；简政放权；实行进出口代理制，改进外贸经营管理；改革外贸计划体制，简化计划内容；改革外贸财务体制，加强经济调节手段。1988 年 3 月，国务院就加快和深化对外贸易体制改革做出新的部署，对外贸体制进行重大改革，包括全面推行外贸承包经营制，主要由地方向国家承包上缴外汇任务和经济效益指标。当时，经济市场化步伐加速，积极主动探索外贸体制改革，实行自主经营、自负盈亏、工贸结合、联合统一对外的外贸经营体制，取消国家财政对出口补贴，实行外贸承包责任制和扩大出口的政策措施，积极有效利用外资，努力扩大出口和增加外汇收入，促使外贸企业依照市场规律发展，自主经营、自负盈亏，全国对外经贸迅速发展，自 1990 年至今（除 1993 年外）每年货物进出口均为顺差且呈现逐年增长趋势。实践中，主要采取了分权、特许经营、实行对外贸易承包制、取消对外贸易财政补贴、实施汇率改革、加强宏观管理等政策措施，逐步完善外贸体制机制，促进外贸快速发展。

第二节　改革开放快速推进和市场经济体制建立完善阶段（1993—2012 年）

一、经济社会发展和区域开放总体状况

在改革开放和社会主义现代化建设时期，1992 年 10 月党的十四大确立了社会主义市场经济改革目标，强调进一步扩大对外开放，更多更好地利用国外资金、资源、技术和管理经验，形成多层次、多渠道、全方位开放格局；对外贸易充分利用国内外两个市场两种资源，积极参与国际分工和竞争合作，努力开拓国际市场，促进外贸多元化，外向型经济得到较快发展。1993 年 11 月，党的十四届三中全会审议通过了《中共中央关于建立社会主义市场经济体制若干问题的决定》；全会指出，建立社会主义市场经济体制，就是要使市场在国家宏观调控下对资源配置起基础性作用。

这一时期探索实行社会主义市场经济，大规模基础设施建设不断推进，全国逐步形成一个高效的综合性统一大市场，巨大的市场潜力和产业规模效应显现。以承接发达经济体先进制造业转移为契机，进一步整合产业链，着力建设先进制造业加工中心，通过市场化改革放宽进口限制，不断提高制造业的劳动生产率，保持制造业竞争力，成为全球制造业依赖的中枢。对外开放由区域性向全方位推进，逐步实现由点状开放转向沿海、沿江、沿边和内陆地区梯度开放，实施全面协调的区域发展战略，继续鼓励东部沿海地区率先发展，进一步推进西部大开发、支持东北等老工业基地振兴和中部崛起，积极培育形成新的增长极。对外经贸快速发展，形成以外资带动出口、鼓励跨国公司市场竞争的开放型经济。

我国加入世界贸易组织（WTO）后，对外开放飞速发展，深度融

入国际分工体系，由局部开放转向全方位开放，“引进来”与“走出去”相结合，实现对内对外双向开放。1993 年初，我国已有 13 个沿海开放城市（沈阳、大连、秦皇岛、天津、烟台、青岛、连云港、南通、宁波、福州、广州、湛江、上海）建立了经济技术开发区，随后国家又相继决定将珠江三角洲、闽南厦（门）漳（州）泉（州）三角地带、长江三角洲以及山东半岛、辽东半岛辟为经济开放区，并着手在这些地区组建一系列经济技术开发区。1998 年，沿海开放城市的 GDP 总量已占全国 GDP 总量的 17.74%，整个东部地区利用外资占全国的 85% 左右。截至 2012 年底，国务院共批准设立 7 个国家级新区和 7 个综合配套改革试验区，先后在沿边地区设立东兴、瑞丽、满洲里等重点开发开放试验区，各类对外开放平台进一步拓展，对外开放力度进一步加大，对外开放领域进一步深化。

二、党的重要会议确定一系列重大目标任务

1997 年 9 月党的十五大召开，会议明确我国改革开放和现代化建设跨世纪发展的宏伟目标：第一个十年实现国民生产总值比 2000 年翻一番，使人民的小康生活更加宽裕，形成比较完善的社会主义市场经济体制；再经过十年的努力，到建党一百年时，使国民经济更加发展，各项制度更加完善；到世纪中叶建国一百年时，基本实现现代化，建成富强民主文明的社会主义国家。

1997 年 12 月，时任中共中央总书记江泽民同志在会见全国外资工作会议代表时讲话指出：“‘引进来’和‘走出去’是我们对外开放基本国策两个紧密联系、相互促进的方面，缺一不可。这是一个大战略。”自 1999 年起，实行“走出去”战略。2001 年我国加入世界贸易组织（WTO）后，对外开放进入新阶段，积极参与经济全球化，全面融入世界经济，大力推进贸易自由化便利化，不断扩大对外贸易规模，开放环境进一步优化，综合国力和整体竞争力进一步增强，人民生活显

著改善，国际地位显著提高，中华民族实现了从站起来到富起来的伟大飞跃。

2003 年 10 月，党的十六届三中全会通过《关于完善社会主义市场经济体制若干问题的决定》，确定了完善社会主义市场经济体制的主要任务：完善公有制为主体、多种所有制经济共同发展的基本经济制度，建立有利于逐步改变城乡二元经济结构的体制，形成促进区域经济协调发展的机制，建设统一开放竞争有序的现代市场体系，完善宏观调控体系、行政管理体制和经济法律制度，健全就业、收入分配和社会保障制度，建立促进经济社会可持续发展的机制。

2012 年 11 月，党的十八大召开，确定了全面建成小康社会和全面深化改革开放的目标，阐明了中国特色社会主义道路、中国特色社会主义理论体系、中国特色社会主义制度的科学内涵及其相互联系。中国特色社会主义道路是实现途径，中国特色社会主义理论体系是行动指南，中国特色社会主义制度是根本保障，三者统一于中国特色社会主义伟大实践，这是党领导人民在建设社会主义长期实践中形成的最鲜明特色。同月，习近平总书记在国家博物馆参观《复兴之路》展览时强调，“实现中华民族伟大复兴，就是中华民族近代以来最伟大的梦想”，“改革开放以来，我们总结历史经验，不断艰辛探索，终于找到了实现中华民族伟大复兴的正确道路。这条道路就是中国特色社会主义”。“现在，我们比历史上任何时期都更接近中华民族伟大复兴的目标，比历史上任何时期都更有信心、有能力实现这个目标”。

三、全国外贸货物进出口状况

据统计，1993 年全国货物进出口贸易额以人民币计价为 11271.02 亿元，包括出口 5284.81 亿元、进口 5986.21 亿元；以美元计价为 1957.03 亿美元，包括出口 917.44 亿美元、进口 1039.59 亿美元。到 2012 年底，全国货物进出口贸易额以人民币计价为 244160.21 亿元，包括出口 129359.25 亿元、进口 114800.96 亿元；以美元计价为 38671.19 亿美元，包括出口 20487.14 亿美元、进口 18184.05 亿美元。1993 年进出口服务贸易额为 266 亿美元，包括出口 146 亿美元、进口 120 亿美元；2012 年进出口服务贸易额为 4829 亿美元，包括出口 2016 亿美元、进口 2813 亿美元。图 3 - 3 为 1993—2012 年全国货物进出口贸易额统计图。

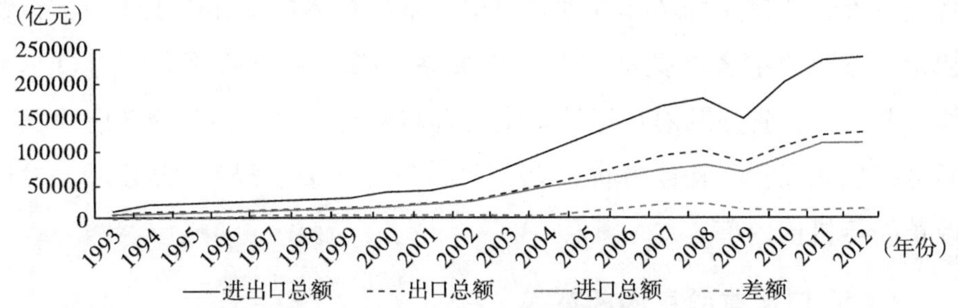

图 3 - 3　1993—2012 年全国货物进出口贸易额统计图（以人民币计价）

资料来源：辉煌 70 年编写组．辉煌 70 年——新中国经济社会发展成就（1949—2019）[M]．北京：中国统计出版社有限公司，2019.

四、口岸改革创新和管理机构、查验机构及外贸体制发展状况

（一）口岸改革试点和管理机构变迁

为迎接香港回归祖国、实现与国际接轨，1995—1997 年，国务院大力推进深圳口岸管理体制改革试点，围绕建立依法把关、监管有效、方便进出、服务优良、管理科学、收费合理、国际一流的口岸管理机制和政企分开、统一协调、平等竞争、高效运作的港口运营机制，相继出台 18 项配套措施，着力推进边检人员职业化试点，重点改革卫检、动植检、商检、港监、引航管理体制和口岸收费制度及口岸管理机构，简化查验程序、提高工作效率，“边防管人、海关管物”口岸现场查验机

制基本形成，各项改革措施基本到位，达到了预期目标。

1998年国务院机构改革撤销国家经贸委及其隶属的国家口岸办公室，国家口岸规划和审理职能划归海关总署承担，在海关总署办公厅加挂口岸规划办公室牌子。随后各省（区、市）政府相应撤销单独设立的省级政府口岸办公室。2006年，中央编办批复同意将海关总署口岸规划办公室更名为国家口岸管理办公室，明确其主要职责是：研究提出各类对外开放口岸的整体规划及口岸规范的具体措施并组织实施，组织协调口岸通关中各有关部门的工作关系，指导和协调地方政府口岸工作。其后，各省级政府口岸管理机构逐步恢复建立，各省级政府根据实际分别独立设置机构或者将其设置在商务厅（委、局）、办公厅、发展改革委等机构内部。

（二）口岸查验机构改革

1998年3月国务院机构改革，将国家进出口商品检验、农业部出入境动植物检疫、卫生部卫生检疫局“三检合一”，组建国家出入境检验检疫局，由海关总署管理。海关总署由副部级升格为正部级，口岸查验机构得到进一步整合优化。2001年4月，国家出入境检验检疫局与国家质量技术监督局合并，组建正部级的质检总局。原属垂直管理的各地出入境检验检疫机构和原属地方管理的各地质量技术监督机构管理体制维持不变。

（三）外贸体制改革

1994年1月，国务院发布《关于进一步深化对外贸易体制改革的决定》，提出我国外贸体制改革目标是：统一政策、放开经营、平等竞争、自负盈亏、工贸结合、推行代理制，建立适应国际经济通行规则的运行机制。2001年12月，我国加入世界贸易组织（WTO），随后在适应与实施各种世贸组织制度方面进行深入探索，大幅降低关税，进一步完善市场经济体制，积极营造公平的市场竞争环境，完善调整对外贸易体制，从政策性对外贸易向符合国际经济的体制性对外贸易转变，从有限范围和特定领域的对外贸易向全方位、宽领域转变，外贸体制的最大变化体现为市场化、自由化。

五、全国交通运输线路发展状况

据统计，1993 年底，全国铁路里程 5.86 万公里，公路里程 108.35 万公里（含高速公路 0.11 万公里），内河航道 11.02 万公里，民航里程 96.08 万公里（含国际航线 27.87 万公里），管道输油（气）里程 1.64 万公里。沿海主要港口 51 个，泊位 1057 个（含万吨级泊位 342 个），货物吞吐量 678348 万吨（含外贸货物 242869 万吨）。内河港口 75 个，泊位 3411 个（含万吨级泊位 39 个），货物吞吐量 277437 万吨（含外贸货物 18104 万吨）。全社会客运量 996634 万人次，包括铁路客运量 105458 万人次、公路客运量 860719 万人次、水运 27074 万人次、民航 3383 万人次。全社会旅客周转量 7858.0 亿人公里，包括铁路 3484.3 亿人公里、公路 3700.7 亿人公里、水运 196.4 亿人公里、民航 477.6 亿人公里。全社会货运量 1115902 万吨，包括铁路运量 162794 万吨、公路运量 840256 万吨、水运 97938 万吨、民航 69.4 万吨、管道运输 14845 万吨。全社会货运周转量为 30647 亿吨公里，包括铁路 12091 亿吨公里、公路 4071 亿吨公里、水运 13861 亿吨公里、民航 16.6 亿吨公里、管道运输 608 亿吨公里。

据统计，到 2012 年底，全国铁路里程 9.76 万公里，公路里程 423.75 万公里（含高速公路 9.62 万公里），内河航道 12.50 万公里，航班航线 328.01 万公里（含国际航线 128.47 万公里），管道输油（气）里程 9.16 万公里。全社会客运量 3804035 万人次，包括铁路 189337 万人次、公路 3557010 万人次、水运 25752 万人次、民航 31936 万人次。全社会旅客周转量 33383.1 亿人公里，包括铁路 9812.3 亿人公里、公路 18467.5 亿人公里、水运 77.5 亿人公里、民航 5025.7 亿人公里。全社会货运量 4100436 万吨，包括铁路运量 390438 万吨、公路运量 3188475 万吨、水运 458705 万吨、民航 545.0 万吨、管道运输 62274 万吨。全社会货运周转量为 173804 亿吨公里，包括铁路 29187 亿吨公里、公路 59535 亿吨公里、水运 81708 亿吨公里、民航 163.9 亿吨公里、管道运输 3211 亿吨公里。图 3 - 4 为 1993—2012 年全国运输线路长度统计图。

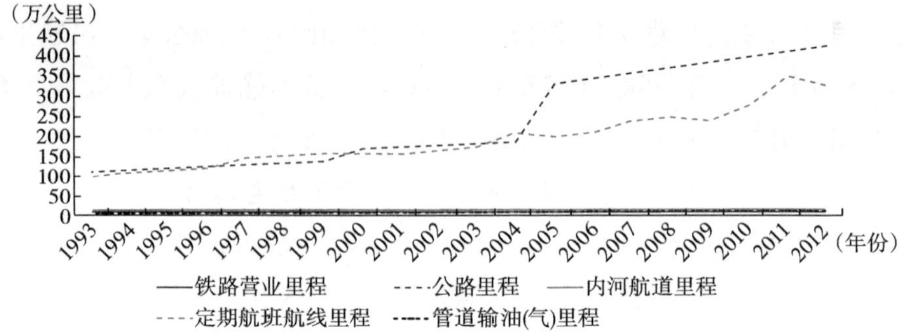

图 3 - 4　1993—2012 年全国运输线路长度统计图

资料来源：辉煌 70 年编写组．辉煌 70 年——新中国经济社会发展成就（1949—2019）[M]．北京：中国统计出版社有限公司，2019.

六、全国口岸开放发展状况

1993—2012 年，国家批准新开口岸 107 个，年均新开口岸 5.35 个。其中，"八五" 计划期间（1991—1995 年）批准新开或扩大开放口岸 78 个，年均开放新开或扩大开放口岸 15.6 个，"九五" 计划（1996—2000 年）期间，新开口岸 16 个，年均新开放口岸 3.2 个。"十五" 计划期间（2001—2005 年），新开口岸 10 个，年均开放口岸 2 个，"十一五" 规划期间（2006—2010 年），新开口岸 25 个，年均新开口岸 5 个。自 "十一五" 起国家对口岸开放实行规划管理，与国民经济和社会发展规划同期编制口岸发展规划，并有序组织实施，口岸基础设施和检查检验设施进一步完善，口岸通行能力进一步提升，口岸开放与区域经济社会发展实现了相互促进。表 3－2 为 1993—2012 年我国开放口岸分年度统计表。

需要说明的是，改革开放以来，部分省级人民政府先后批准了一批“二类口岸”对外开放。这些“二类口岸”包括依靠其他口岸派人前往办理出入境检查检验手续的国轮外贸运输装卸点、起运点、交货点，同毗邻国家地方政府之间进行小额贸易和人员往来的口岸，只限边境居民通行的出入境口岸。“二类口岸”与“一类口岸”相对应，是改革开放进程中口岸开放的伴随产物，两者最主要的区别在于审批开放的主体不同。通俗地说，“一类口岸”由省级政府向国务院申报，经国务院批准方可对外开放；“二类口岸”开放则由省级政府审批，且其功能范畴与“一类口岸”不同。客观分析，“二类口岸”作为“一类口岸”的补充，为改善地方投资环境、发展地方外向型经济起到了积极作用，截至 1997 年底，全国“二类口岸”达 350 个。但由于“二类口岸”审批过多过滥、布局不合理、管理不规范等问题突出，1998 年 8 月国务院决定清理整顿“二类口岸”，并决定暂停审批二类口岸。“二类口岸”的历史使命自此终结。

表 3－2　1993—2012 年我国开放口岸分年度统计表

年份	当年开放	累计开放	水运口岸	航空口岸	铁路口岸	公路口岸
1993	22	200	阳江、南澳、城澳、铜陵、萝北、嘉阴、饶河、孙吴、呼玛、思茅、景洪	北海、太原、喀什、拉萨、武夷山、海拉尔、齐齐哈尔		虎林、金水河、天保、密山
1994	17	217	珠海、钦州、松下、潮州、江山、企沙、石头埠、桦川	温州、三亚	肇庆、东莞	巴克图、吉木乃、都拉塔、阿黑土别克、木扎尔特
1995	10	227	万山、东营、肖厝、绥滨、红光、常熟、太仓、新塘	石家庄、西双版纳		
1996	6	233	蓬莱、莱州、潮阳、乍浦	牡丹江	哈尔滨	

续表

年份	当年开放	累计开放	水运口岸	航空口岸	铁路口岸	公路口岸
1997	2	235		张家界	郑州	
1998	3	238			珲春	伊尔克什坦、圈河
1999	3	241	葫芦岛、龙眼			横琴
2000	2	243				腾冲、绥芬河
2001	1	244	常州			
2002	1	245	黄骅			
2003	2	247		延吉		龙邦
2004	2	249		威海		孟定
2005	4	253	池州	银川、宜昌		策克
2006	5	258	大丰、旅顺新港	西宁		深圳湾、珠澳
2007	9	267	庄河、潍坊	盐城		福田、长白、卡拉苏、古城里、沙坨子、打洛
2008	3	270	如皋	无锡、徐州		
2009	7	277	深圳	满洲里、泉州	北京、上海	满都拉、额布都格
2010	1	278	揭阳			
2011	5	283	长兴岛	丽江		平孟、勐康、河口
2012	2	285	靖江			阿尔山

资料来源：根据《中国口岸年鉴》各年度资料整理而得。

七、全国口岸客货运量和港口发展状况

（一）全国口岸客货运量发展

自 2005 年起，国家层面建立全国口岸进出境客货运行统计通报制度。据统计，截至 2012 年底，全国共有经国务院批准开放的口岸 285

个；当年全年口岸进出境货运量达 28. 47 亿吨，包括水运口岸 26. 98 亿吨，铁路口岸 0. 49 亿吨，公路口岸 0. 92 亿吨，航空口岸 0. 08 亿吨；进出境人员 43103 万人次，包括公路口岸 32273 万人次，航空口岸 8331 万人次，水运口岸 2000 万人次，铁路口岸 499 万人次；进出境交通运输工具 2523. 2 万辆（艘、列、架）次，包括汽车 2407. 2 万辆次，船舶 51. 1 万艘次，飞机 58. 4 万架次，火车 6. 5 万列次。

（二）全国港口发展和客货运量及集装箱运输情况

据统计，1993 年，我国沿海主要港口达 51 个，生产用泊位 1057 个（含万吨级生产用泊位 342 个），旅客吞吐量达到 6904. 7 万人次，货物吞吐量达 67834. 8 万吨（含外贸货物 24286. 9 万吨），集装箱吞吐量 3353252 标准箱（TEU）；内河主要港口达 75 个，生产用泊位 3411 个（含万吨级生产用泊位 39 个），旅客吞吐量达 5172. 3 万人次，货物吞吐量达 27743. 7 万吨（含外贸货物 1810. 4 万吨），集装箱吞吐量 280373 标准箱（TEU）。

据统计，到 2012 年底，全国港口拥有生产用码头泊位 31862 个，拥有万吨级及以上泊位 1886 个，港口旅客吞吐量达 1. 94 亿人次，港口货物吞吐量达 107. 76 亿吨，其中外贸货物吞吐量达 30. 56 亿吨，港口集装箱吞吐量达 1. 77 亿标准箱。其中，沿海主要港口生产用泊位 5623 个（含万吨级以上生产用泊位 1517 个），旅客吞吐量达 0. 79 亿人次，货物吞吐量达 68. 80 亿吨（含外贸货物 27. 86 亿吨），集装箱吞吐量达 1. 58 亿标准箱（TEU）。内河主要港口生产用泊位 26239 个（含万吨级以上生产用泊位 369 个），旅客吞吐量达到 1. 15 亿人次，货物吞吐量达 38. 96 亿吨（含外贸货物 2. 71 亿吨），集装箱吞吐量达 1950 万标准箱（TEU）。全国水路货运中，内河运输货运量 23. 02 亿吨、货物周转量 7638. 42 亿吨公里，沿海运输货运量 16. 27 亿吨、货物周转量 20657. 06 亿吨公里，远洋运输完成货运量 6. 58 亿吨、货物周转量 53412. 10 亿吨公里。图 3－5 为 2008—2012 年全国港口货物吞吐量。图 3－6 为

2008—2012 年全国港口旅客吞吐量。图 3 - 7 为 2008—2012 年全国港口外贸货物吞吐量。图 3 - 8 为 2008—2012 年全国港口集装箱吞吐量。表 3 - 3 为 2012 年货物吞吐量超过亿吨的港口。表 3 - 4 为 2012 年集装箱吞吐量超过 100 万标准箱的港口。

截至 2013 年底，我国港口货物吞吐量和集装箱吞吐量已经连续 10 年位居世界第一，沿海主要港口拥有生产性泊位约 6670 个（含万吨级以上深水泊位 2060 个），港口总通过能力超过 70 亿吨，其中集装箱通过能力接近 1.8 亿标准箱（TEU）。港口发展正由数量优先向质量优先、由速度优先向素质优先、由要素驱动向创新驱动转变。

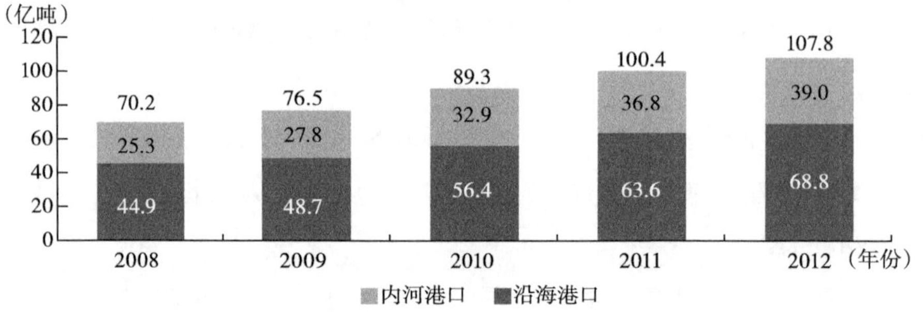

图 3 - 5　2008—2012 年全国港口货物吞吐量

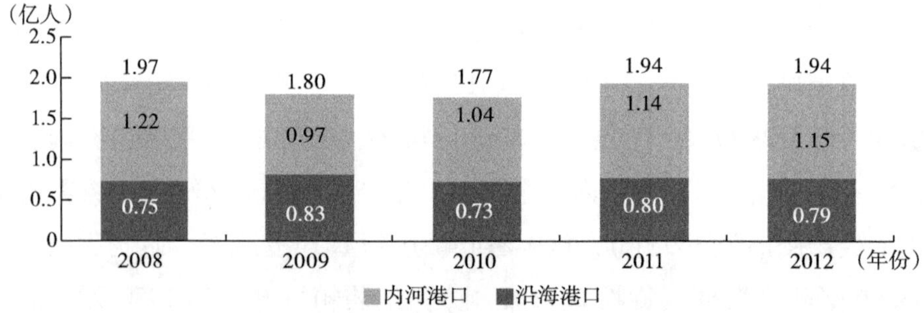

图 3 - 6　2008—2012 年全国港口旅客吞吐量

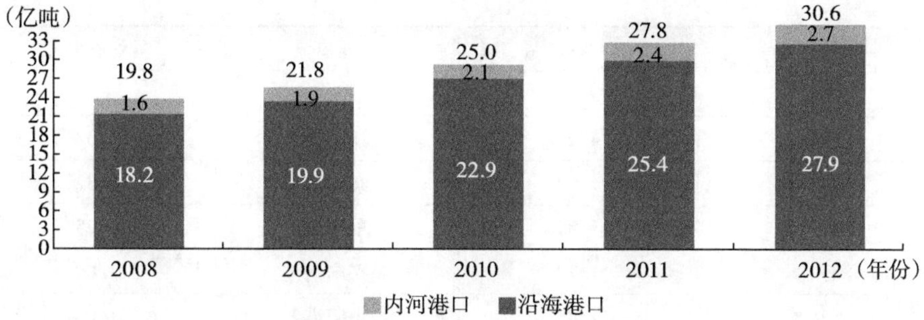

图 3－7　2008—2012 年全国港口外贸货物吞吐量

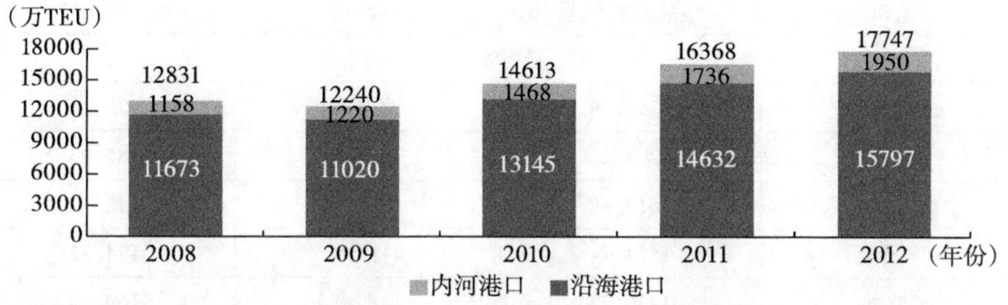

图 3－8　2008—2012 年全国港口集装箱吞吐量

表 3－3　2012 年货物吞吐量超过亿吨的港口　　单位：亿吨

港口	货物吞吐量	港口	货物吞吐量
沿海港口			
宁波—舟山港	7.44	深圳港	2.28
上海港	6.37	烟台港	2.03
天津港	4.77	北部湾港	1.74
广州港	4.35	连云港港	1.74
青岛港	4.07	厦门港	1.72
大连港	3.74	湛江港	1.71
唐山港	3.65	黄骅港	1.26
营口港	3.01	福州港	1.14
日照港	2.81	泉州港	1.04
秦皇岛港	2.71		

续表

港口	货物吞吐量	港口	货物吞吐量
内河港口			
苏州港	4.28	江阴港	1.32
南京港	1.92	泰州港	1.32
南通港	1.85	重庆港	1.25
湖州港	1.78	嘉兴内河港	1.09
镇江港	1.35	岳阳港	1.04

表 3-4 2012 年集装箱吞吐量超过 100 万标准箱的港口 单位：万 TEU

港口	集装箱吞吐量	港口	集装箱吞吐量
沿海港口			
上海港	3252.94	营口港	485.10
深圳港	2294.13	烟台港	185.05
宁波—舟山港	1617.48	福州港	182.50
广州港	1454.74	日照港	174.92
青岛港	1450.27	泉州港	169.70
天津港	1230.31	丹东港	125.05
大连港	806.43	汕头港	125.02
厦门港	720.17	虎门港	110.36
连云港港	502.01	海口港	100.01
内河港口			
苏州港	586.35	南京港	230.03
佛山港	266.71	江阴港	115.38

第四章

中国特色社会主义新时代的口岸开放与发展：2012年至今

党的十八大以来，党中央团结带领全党全国各族人民，全面审视国际国内新的形势，通过总结实践、展望未来，深刻回答了新时代坚持和发展什么样的中国特色社会主义、怎样坚持和发展中国特色社会主义这个重大时代课题，形成了新时代中国特色社会主义思想，坚持统筹推进“五位一体”总体布局、协调推进“四个全面”战略布局，坚持稳中求进工作总基调，对党和国家各方面工作提出一系列新理念新思想新战略，推动党和国家事业发生历史性变革、取得历史性成就，中国特色社会主义进入了新时代。

只有顺应历史潮流，积极应变，主动求变，才能与时代同行。“行之力则知愈进，知之深则行愈达”。改革开放40年积累的宝贵经验是党和人民弥足珍贵的精神财富，对新时代坚持和发展中国特色社会主义有着极为重要的指导意义，必须倍加珍惜、长期坚持，在实践中不断丰富和发展。①

——习近平

① 习近平在庆祝改革开放40周年大会上的讲话[EB/OL]. 新华网，http://www.xinhuanet.com/2018-12/18/c_1123872025.htm.

2012 年 11 月党的十八大召开至今，中国特色社会主义进入新时代。新时代是当代中国发展的划时代坐标，进入了全面深化改革、扩大对外开放和推动形成全面开放新格局、决胜全面建成小康社会的关键阶段，开启了全面建设社会主义现代化的新征程，中华民族站在新时代的历史起点上迎来了富起来到强起来的伟大飞跃。

第一节　党的十八大以来的时代新巨变

2017 年 10 月，党的十九大召开，确立了习近平新时代中国特色社会主义思想的历史地位，提出了新时代坚持和发展中国特色社会主义的基本方略，确定了决胜全面建成小康社会、开启全面建设社会主义现代化国家新征程的目标。习近平新时代中国特色社会主义思想同马克思列宁主义、毛泽东思想、邓小平理论、“三个代表”重要思想、科学发展观一道确立为党的行动指南并载入党章。同年 12 月，习近平总书记在中央经济工作会议上讲话强调：“推动高质量发展是我们当前和今后一个时期确定发展思路、制定经济政策、实施宏观调控的根本要求，必须加快形成推动高质量发展的指标体系、政策体系、标准体系、统计体系、绩效评价、政绩考核，创造和完善制度环境，推动我国经济在实现高质量发展上不断取得新进展。”

党的十八大以来，以习近平同志为核心的党中央举旗定向、谋篇布局，团结带领全国各族人民，准确把握时代潮流和国际大势，以非凡的理论勇气、巨大的政治勇气、高超的政治智慧、强烈的责任担当，从中国特色社会主义事业长远发展的战略高度，从实现“两个一百年”奋斗目标和中华民族伟大复兴中国梦的历史维度，坚持实事求是、改革创新，提出了一系列新理念新思想新战略，出台了一系列重大方针政策，推出了一系列重大改革举措，统筹推进“五位一体”总体布局和协调推进“四个全面”战略布局，以前所未有的决心和力度，不断推动理论创新、实践创新、制度创新、体制创新，着力破解中国发展的突出问题，解决了许多长期想解决而没有解决的难题，办成了许多过去想办而没有办成的大事，开辟了新时代治国理政的新境界，开创了党和国家事业发展的新局面，推动党和国家事业发生了历史性的变革。

党中央统筹国内国际两个大局。对内，主动适应、把握、引领经济发展新常态，加强顶层设计，坚持创新、协调、绿色、开放、共享的新发展理念，积极推进供给侧结构性改革，扩大内陆沿边开放，大力推进京津冀协同发展、长江经济带一体化发展和粤港澳大湾区合作示范区建设。实行更加积极主动的开放战略，以投资和贸易便利化自由化为目标，由鼓励出口转向重视进口、由利用外资转向对外投资，推动对内对外开放相互促进、“引进来”和“走出去”更好结合，在全球范围内高效配置生产环节和资源要素，促进国际国内要素有序自由流动、资源高效配置、市场深度融合，加快建设经济强国、贸易强国、交通强国，全面提升开放型经济水平。由重视企业改革转向政府自身改革，由传统区位优势转向创新制度优势，着力推进国家治理体系和治理能力现代化，持续深入推进“简政放权、放管结合、优化服务”改革，建设更高水平开放型经济新体制，完善内外联动、互利共赢、安全高效的开放型经济体系，以扩大开放促进深化改革，以深化改革促进扩大开放，为经济发展注入新动力、增添新活力、拓展新空间。对外，面向全球提出“一带一路”倡议并得到沿线各国大力响应，倡导构建互利共赢的人类命运共同体，推动构建平等公正、合作共赢的国际经济新秩序，积极参与全球经济治理并发挥重要作用，打造具有中国特色和广泛包容性的跨区域合作平台，加快培育国际竞争新优势，在中国经济实现持续快速发展的同时，为世界发展带来了新的机遇和"中国智慧""中国方案""中国道路"。

为全面深化改革和扩大开放，加快推进实施以自由贸易实验区为重点的区域开放平台建设，2013 年 8 月国务院批准设立中国（上海）自由贸易试验区进行先行先试，2015 年广东、天津、福建自贸试验区相继挂牌，2016 年辽宁、浙江、河南、湖北、重庆、四川、陕西自贸试验区向纵深推进，2018 年海南自贸试验区实行"全域式"探索。截至 2018 年底，自贸试验区试点由上海逐步扩大至广东、天津、福建、辽宁、浙江、河南、湖北、重庆、四川、陕西、海南等地，5 年间从沿海到内陆、从北到南共设立了 12 个自贸试验区，形成了"1 + 3 + 7 + 1"的试点布局。同时，党中央、国务院大力支持海南建设中国特色自由贸易港，开放口岸、自贸试验区、自由贸易港等全方位、多层次、宽领域的开放平台实现"雁阵"协同，构成了东中西协调、陆海统筹的区域发展格局，并与"一带一路"建设、京津冀协同发展和长江经济带发展相互配合，共同推动形成更高层次的全面改革开放新格局。

第二节　全国外贸进出口发展状况

2013—2018 年，我国经济持续较快增长，年均增长率达 7%，高于世界同期 2.9% 的平均增长率。就货物贸易而言，据统计，2013 年全国货物进出口贸易额以人民币计价为 258168.89 亿元，包括出口 137131.43 亿元、进口 121037.46 亿元；以美元计价为 41589.93 亿美元，包括出口 22090.04 亿美元、进口 19499.89 亿美元。2018 年全国货物进出口贸易额以人民币计价为 305050.37 亿元，包括出口 164176.68 亿元、进口 140873.69 亿元；以美元计价为 46230.38 亿美元，包括出口 24874.01 亿美元、进口 21356.37 亿美元。就服务贸易而言，2013 年进出口服务贸易额为 5376 亿美元，包括出口 2070 亿美元、进口 3306 亿美元；2018 年服务贸易额为 7918 亿美元，包括出口 2668 亿美元、进口 5250 亿美元。图 4 - 1 为 2013—2018 年全国货物进出口贸易额统计图。

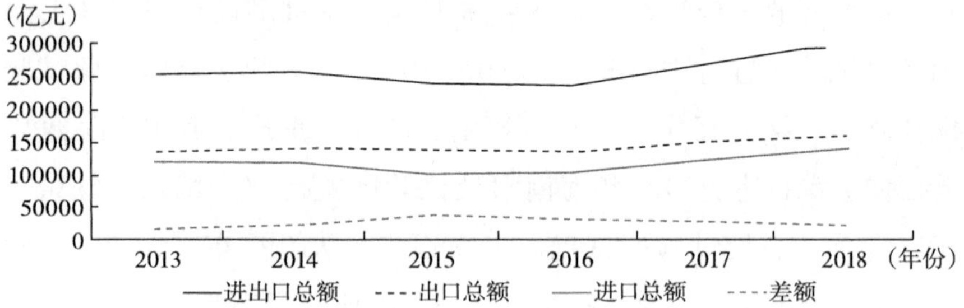

图 4 - 1　2013—2018 年全国货物进出口贸易额统计图（以人民币计价）

资料来源：辉煌 70 年编写组．辉煌 70 年——新中国经济社会发展成就（1949—2019）[M]．北京：中国统计出版社有限公司，2019.

第三节　全国交通运输发展状况

据统计，2013 年全国铁路营业里程达 10. 31 万公里，公路里程 435. 62 万公里（含高速公路 10. 44 万公里），内河航道 12. 59 万公里，民航里程 410. 6 万公里（含国际航线 150. 32 万公里），管道输油（气）里程 9. 85 万公里。全社会客运量 2122992 万人次，包括铁路客运量 210597 万人次、公路客运量 185463 万人次、水运 23535 万人次、民航 35397 万人次，全社会旅客周转量 27571. 7 亿人公里。全社会货运量 4098900 万吨，包括铁路运量 396697 万吨、公路运量 3076648 万吨、水运 559785 万吨、民航 561. 3 万吨、管道运输 65209 万吨，全社会货运周转量为 168014 亿吨公里。

据统计，到 2018 年底，全国铁路营业里程 13. 17 万公里，公路里程 484. 65 万公里（含高速公路 14. 26 万公里），内河航道 12. 71 万公里，航班航线 837.98 万公里（含国际航线 359.89 万公里），管道输油（气）里程 12.23 万公里。全社会客运量 1793820 万人次，包括铁路客运量 337495 万人次、公路客运量 1367170 万人次、水运 27981 万人次、民航 61174 万人次，全社会旅客周转量 34218.2 亿人公里。全社会货运量 5152674 万吨，包括铁路运量 402573 万吨、公路运量 3956871 万吨、水运 702684 万吨、民航 738.5 万吨、管道运输 89807 万吨，全社会货运周转量为 204686 亿吨公里。全国港口拥有生产性码头泊位 23919 个，是 1949 年的 148.6 倍，年均增长 7.5%；沿海港口生产用码头泊位 5734 个，内河港口生产用码头泊位 18185 个，拥有万吨级以上泊位 2444 个；其中，沿海港口万吨级以上泊位 2007 个，内河港口万吨级以上泊位 437 个。图 4-2 为 2013—2018 年全国运输线路长度统计图。

2018 年，全国港口旅客吞吐量达 1.77 亿人，包括沿海港口 0.88 亿人、内河港口 0.89 亿人；港口货物吞吐量达 143.51 亿吨，包括沿海港口 94.63 亿吨、内河港口 48.88 亿吨；港口外贸货物吞吐量 41.89 亿吨，包括沿海港口 37.44 亿吨、内河港口 4.45 亿吨；港口集装箱吞吐量达 2.51 亿标准箱，包括沿海港口 2.22 亿标准箱、内河港口 2909 万标准箱。2018 年，全球港口货物吞吐量、集装箱吞吐量居世界前 20 位的港口中，我国港口分别占 14 席和 10 席。图 4-3 为 2014—2018 年全国港口货物吞吐量。图 4-4 为 2014—2018 年全国港口外贸货物吞吐量。图 4-5 为 2014—2018 年全国港口集装箱吞吐量。表 4-1 为 2018 年港口货物吞吐量居世界前 20 位的港口。表 4-2 为 2018 年集装箱吞吐量居世界前 20 位的港口。

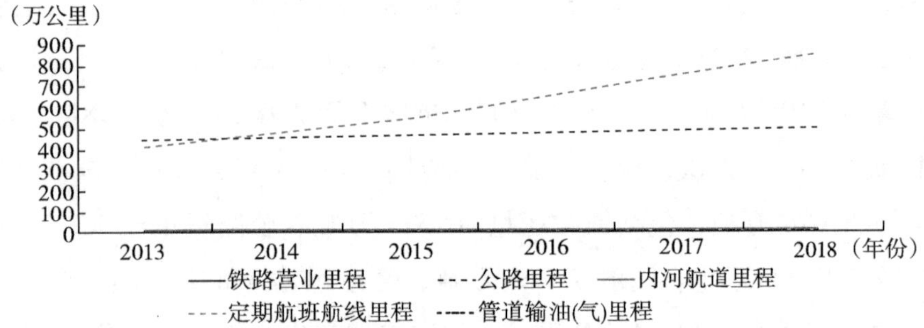

图 4-2　2013—2018 年全国运输线路长度统计图

资料来源：辉煌 70 年编写组．辉煌 70 年——新中国经济社会发展成就（1949—2019）［M］．北京：中国统计出版社有限公司，2019.

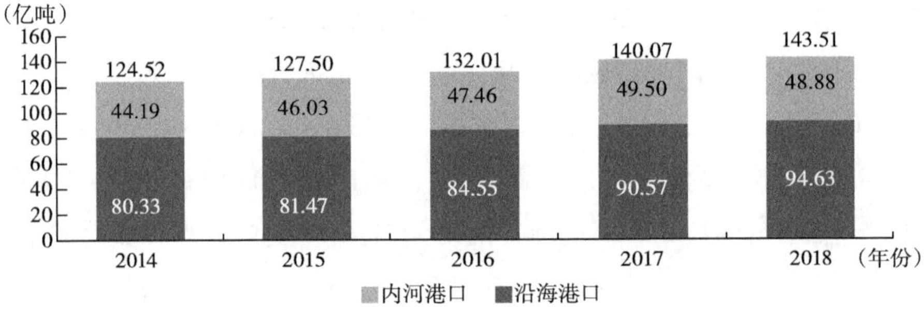

图 4-3　2014—2018 年全国港口货物吞吐量

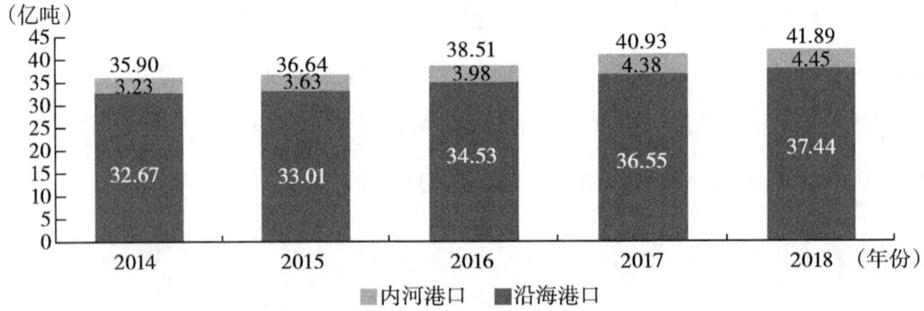

图 4-4　2014—2018 年全国港口外贸货物吞吐量

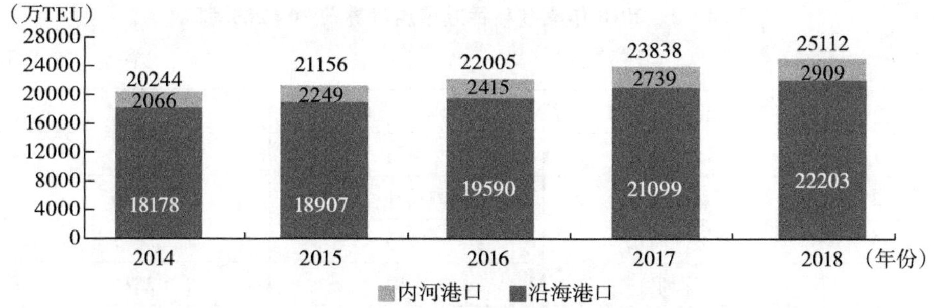

图 4－5　2014—2018 年全国港口集装箱吞吐量

表 4－1　2018 年港口货物吞吐量居世界前 20 位的港口

单位：百万吨

序号	港口名称	所属国家（地区）	吞吐量
1	宁波—舟山	中国	1084.4
2	上海	中国	730.5
3	唐山	中国	637.1
4	新加坡	新加坡	630.2
5	广州	中国	594.0
6	青岛	中国	542.5
7	苏州	中国	532.3
8	黑德兰	澳大利亚	517.8
9	天津	中国	507.7
10	鹿特丹	荷兰	469.0
11	大连	中国	467.8
12	釜山	韩国	460.1
13	烟台	中国	443.1
14	日照	中国	437.6
15	营口	中国	370.0
16	光阳	韩国	301.9
17	湛江	中国	301.9
18	黄骅	中国	287.7
19	南路易斯安娜	美国	275.1
20	南通	中国	267.0

注：货物吞吐量中均为内外贸货物。

资料来源：主要来源于上海航运交易所。

表 4-2　2018 年集装箱吞吐量居世界前 20 位的港口

单位：万 TEU

序号	港口名称	所属国家（地区）	吞吐量
1	上海	中国	4201
2	新加坡	新加坡	3660
3	宁波—舟山	中国	2635
4	深圳	中国	2574
5	广州	中国	2162
6	釜山	韩国	2159
7	香港	中国	1959
8	青岛	中国	1932
9	天津	中国	1601
10	迪拜	阿联酋	1495
11	鹿特丹	荷兰	1451
12	巴生	马来西亚	1232
13	安特卫普	比利时	1110
14	厦门	中国	1070
15	高雄	中国	1045
16	大连	中国	977
17	洛杉矶	美国	946
18	丹戎帕拉帕斯	马来西亚	896
19	汉堡	德国	877
20	长滩	美国	809

资料来源：主要来源于上海航运交易所。

第四节　全国口岸开放布局和整体发展状况

党的十八大以来，口岸开放紧紧围绕服务国家大局，紧紧围绕服务“一带一路”建设、京津冀协同发展、长江经济带等发展战略，认真落实国家口岸发展五年规划，深化沿海地区口岸开放，扩大内陆和沿边地区口岸开放，不断优化调整全国口岸开放布局，年均新开放口岸约 5

个，口岸扩大开放和临时开放有序推进，满足了经济社会发展需要。截至 2018 年，全国共有经国务院批准开放的口岸 306 个；其中，水运口岸 135 个（含内河口岸 54 个），航空口岸 74 个，铁路口岸 21 个，公路口岸 76 个。目前，全国已经形成了沿海沿江水运口岸密集分布，各省会城市和重点旅游城市航空口岸基本覆盖，沿边公路铁路口岸有序分布的全方位、立体化的口岸开放格局。

从各省域口岸开放时序看，东部沿海地区利用太平洋海上运输通道和两个市场、两种资源等比较优势，率先实行改革开放政策和对外开放口岸，而后由东部沿海地区逐步向中西部地区梯度转移，对外开放的先后顺序一定程度上决定着区域经济发展的时滞性，也在一定程度上导致了目前“东强西弱、海强边弱”的区域经济发展格局。

从各类口岸功能特征看，水运口岸是我国对外贸易的最重要门户之一，主要分布在地理区位优越的长三角、环渤海和东南沿海地区，空间集聚特征和辐射规模效应显著；最重要的枢纽航空口岸为北京、上海、广州航空口岸，这三大航空口岸基础设施完善、进出境人员和商品流动频繁、国际航线发达，具备全球性航空运输重点枢纽口岸优势；陆运口岸以沿边公路和铁路口岸为主，主要集中在新疆、内蒙古、黑龙江、吉林、辽宁、云南、广西等边境地区，口岸发展与对外政策和地缘条件密切相关，呈现多元化特点，但尚未形成显著的区域经济集聚特征。表 4 - 3 为截至 2018 年底全国对外开放口岸分地区表。

表 4 - 3　截至 2018 年底全国对外开放口岸分地区表

序号	省份	数量	水运口岸	航空口岸	铁路口岸	公路口岸
1	北京	2		北京	北京	
2	天津	3	天津、渤中	天津		
3	河北	4	秦皇岛、唐山、黄骅	石家庄		
4	山西	1		太原		

续表

序号	省份	数量	水运口岸	航空口岸	铁路口岸	公路口岸
5	内蒙古	18		呼和浩特、海拉尔、满洲里、鄂尔多斯	二连浩特、满洲里	珠恩嘎达布其、满洲里、二连浩特、阿尔山、阿日哈沙特、额布都格、甘其毛都、满都拉、策克、黑山头、室韦、乌力吉
6	辽　宁	13	大连、营口、丹东、庄河、葫芦岛、旅顺新港、锦州、长兴岛、盘锦	沈阳、大连	丹东	丹东
7	吉　林	15		长春、延吉	集安、图们、珲春	珲春、集安、圈河、临江、开山屯、三合、南坪、长白、古城里、沙坨子
8	黑龙江	25	（哈尔滨、富锦、佳木斯、桦川、绥滨、同江、黑河、漠河、呼玛、逊克、抚远、孙吴、萝北、嘉荫、饶河）	哈尔滨、佳木斯、齐齐哈尔、牡丹江	绥芬河、哈尔滨	绥芬河、东宁、密山、虎林
9	上　海	3	上海	上海	上海	
10	江　苏	26	连云港（张家港、南通、南京、镇江、江阴、扬州、泰州、常熟、太仓、常州、如皋、靖江）大丰、如东、启东、盐城	南京、盐城、徐州、常州、淮安、无锡、扬泰、南通、连云港		
11	浙　江	10	温州、宁波、舟山、台州、嘉兴	杭州、宁波、温州、义乌、舟山		

续表

序号	省份	数量	水运口岸	航空口岸	铁路口岸	公路口岸
12	安　徽	7	（芜湖、铜陵、安庆、池州、马鞍山）	合肥、黄山		
13	福　建	11	福州、厦门、泉州、漳州、宁德、莆田、平潭	厦门、福州、泉州、武夷山		
14	江　西	2	（九江）	南昌		
15	山　东	18	青岛、烟台、威海、龙口、石臼、石岛、岚山、东营、蓬莱、莱州、龙眼、潍坊、董家口、滨州	青岛、济南、烟台、威海		
16	河　南	3		郑州、洛阳	郑州	
17	湖　北	4	（武汉、黄石）	武汉、宜昌		
18	湖　南	3	（城陵矶）	长沙、张家界		
19	广　东	59	广州、湛江、汕头、汕尾、九州、广海、蛇口、莲花山、赤湾、惠州、妈湾、盐田、水东、阳江、大亚湾、珠海、潮州、万山、南沙、潮阳（虎门、新会）深圳大铲、揭阳、湾仔、梅沙、西冲（三埠、江门、肇庆、南海、斗门、鹤山、中山、容奇、高明、新塘）	广州、深圳、揭阳、湛江、梅州	深圳、广州、佛山、肇庆、东莞、广深港西九龙站	文锦渡、拱北、沙头角、皇岗、罗湖、横琴、深圳湾、珠澳、福田、港珠澳、青茂
20	海　南	7	海口、三亚、八所、洋浦、清澜	三亚、海口		

续表

序号	省份	数量	水运口岸	航空口岸	铁路口岸	公路口岸
21	广　西	20	防城、北海、钦州、江山、企沙（梧州、柳州、贵港）	南宁、桂林、北海	凭祥	友谊关、东兴、水口、龙邦、平孟、爱店、峒中、硕龙
22	四　川	1		成都		
23	重　庆	2	（重庆）	重庆		
24	贵　州	1		贵阳		
25	云　南	19	（思茅、景洪）	昆明、西双版纳、丽江、芒市	河口	瑞丽、磨憨、打洛、河口、天保、都龙、金水河、畹町、腾冲、孟定、勐康、田蓬
26	西　藏	4		拉萨		吉隆、普兰、樟木
27	陕　西	1		西安		
28	甘　肃	3		兰州、敦煌		马鬃山
29	新　疆	19		乌鲁木齐、喀什、伊宁	阿拉山口、霍尔果斯	红其拉甫、霍尔果斯、巴克图、伊尔克什坦、吉木乃、卡拉苏、都拉塔、吐尔尕特、塔克什肯、老爷庙、红山嘴、乌拉斯台、木扎尔特、阿黑土别克
30	宁　夏	1		银川		
31	青　海	1		西宁		
合计		306	135（其中内河54）	74	21	76

注：表中水运口岸括号内的为内河口岸。

资料来源：根据《中国口岸年鉴》（2019）整理而得。

第五节　口岸管理和查验体制机制发展状况

党的十八大以来，党中央、国务院更加重视口岸工作，加强国家层面口岸工作的顶层设计和组织领导，建立了国务院口岸工作部际联席会议制度；在国务院领导下统筹协调全国口岸工作，研究确定并推进实施口岸重大改革方案和政策措施，协调解决全国口岸改革发展中的重大问题，推进口岸通关中各部门的协作配合，指导和协调全国及各地方电子口岸建设，推动口岸管理部门间“信息互换、监管互认、执法互助”。口岸领域改革创新试点不断，2015 年底启动为期一年的珠海口岸查验机制创新试点工作，包括旅检通道前后台实现分离查验、强化珠澳口岸执法协作机制、推行国际贸易“单一窗口”、加快推进查验环节“大通关”等 20 项试点任务顺利实施、成效明显；通过旅检通道前后台查验分离，较好地缓解了通行压力，创新商定在港珠澳大桥口岸珠澳通道实施“合作查验、一次放行”和“入境查验、出境监控”模式，首创了“一站式”通关电子验放系统。

习近平总书记在党的十九大报告中强调：“深化机构和行政体制改革。统筹考虑各类机构设置，科学配置党政部门及内设机构权力、明确职责。”党的十九届三中全会审议通过《中共中央关于深化党和国家机构改革的决定》和《深化党和国家机构改革方案》，第十三届全国人大第一次会议审议通过国务院机构改革方案。2018 年 3 月国务院机构改革，撤销国家质检总局，将国家质检总局的出入境检验检疫管理职责和队伍划入海关总署，并明确武警部队不再承担海关执勤任务。出入境检验检疫管理职责和队伍划入海关总署，是我国口岸管理体制一次脱胎换骨的变革，海关管理职能拓展、监管范围扩大、监管链条延长，进一步理顺了职责关系，优化了职能配置，推动了关检深度融合，构建了新时代背景下业务架构统一、管理统一、系统统一的口岸监管新模式。对公安部的出入境管理、边防检查职责进行整合，组建了国家移民管理局，由公安部管理。全国口岸查验体制机制进一步优化调整，各口岸实现“边防（移民）管人、海关管物”，进一步提高了口岸综合治理水平。

第六节　近年来全国口岸运行统计分析

统计分析是实施宏观调控和科学决策的重要依据之一，真实、准确、全面、科学的统计分析能够为经济高质量发展提供优质服务。从统计数据看，改革开放以来特别是近年来，我国口岸与发展成效显著，进出境客货运量和进出境运输工具数量取得长足进展。

根据《中国口岸年鉴》（2007—2019）相关统计数据，经汇总整理，可以得到近年来各类口岸分年度、分省域运行统计情况。据统计，截至2018年底，全国共有经国务院批准开放的口岸306个。全国各类口岸进出境货运量达351053万吨，包括水路运输332973万吨，铁路运输5186万吨，公路运输1184万吨，航空口岸运输1054万吨。各类口岸进出境人员达62633万人次，包括公路运输44205万人次，航空运输15412万人次，水路运输2799万人次，铁路运输217万人次。各类口岸进出境交通运输工具3396万辆（艘、列、架）次，包括公路运输（汽车）1685万辆次，水路运输（船舶）788万艘次，航空运输（飞机）890万架次，铁路运输（火车）33万列次。图4－6为2018年进出境货运量、人员及交通运输工具数量统计。

表4－4为2007—2018年各类口岸进出境货运量统计，图4－7为2007—2018年分年度各类口岸进出境货运量统计，表4－5为2007—2018年各省域口岸分年度进出境货运量统计，图4－8为2007—2018年沿海省域口岸分年度进出境货运量统计，图4－9为2007—2018年内陆省域口岸分年度进出境货运量统计，图4－10为2007—2018年沿边省域口岸分年度进出境货运量统计。

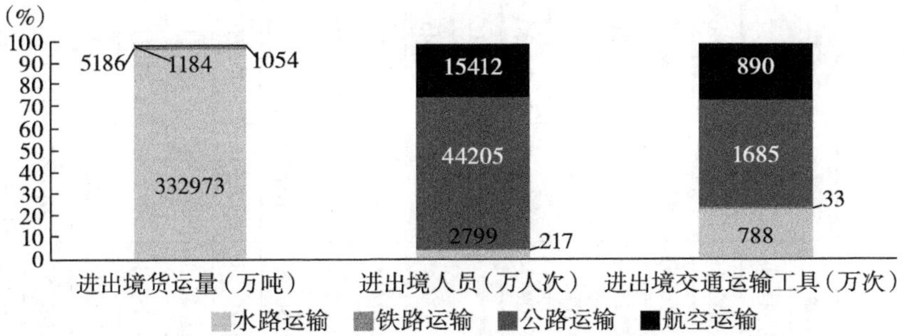

图 4-6　2018 年进出境货运量、人员及交通运输工具数量统计

表 4-4　2007—2018 年各类口岸进出境货运量统计　　单位：万吨

年份	进出境货物总量	水运口岸运量	空运口岸运量	陆运（公路、铁路）口岸运量
2007	142790	134827	415	7548
2008	149645	141411	503	7731
2009	179889	170875	462	8552
2010	192830	182063	571	10196
2011	211356	199720	585	11050
2012	275112	260280	823	14009
2013	310394	294171	846	15377
2014	327680	313092	904	13684
2015	318375	305060	841	12474
2016	350001	334041	1008	14951
2017	417095	397111	1150	18834
2018	351053	332973	1054	17026

资料来源：根据《中国口岸年鉴》（2007—2019）整理而得。

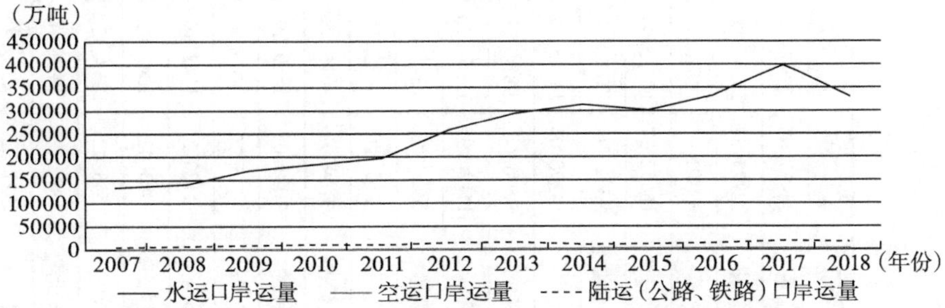

图 4-7　2007—2018 年分年度各类口岸进出境货运量统计

表 4-5　2007—2018 年各省域口岸分年度进出境货运量统计

单位：万吨

省份	2007 年	2008 年	2009 年	2010 年	2011 年	2012 年	2013 年	2014 年	2015 年	2016 年	2017 年	2018 年
山东	24937.63	23978.4	29700.38	31813.6	36659.66	57103.14	65702.27	64745.26	69414.03	79283.38	86513.88	72950.77
广东	22775.57	23080.26	25280.13	26684.22	28696.07	32839.27	35161.55	38466.88	33605.46	36042.98	69026.19	70309.96
江苏	14218.7	14620.11	19698.95	21220.67	23835.59	34373	37709.91	38106.1	36744.88	46116.51	47928.96	30474.12
浙江	16652.37	17753.41	20390.35	22317.83	22560.3	28914.8	32272.54	33377.21	31684.07	35375.68	40074.02	31940.26
河北	9332.36	10261.4	13117.24	13247.19	16207.68	21996.72	24848.67	30403.93	31124.1	34128.74	34219.01	20332.77
上海	14290.05	14258.22	13737.92	15615.39	17184.66	26529.64	27758.48	28382.66	27950.78	28109.74	29880.73	25475.30
辽宁	9506.66	9834.55	14318.98	13500.29	13480.14	15856.49	16660.31	18662.96	18155.84	15823.04	28549.23	24453.15
天津	14106.95	13653.23	15938.63	15912	16661.86	20999.11	22310.15	24788	24245.69	23999.45	23191.91	23111.45
福建	5929.89	6342.86	9818.58	11651.01	11976.9	15497.13	16580.53	18851.8	15794.48	16537.99	17512.90	13829.97
广西	265.87	4035.71	6098.27	6092.2	8245.93	493.06	10009.33	11679.76	10340.28	11957.46	13456.61	27344.20
内蒙古	3199.93	3015.58	3737.66	4707.15	4674.72	5203.45	4861.2	4890.53	4086.1	5436.40	6376.70	6677.71
新疆	1023.05	1669.89	2038.44	2582.66	3189.96	4404.94	5202.56	3610.34	3136.05	3726.98	5452.44	5113.71
海南	1345.75	1368.8	1878.99	2107.92	2145.13	2688.01	2643.85	3031.28	2911.42	3366.13	3694.96	3189.81
安徽	1125.3	1742.19	1051.38	1535.51	1668.82	1560.46	1661.16	1861.58	2160.39	3038.61	3089.45	3135.31
黑龙江	983.43	1042.95	795.52	776.21	827.98	2538.92	2659.18	2397.21	2601.98	2706.47	2929.83	1159.06
云南	543.42	354.15	423.73	494.32	758.69	594.57	906	1121.34	1131.73	1160.56	2014.53	1169.10
湖北	1882.37	1816.91	893.94	1701.08	2181.19	2341.28	1917.33	1770.2	1749.7	1659.35	1377.64	2125.65
重庆	321.82	428.27	620.68	522.24	369.48	659.15	937.34	822.71	771.25	585.08	742.43	819.31
吉林	157.03	200.96	148.83	124.77	129.77	156.3	191.17	293.09	338.39	445.96	469.67	158.00

续表

省份	2007 年	2008 年	2009 年	2010 年	2011 年	2012 年	2013 年	2014 年	2015 年	2016 年	2017 年	2018 年
北京	120. 06	121. 87	106. 94	128. 04	137. 11	182. 36	201. 74	189. 03	178. 3	186. 89	198. 83	189. 59
湖南	17. 04	15. 49	41. 71	29. 1	37. 64	63. 5	62. 5	78. 51	94. 68	107. 12	151. 32	2886. 50
江西	43. 42	39. 56	41. 01	50. 8	73. 31	90. 04	96. 85	97. 04	108. 74	138. 01	149. 03	264
河南	0. 25	0. 37	0. 2	0. 29	0. 72	4. 87	10. 64	19. 96	21. 31	37. 96	60. 38	67. 8
四川	1. 31	1. 53	1. 4	1. 82	1. 96	3. 14	9. 49	16. 55	17. 24	17. 04	19. 12	19. 98
西藏	8. 93	7. 58	7. 82	12. 23	16. 08	17. 46	17. 74	14. 08	5. 19	10. 80	11. 77	14. 04
陕西	0. 72	0. 86	0. 86	1. 26	1. 24	1. 19	1. 66	2. 21	2. 37	2. 47	3. 55	2. 81
贵州	0. 03	0. 03	0. 04	0. 04	0. 04	0. 04	0. 04	0. 04	0. 07	0. 06	0. 08	0. 03
山西	0. 14	0. 07	0. 04	0. 04	0. 04	0. 04	0. 18	0. 19	0. 12	0. 09	0. 07	0. 02
宁夏	0	0	0	0	0	0. 02	0. 02	0. 04	0. 02	0. 03	0. 04	0. 02
甘肃	0	0. 03	0. 04	0. 03	0. 02	0	0	0	0	0. 08	0. 03	0. 01
青海	0	0	0	0	0	0. 02	0. 01	0. 01	0. 01	0. 01	0. 01	0

资料来源：根据《中国口岸年鉴》(2007—2019)整理而得。

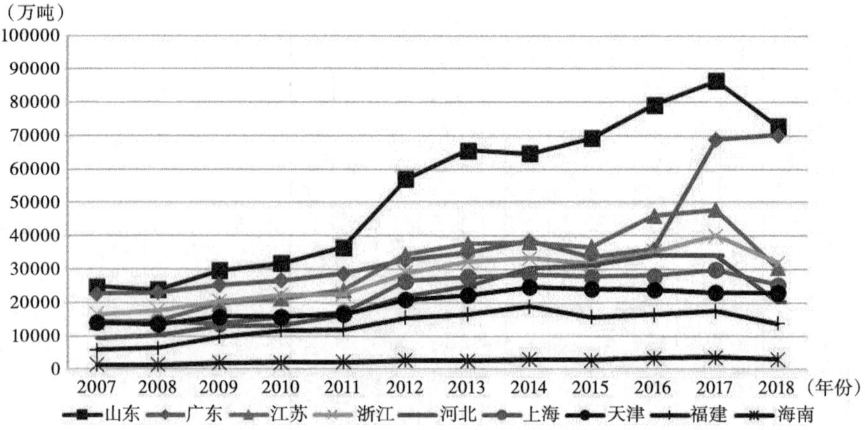

图 4－8　2007—2018 年沿海省域口岸分年度进出境货运量统计

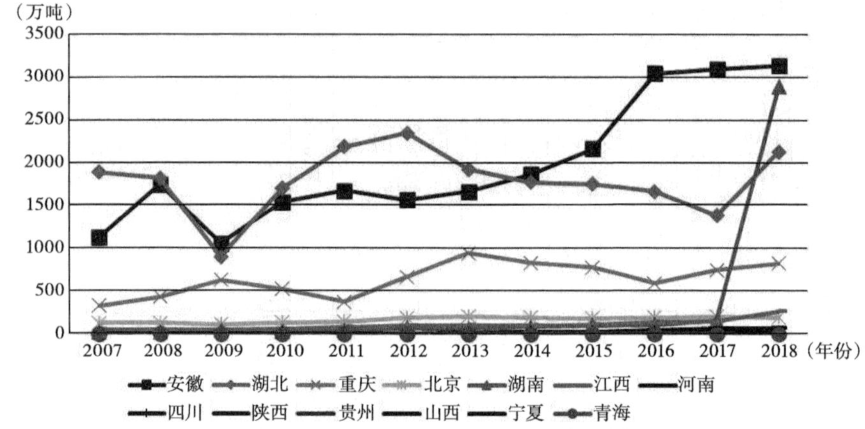

图 4－9　2007—2018 年内陆省域口岸分年度进出境货运量统计

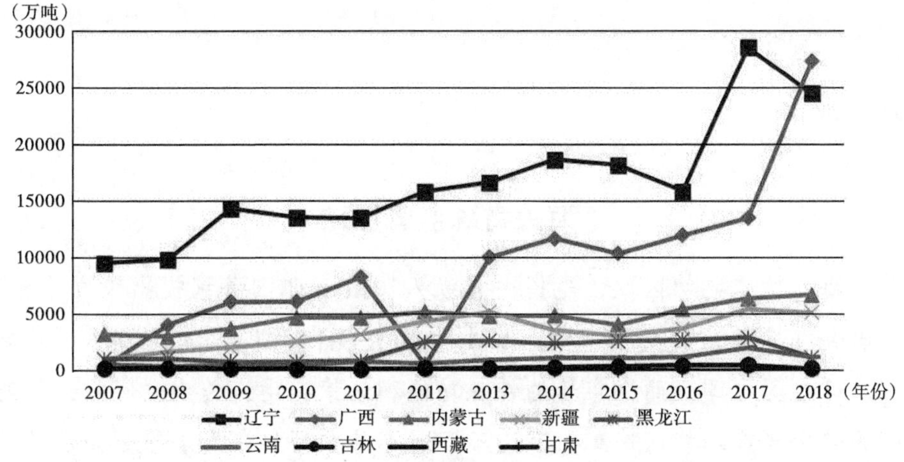

图 4－10　2007—2018 年沿边省域口岸分年度进出境货运量统计

延伸阅读

海关特殊监管区域

海关特殊监管区域，是指由省级人民政府向国务院提出设立申请，经国务院批准，设立在中华人民共和国关境内，赋予承接国际产业转移、连接国内国际两个市场的特殊功能和政策，由海关为主实施封闭监管的特定经济功能区域。为适应不同时期外向型经济发展需要，海关特殊监管区域自创设以来，在不同历史时期有着不同的特定区域名称及区域功能，自 20 世纪 90 年代至今，国家陆续设立了保税区（1990 年首次设立）、出口加工区（2000 年首次设立）、保税物流园区（2003 年首次设立）、跨境工业园区（2003 年首次设立，包括珠澳跨境工业区 、新疆中哈霍尔果斯国际边境合作中心）、保税港区（2005 年首次设立）、综合保税区（2006 年首次设立）6 类海关特殊监管区域。

一、海关特殊监管区域的功能特征

（一）基本功能

就其基本功能而言：一是经国务院审批，纳入国家级开发区范畴，同时享受所在地区国家赋予开发区的优惠政策。二是采取封闭围网管理，海关特殊监管区域监管设施验收有严格具体的标准。三是具有“一线”和“二线”的通关特征。四是具备保税功能，即对区内的货物实施保税政策。

（二）具体功能

1. 保税区

主要功能定位为保税仓储、出口加工、转口贸易三大功能，具有进

出口加工、国际贸易、保税仓储商品展示等功能，享有免证、免税、保税政策，实行"境内关外"运作方式。保税区主要设立在沿海城市。

2. 出口加工区

出口加工区与境外之间进出的货物，除国家另有规定外，不实行进出口配额、许可证件管理。国家禁止进出口的商品，不得进出于出口加工区。出口加工区外禁止开展的加工贸易业务也不得在出口加工区内开展，法律、法规另有规定的除外。出口加工区内不得开展拆解、翻新业务。

3. 保税物流园区

其设立目的是促进保税区的物流业发展和实施区港联动，主要业务范围为：存储进出口货物及其他未办结海关手续货物，对所存货物开展流通性简单加工和增值服务，进出口贸易包括转口贸易，国际采购、分销和配送，国际中转，检测、维修及商品展示等业务，以及经海关批准的其他国际物流业务。园区内不得开展商业零售、加工制造、翻新、拆解及其他与园区无关的业务，法律和行政法规禁止进出口的货物、物品不得进出园区。

4. 跨境工业园区

目前，跨境工业园区共有 2 个，即珠澳跨境工业区和中哈霍尔果斯国际边境合作中心，二者政策有所不同。珠澳跨境工业区珠海园区按《中华人民共和国海关珠澳跨境工业区珠海园区管理办法》进行管理，实行"保税区 + 出口加工区出口退税政策 + 24 小时通关专用口岸"的政策，除享受 24 小时通关便利外，亦享受保税区及出口加工区两套优惠政策；货物往来按保税区管理规定办理相关手续，即采用备案制管理。中哈霍尔果斯国际边境合作中心实行封闭式管理，主要功能是贸易洽谈、商品展示和销售 、仓储运输、宾馆饭店、商业服务设施、金融服务、举办各类区域性国际经贸洽谈会等；中哈两国公民和第三国公民，无须签证即可凭护照或出入境通行证等有效证件出入合作中心，实现面对面的商贸洽谈和商品交易。

5. 保税港区

保税港区是设立在国家对外开放的口岸港区和与之相连的特定区域内，具有口岸、物流、加工等功能的海关特殊监管区域，其功能包括仓储物流、对外贸易、国际采购、分销和配送、国际中转、检测和售后服务维修、商品展示、研发、加工、制造、港口作业等。保税港区享受保税区、出口加工区、保税物流园区相关税收和外汇管理政策，包括国外货物入港区保税，货物出港区进入国内销售按货物进口有关规定办理报关。

6. 综合保税区

综合保税区整合了出口加工区、保税物流园区等区域功能，是设立在内陆地区的具有保税港区功能、政策功能齐全的海关特殊监管区域，实行保税港区的税收和外汇政策，集保税区、出口加工区、保税物流区、港口等功能于一身，可以发展国际中转、配送、采购、转口贸易、出口加工等业务。综合保税区是我国开放型经济发展的先行区、加工贸易转型升级的集聚区，在承接国际产业转移、推进区域经济协调发展、促进对外贸易和扩大就业等方面发挥着重要作用。

二、海关特殊监管区域的规模数量

据海关总署网站信息，截至2019年8月底，全国共有海关特殊监管区域140个，包括综合保税区97个（占比69.29%），保税港区14个，保税物流园区4个，保税区10个，出口加工区13个，珠澳跨境工业区（珠海园区）1个，中哈霍尔果斯国际边境合作中心（中方配套区）1个。这些海关特殊监管区域分布在除青海省、西藏自治区和香港特别行政区、澳门特别行政区、台湾地区外的29个省（区、市）。全国海关特殊监管区域总规划面积 445.55 平方公里，已验收面积 302.33 平方公里，占比 67.86%。另据新的统计通报，截至 2020 年 5 月底，全国 31 个省（区、市）现有海关特殊监管区域 153 个（见附表 4－1），包括综合保税区 131 个（占比 85.62%），保税港区 9 个（占比 5.88%），保税物流园区 1 个，保税区 9 个（占比 5.88%），出口加工区 1 个，珠澳跨境工业区（珠海园区）1 个，中哈霍尔果斯国际边境合作中心（中方配套区）1 个。全国海关特殊监管区域总规划面积超过 460 平方公里。

近年来，综合保税区通过发挥政策优势、培育新兴业态、创新监管方式并且不断转型升级，已成为促进外贸业态稳定增长的“推进器”，为促进外贸增长、扩大外商投资提供了强大动力，为稳外贸、稳外资做出了积极贡献。据统计，2019 年全国综合保税区实现进出口总值 2.9 万亿元，同比增长 11.9%，进出口增速高于全国外贸增幅 8.5 个百分点，占全国外贸进出口总值的 9.2%，同比增加 0.7 个百分点，对全国外贸增长的贡献度达 30%。

附表 4－1　截至 2020 年 5 月底全国海关特殊监管区域分布

序号	省（自治区、直辖市）	关区	名称
1	北京	北京	北京天竺综合保税区
2	天津	天津	天津东疆综合保税区
3			天津滨海新区综合保税区
4			天津港综合保税区
5			天津港保税区
6			天津泰达综合保税区
7	河北	石家庄	曹妃甸综合保税区
8			秦皇岛综合保税区
9			廊坊综合保税区
10			石家庄综合保税区
11	山西	太原	太原武宿综合保税区

续表

序号	省（自治区、直辖市）	关区	名称
12	内蒙古	呼和浩特	呼和浩特综合保税区
13			鄂尔多斯综合保税区
14		满洲里	满洲里综合保税区
15	辽宁	大连	大连大窑湾保税港区
16			大连湾里综合保税区
17			大连保税区
18			营口综合保税区
19		沈阳	沈阳综合保税区
20	吉林	长春	长春兴隆综合保税区
21			珲春综合保税区
22	黑龙江	哈尔滨	绥芬河综合保税区
23			哈尔滨综合保税区
24	上海	上海	洋山特殊综合保税区
25			上海浦东机场综合保税区
26			上海外高桥保税物流园区
27			上海外高桥保税区
28			松江综合保税区
29			金桥综合保税区
30			青浦综合保税区
31			漕河泾综合保税区
32			奉贤综合保税区
33			嘉定综合保税区

续表

序号	省（自治区、直辖市）	关区	名称
34	江苏	南京	张家港保税港区
35			苏州工业园综合保税区
36			昆山综合保税区
37			苏州高新技术产业开发区综合保税区
38			无锡高新区综合保税区
39			盐城综合保税区
40			淮安综合保税区
41			南京综合保税区
42			连云港综合保税区
43			镇江综合保税区
44			常州综合保税区
45			吴中综合保税区
46			吴江综合保税区
47			扬州综合保税区
48			常熟综合保税区
49			武进综合保税区
50			泰州综合保税区
51			南通综合保税区
52			太仓港综合保税区
53			江阴综合保税区
54			徐州综合保税区
55	浙江	宁波	宁波梅山综合保税区
56			宁波保税区
57			宁波北仑港综合保税区
58			宁波前湾综合保税区
59		杭州	舟山港综合保税区
60			杭州综合保税区
61			嘉兴综合保税区
62			金义综合保税区
63			温州综合保税区
64			义乌综合保税区

续表

序号	省（自治区、直辖市）	关区	名称
65	安徽	合肥	芜湖综合保税区
66			合肥经济技术开发区综合保税区
67			合肥综合保税区
68			马鞍山综合保税区
69	福建	厦门	厦门海沧保税港区
70			泉州综合保税区
71			厦门象屿综合保税区
72			厦门象屿保税区
73		福州	福州保税区
74			福州综合保税区
75			福州保税港区
76	江西	南昌	九江综合保税区
77			南昌综合保税区
78			赣州综合保税区
79			井冈山综合保税区
80	山东	济南	潍坊综合保税区
81			济南综合保税区
82			东营综合保税区
83			章锦综合保税区
84		青岛	青岛前湾保税港区
85			烟台综合保税区
86			威海综合保税区
87			青岛胶州湾综合保税区
88			青岛西海岸综合保税区
89			临沂综合保税区
90			日照综合保税区
91			青岛即墨综合保税区
92	河南	郑州	郑州新郑综合保税区
93			郑州经开综合保税区
94			南阳卧龙综合保税区
95			洛阳综合保税区

续表

序号	省（自治区、直辖市）	关区	名称
96	湖北	武汉	武汉东湖综合保税区
97			武汉经开综合保税区
98			武汉新港空港综合保税区
99			宜昌综合保税区
100	湖南	长沙	衡阳综合保税区
101			郴州综合保税区
102			湘潭综合保税区
103			岳阳城陵矶综合保税区
104			长沙黄花综合保税区
105	广东	广州	广州南沙保税港区
106			广州白云机场综合保税区
107		深圳	深圳前海湾保税港区
108			深圳盐田综合保税区
109			福田保税区
110			深圳坪山综合保税区
111		黄埔	广州黄埔综合保税区
112			广州保税区
113			广东广州出口加工区
114			东莞虎门港综合保税区
115		拱北	珠海保税区
116			珠澳跨境工业区（珠海园区）
117			珠海高栏港综合保税区
118		汕头	汕头综合保税区
119	广西	南宁	钦州综合保税区
120			广西凭祥综合保税区
121			北海综合保税区
122			南宁综合保税区
123	海南	海口	海南洋浦保税港区
124			海口综合保税区

续表

序号	省（自治区、直辖市）	关区	名称
125	重庆	重庆	重庆西永综合保税区
126			重庆两路寸滩保税港区
127			重庆江津综合保税区
128			重庆涪陵综合保税区
129	四川	成都	成都高新综合保税区
130			成都高新西园综合保税区
131			绵阳综合保税区
132			成都国际铁路港综合保税区
133			泸州综合保税区
134			宜宾综合保税区
135	贵州	贵阳	贵阳综合保税区
136			贵安综合保税区
137			遵义综合保税区
138	云南	昆明	昆明综合保税区
139			红河综合保税区
140	陕西	西安	西安综合保税区
141			西安关中综合保税区
142			西安高新综合保税区
143			西安航空基地综合保税区
144			宝鸡综合保税区
145			西咸空港综合保税区
146	甘肃	兰州	兰州新区综合保税区
147	宁夏	银川	银川综合保税区
148	新疆	乌鲁木齐	阿拉山口综合保税区
149			乌鲁木齐综合保税区
150			霍尔果斯国际边境合作中心（中方配套区）
151			喀什综合保税区
152	青海	西宁	西宁综合保税区
153	西藏	拉萨	拉萨综合保税区

第五章

电子口岸与口岸管理信息化建设

信息化为中华民族带来了千载难逢的机遇。我们必须敏锐抓住信息化发展的历史机遇，加强网上正面宣传，维护网络安全，推动信息领域核心技术突破，发挥信息化对经济社会发展的引领作用，加强网信领域军民融合，主动参与网络空间国际治理进程，自主创新推进网络强国建设，为决胜全面建成小康社会、夺取新时代中国特色社会主义伟大胜利、实现中华民族伟大复兴的中国梦作出新的贡献。①

——习近平

① 习近平出席全国网络安全和信息化工作会议并发表重要讲话[EB/OL]. 人民网，http://cpc.people.com.cn/n1/2018/0422/c64094-29941696.html.

习近平总书记指出："中国要强盛、要复兴，就一定要大力发展科学技术，要瞄准世界科技前沿，努力成为世界主要科学中心和创新高地。"信息化是经济社会发展的重要支撑和引擎，已成为现代化的标志和关键。信息化建设具有高科技、跨部门、长期性等特点，是一项长期、艰巨、复杂的系统工程，需要全社会共同努力、协同推进。习近平总书记长期以来重视信息化建设。早在计算机、互联网络尚未广泛普及的世纪之交，习近平同志在福建省担任省长期间，就敏锐地认识到信息化建设的重要性，他指出："信息化是当今世界经济和社会发展的大趋势，它是我国和我省产业优化升级和实现现代化的关键环节，四个现代化，哪一个也离不开信息化。"（2002 年 2 月《"数字福建"向我们走来》）

古往今来，每个时代都有每个时代独特的发展特征，处于特定时代的任何人、任何事，都难以避免地会被打上时代发展的烙印。我国口岸管理的科技化、信息化、智能化建设亦然，它是随着科技发展而逐步发展演进的历史进程，在不同历史阶段有不同的建设任务。毋庸置疑，我国电子口岸建设是口岸管理科技化、信息化的时代产物。

第一节　电子口岸建设的内涵与背景

一、主要内涵

中国电子口岸是由海关总署会同国家有关部门共同建设，具有跨部门、跨地区、跨行业等特征，集口岸通关执法服务与物流商务服务于一体的口岸“大通关”统一信息平台。所谓“大通关”，即口岸各相关部门（单位）、企业等主体采取有效手段，促进口岸物流、单证流、资金流、信息流的高效顺畅运转，实现口岸有效监管与高效服务相结合。中国电子口岸依托互联网，将进出口货物流、资金流、信息流等集中存放于一个公共数据平台，实现口岸管理相关部门间的数据共享和联网核查，并向进出口企业提供货物、舱单申报、运输工具申报、企业资质办理、出口退税、税费支付等“一站式”电子政务服务。

电子口岸建设包括两个层面内容：中央政府层面的中国电子口岸建设，旨在实现国家有关部门间与“大通关”流程相关的数据共享和联网核查；地方政府层面的电子口岸建设，在国家统一部署下，由地方政府有关部门和进出口企业将“大通关”核心流程及相关物流商务服务整合到统一信息平台，为政府监管部门、进出口企业等提供服务。

二、时代背景

电子口岸建设是我国口岸改革开放发展进程中的必然产物。20 世纪 90 年代，为应对亚洲金融危机造成的一些不法企业逃套汇、骗汇等问题，从源头上防控和解决此类违法事情发生，切实维护正常经济秩序，经相关部门批准，海关总署牵头，揭开了中国电子口岸建设的序幕。自 1998 年电子口岸启动建设至今，较好地维护了进出口贸易秩序和国家经济安全。

第二节　电子口岸建设的主要发展阶段

电子口岸经过 20 多年建设，已发展成为一个集口岸通关执法管理、相关物流商务服务为一体的“大通关”统一信息平台。其发展历程大体分四个阶段。

一、口岸电子执法系统建设阶段（1998—2001 年）

这一阶段，海关总署作为电子口岸建设的牵头部门，先后会同相关部门，围绕实现相关部门间互联互通、信息共享和联网核查，着力建设中央政府层面的电子执法系统。2000 年，海关总署牵头建立“口岸电子执法系统协调指导委员会”，协同推进依靠计算机联网实现对出口结汇核销单、许可证、出口退税等电子数据联网核查，推动建立进出口环节的报关监管、结售汇、外汇管理、出口退税、许可证管理等信息共享数据库平台，开展口岸电子执法系统研发并推广应用。

二、“大通关”统一信息平台建设阶段（2002—2005 年）

这一阶段，海关总署会同相关部门和地方政府，围绕“政府牵头协调、统一信息平台、手续前推后移、加快实货验放”的口岸“大通关”建设要求，共同建设“大通关”统一信息平台，各地启动地方电子口岸建设。国家和地方层面相继开发应用一批科技项目，实现了口岸管理相关部门联网应用、数据共享和联网核查，并逐步向物流商务服务延伸，增强了口岸查验单位的综合执法能力，改善了投资贸易和营商环境。其间，为加强组织领导和实施保障，海关总署提出“统一认证、统一标准、统一品牌”原则，明确了地方电子口岸领导机制、建设目标、建设原则等内容，为协同推进大通关统一信息平台建设夯实了基础。

三、“大通关”大物流统一平台建设阶段（2006—2013 年）

这一阶段，国家和地方层面电子口岸建设协同推进、共同发展，先后开发应用一大批富有地方特色的综合服务项目，实现电子口岸建设的协调发展。其间，国家层面加强组织领导和顶层设计，明确了电子口岸建设的基本内容，即建设一个以口岸通关执法管理为主，逐步向相关物流商务服务延伸的“大通关”、大物流、大外贸的统一信息平台，具体包括中央和地方两个层面内容；强调以服务为宗旨、以促进为目的、以需求为导向、以合作促发展，坚持统一认证、统一标准、统一品牌，实行共建、共管、共享，打通“大通关”有关业务的电子流程，在推进互联互通基础上实现信息资源共享。

2012 年国家层面出台实施《电子口岸发展“十二五”规划》，明确了电子口岸建设的基本原则为联网核查、便利企业，统筹规划、分步实施，数据共享、确保安全；发展目标定位于电子口岸平台基础设施进一步完善，通关、物流、商务等功能进一步丰富，企业通关更加高效、有序、便捷，口岸综合执法和服务能力显著提升，符合国际“单一窗口”建设管理规则和通行标准、适应经济社会发展需要的中国特色“单一窗口”工程初步建成，基本实现网络化协同口岸监管模式、“大通关”“一站式”服务体系，基本形成与电子口岸发展相适应的技术支撑体系。

2013 年党的十八届三中全会通过的《中共中央关于全面深化改革若干重大问题的决定》要求“推动内陆同沿海沿边通关协作，实现口岸管理相关部门信息互换、监管互认、执法互助”（简称“三互”）。自此进入以电子口岸平台为依托的国际贸易“单一窗口”建设新阶段。

四、以电子口岸为依托的国际贸易“单一窗口”建设阶段（2014 年至今）

这一阶段，为实现口岸管理相关部门信息互换、监管互认、执法互助的有关要求，国家层面各项工作稳步推进。2014 年，国务院发布落实“三互”推进“大通关”建设的改革方案。2015 年，国务院出台《关于改进口岸工作支持外贸发展的若干意见》，提出依托电子口岸公共平台，推进国际贸易“单一窗口”建设，加快推进形成电子口岸跨部门共建、共管、共享机制；并要求推动“单一窗口”共享数据标准化，完善和拓展“单一窗口”的应用功能，进一步优化口岸监管执法流程和通关流程，2015 年底在沿海口岸、2017 年在全国所有口岸建成“单一窗口”。2016 年，国家层面出台关于《国际贸易“单一窗口”建设的框架意见》，提出到 2020 年底前，实现“单一窗口”功能由口岸通关执法环节向前置和后续环节拓展，进一步覆盖国际贸易链条各主要环节，实现与“一带一路”沿线主要国家“单一窗口”互联互通，使“单一窗口”成为中国全面参与塑造国际经济治理新格局的重要贸易基础设施。

第三节　电子口岸主要功能及应用成效

一、主要功能

电子口岸的主要功能体现在以下七个方面：一是数据交换功能。通过电子口岸，政府部门间、政府与企业间可实现数据交换和共享，提供安全、可靠、高效并支持多种通用标准的数据交换支持服务。二是事务处理功能。根据政府和企业需求，提供报关单申报、舱单申报、运输工具申报等预录入类应用项目和进口付汇、出口收汇、出口退税等联网应用类项目的实时在线事务处理。三是网上支付功能。电子口岸通过与第三方支付平台合作，可在全国范围内实现税费等在线支付。四是存证举报功能。提供有效的服务接口和平台设施，支持企业申报数据、政府部门执法数据及电子签名安全完整地存储和提取，保证业务处理的可追溯性。五是查询统计功能。根据授权开放电子口岸所保存历史数据的查询统计和数据共享功能。六是标准转换功能。针对不同单位各自拥有的信息系统标准不统一、信息共享难的问题，提供标准、代码转换支持服务。七是网络隔离功能。使企业、个人及政府部门与海关间联网实现“一点接入”和局域网与互联网的逻辑隔离。

二、应用成效

自1998年启动电子口岸建设以来，经过20多年持续建设和发展，电子口岸应用领域不断扩展，取得了明显应用成效。截至2018年底，国家层面，已实现与24个口岸管理部门、14家境外机构及23家商业银行的联网信息互换，累计入网企业达144.2万家，日均处理单证约410万笔，基本实现了口岸“大通关”核心环节数据共享和联网核查。地方层面，沿海地区电子口岸快速发展，内陆沿边地区稳步推进，各地相继开发应用了一批富有本地特色的大通关应用项目，面向企业的“一站式”综合服务内容不断丰富。

从整体成效看，国家和地方协同推进电子口岸建设，实现了信息共享和联网监管，既为进出口企业构建了“一站式”服务平台，进一步提升了进出口企业竞争力，改善了营商环境，又增强了口岸部门间业务协同和联合执法能力，在改善口岸通关软环境、降低企业通关成本、提高口岸通关效率、进一步推进贸易便利化等方面发挥了积极作用。

在万事万物诞生之初，其命运的发展轨迹或许就已经注定。就电子口岸建设而言，基于互联网开放平台环境和遵循世界海关组织（WCO）、世界贸易组织（WTO）倡导的全球国际贸易“单一窗口”建设规则，采用国际普遍适用的数据协调和技术标准，依托电子口岸平台建设“单一窗口”，是实现电子口岸与“单一窗口”协同建设、同步发展、相互促进的双赢之路。

第六章

国际贸易“单一窗口”和“智慧口岸”建设

当今世界，信息技术创新日新月异，数字化、网络化、智能化深入发展，在推动经济社会发展、促进国家治理体系和治理能力现代化、满足人民日益增长的美好生活需要方面发挥着越来越重要的作用。

党的十九大描绘了决胜全面建成小康社会、开启全面建设社会主义现代化国家新征程、实现中华民族伟大复兴的宏伟蓝图，对建设网络强国、数字中国、智慧社会作出战略部署。加快数字中国建设，就是要适应我国发展新的历史方位，全面贯彻新发展理念，以信息化培育新动能，用新动能推动新发展，以新发展创造新辉煌。①

——习近平

① 习近平致首届数字中国建设峰会的贺信[EB/OL]. 新华网，http://www.xinhuanet.com/politics/leaders/2018-04/22/c_1122722225.htm.

习近平总书记强调："当今世界，正在经历一场更大范围、更深层次的科技革命和产业变革。互联网、大数据、人工智能等现代信息技术不断取得突破，数字经济蓬勃发展，各国利益更加紧密相连。"① 思想文化变革、制度体制创新、科学技术革命都是影响和改变时代发展命运的关键因素。

信息技术革命是推动世界贸易发展的重要动力，当今社会信息技术智能化发展为国际贸易变革提供新可能。20 世纪下半叶特别是进入 21 世纪以来，随着经济全球化，物流国际化和科技化、信息化、智能化不断发展，国际贸易"单一窗口"作为口岸管理的先进理念、通行规则和促进贸易便利化、优化营商环境的重要工具，已经被全球 60 多个经济体相继借鉴实施，取得良好成效。

第一节　"单一窗口"建设背景

在经济全球化、区域一体化、贸易便利化、管理智能化的时代背景下，国际贸易"单一窗口"作为促进全球贸易便利、保障供应链安全的重要手段，已经成为世界贸易改革创新举措之一。

① 习近平向第五届世界互联网大会致贺信[EB/OL]. 新华网，http://www.xinhuanet.com/politics/leaders/2018-11/07/c_1123677227.htm.

一、国际背景

（一）联合国贸易便利与电子业务中心首倡

联合国贸易便利与电子业务中心（UN/CEFACT）是“单一窗口”建设的最早倡导者和持续推动者。该组织于2004年提出“单一窗口”理念，2005年以第33号建议书发布《建立单一窗口以加强贸易业与政府间信息的有效交换的建议与指南》，2009年以第34号建议书发布《国际贸易数据的简化与标准化》，2010年以第35号倡议书发布《构建国际贸易单一窗口的法律框架》，2017年以第36号建议书发布《单一窗口的互操作性》，这些先后发布的倡议书相继提出“单一窗口”建设的主要模式、具体步骤、法律框架、工作建议等核心内容，为全球“单一窗口”建设夯实了基础。

（二）其他国际组织积极倡导推行

自UN/CEFACT提出“单一窗口”建设理念并积极推动以来，其他国际组织在各自业务范围内纷纷倡导推行“单一窗口”建设。2005年，世界海关组织（WCO）理事会审议通过《全球贸易安全与便利标准框架》，对成员利用“单一窗口”实现贸易安全与便利提出了具体要求；2008年，WCO发布《单一窗口对海关的启示》和《单一窗口数据协调指南》，推出“单一窗口”数据模型（WCO Data Mode）。2010年，亚太经济合作组织（APEC）发布建议书《努力在亚太经合组织各经济体建立单一窗口并努力实现和国际互联互通》。2017年，世界贸易组织（WTO）《贸易便利化协定》正式生效，明确要求各成员通过建立“单一窗口”来简化通关手续和降低通关费用。在联合国和其他国际组织的积极倡导下，“单一窗口”建设在全球如火如荼地开展并取得积极成效。

（三）全球部分经济体的建设实践

世界银行《营商环境报告 2014》显示，在接受调研的 181 个经济体中，73 个经济体都引入了“单一窗口”；包括美国、日本、欧洲主要国家等在内的主要发达经济体和东盟十国等新兴经济体，都积极推动本国（地区）“单一窗口”建设。较为典型的经济体包括：日本海关自 1978 年开始应用电子通关系统 NACCS（Nippon Automated Cargo and Port Consolidated System，自动货运清关系统），其后经 30 年发展建成了以 NACCS 为核心的“单一窗口”。德国为解决汉堡港信息流通慢、成本高等问题，于 1982 年选取汉堡港开展“单一窗口”试点。瑞典于 1989 年探索建立国家“单一窗口”。美国于 1994 年建设“国际贸易信息系统”（International Trade Data System，ITDS），致力于将多个信息化系统整合为一个单一系统，实现“单一窗口”及国际贸易大数据管理。新加坡在东盟国家中率先于 1989 年建设“贸易网”（TradeNet）并取得示范成效。东盟于 2003 年通过实施“单一窗口”计划建议书，2005 年东盟经济贸易部长会议签署《建立和实施东盟单一窗口的协定》，文莱、印度尼西亚、马来西亚、菲律宾、泰国等国“单一窗口”于 2008 年投入使用，越南、老挝、缅甸、柬埔寨等国于 2012 年完成各自的“单一窗口”建设。此外，其他国家（地区）也在积极推进“单一窗口”建设。

二、国内背景

党的十八大报告强调：“全面提高开放型经济水平。适应经济全球化新形势，必须实行更加积极主动的开放战略，完善互利共赢、多元平衡、安全高效的开放型经济体系。”党的十八届三中全会提出：“构建开放型经济新体制。推动内陆同沿海沿边通关协作，实现口岸管理相关部门信息互换、监管互认、执法互助。”

国际贸易“单一窗口”是现代口岸治理体系的基础设施平台之一，

推进“单一窗口”建设有助于进一步优化通关流程、提升通关效率、降低通关成本、提高服务质量、促进贸易便利、增强企业竞争力，有助于建立跨部门跨区域“大通关”协作机制、促进我国口岸治理能力现代化，为外贸健康稳定持续发展提供有力保障；是当前和今后一段时期落实“三互”推进“大通关”建设改革，深化“简政放权、放管结合、优化服务”改革，构建开放型经济新体制，推动全面提高开放型经济水平的重要举措。顺应时代发展需求，“单一窗口”应运而生，2014 年 2 月率先在上海自贸试验区启动试点工作并取得了显著成效，随后逐步在全国范围内进行复制推广。

第二节　“单一窗口”的概念内涵及基本要素

一、“单一窗口”的概念内涵

联合国贸易便利与电子业务中心（UN/CEFACT）第 33 号建议书将“单一窗口”界定为：“单一窗口”是一项旨在使从事贸易和运输的相关各方，通过单一接入点提交标准化的信息资料和单证，以完成所有进境、出境和过境执法要求的便利。如果提交的信息为电子数据，则同一数据只需提交一次。这一“单一窗口”定义被各国普遍采用。“单一窗口”的核心价值在于信息交换和共享，其中包括进出口生产、贸易、运输、银行等物流和金融服务类信息，包括为进出口贸易服务的报关、货代、信息化服务企业以及外贸综合服务等代理信息，还包括海关、外汇管理等政府各个监管部门的监管信息等，涉及国际贸易全链条。通俗地说，“单一窗口”是政府主导下为国际贸易各方提供“一站式”在线办理服务的窗口。

建设“单一窗口”，主要宗旨在于通过监管和服务集成，对国际贸易相关流程、手续、信息流进行简化、协调和集约化、自动化处理，有效破解重复申报、多头申报等问题，达到一国（地区）内部和跨境贸易数据共享，更好地促进全球贸易增长，提高国际贸易效率和效益。对进出口企业而言，不论多少个部门、多少个办理环节，都在“一个窗口”办理。对政府部门而言，通过“单一窗口”实行信息共享和执法互助，通过聚合效应给企业和政府监管部门带来“双赢”。UN/CEFACT总结归纳了“单一窗口”所具备的降低成本、减轻负担、数据准确、效率提升、程序便利等优势，评价“单一窗口”能够有效提升整体竞争力。

二、“单一窗口”的基本要素

“单一窗口”的核心要义在于其时空和行为上的“单一性”，即一个平台而非多点，一个受理部门而非多头，一次操作而非重复申报。“单一窗口”通常具备三个基本要素：一是一次性申报。即进出口企业只需一次性向口岸管理部门全部提交申报的相关信息和单证，同一信息资料不需重复提交。二是通过一个平台申报。企业和口岸管理部门均在同一个平台完成通关申报和执法审核反馈，由平台对企业提交的信息数据进行一次性处理。三是使用标准统一的数据元。企业提交的信息应采用统一标准规范的数据，口岸管理部门处理和反馈结果也应是标准化数据。“单一窗口”通常由一个机构来协调和集中管理各参与方交换的资料数据，实现相关执法要求和管理目的，同一项执法活动由一个政府职能部门执行。

第三节　“单一窗口”的建设与运营模式及成熟经验

一、主要建设模式

UN/CEFACT 第 33 号建议书指南介绍了“单一窗口”构建最常见的 3 种类型，即单一机构模式、单一计算机系统模式、单一平台模式。

建设“单一窗口”的具体模式，取决于本国口岸管理体制机制的具体情况和政府决策选择，会因各国国情国力不同而有所不同。

（一）单一机构模式

即由一个实体机构协调所有相关部门以确保物流链不中断，通过单一的机构来接收纸质及电子信息，协调并执行所有与进出境相关的监管和进出口业务，系统在接收企业进出口贸易申报数据信息后直接进行业务处理。该模式下数据和信息全部由单一机构收集传送，涉及不同的数据库和电子系统。单一机构模式以瑞典为代表。

（二）单一计算机系统模式

即由一个计算机系统处理信息或协调一组处理需要收发的数据的系统。通过单一计算机系统来一体化处理信息或者协调处理需要收发的数据，包括采集、整合、使用、分发与进出境相关的国际贸易电子数据，数据发往政府各有关部门进行业务处理。此模式下，所有数据由单一的系统处理，而非由某一机构全程统一负责，各部门通过该系统对信息做一体化处理。该系统还可细分为“一体化系统”和“单一接口型系统”。“一体化系统”即单一计算机系统作为各部门相关用户的处理中枢，通过集成系统处理数据并传输至有关机构；“单一接口型系统”即单一计算机系统开发和利用各部门系统的接口来处理具体业务。当然，还存在兼具一体化系统和单一接口型系统特点的混合型单一计算机系统。单一系统模式以美国为代表。

（三）单一平台模式

单一平台模式又被称为“公共平台”模式。贸易商可以通过一个公共平台向不同监管机构一次性申报，作为业务处理中枢，该公共平台系统与各部门是一体化的，上述机构通过平台将处理结果传输给贸易商；公共平台集成整合了政府监管部门的不同应用项目，实现不同监管部门在信息流、业务流上的共享协作，为企业提供“一站式”服务体验。“单一平台”模式以新加坡为代表。

二、主要运营模式

国际上“单一窗口”运营模式，大致分为国家投资运营（由政府部门或国有企业投资运营）、民营企业投资运营、政府与企业联合投资运营三类。表6-1为部分国家和地区的“单一窗口”建设情况。

（一）国家投资运营模式

“单一窗口”运营主体为中央政府口岸管理机构（美国为海关和边境保护局、瑞典为海关、芬兰为海事局），用户免费使用，运营费用从政府财政预算经费中支出。该模式以美国、瑞典、芬兰等国家为代表。

（二）民营企业投资运营模式

“单一窗口”投资运营主体为民营企业，用户使用“单一窗口”提供的附加服务、增值服务，需要相应缴纳电子数据交换费、单证费、附加及增值服务费。该模式以德国、中国香港等为代表。

（三）政府与企业联合投资运营模式

政府有关部门和企业共同投资建设和分工运营“单一窗口”，用户使用时需要缴纳一定费用。该模式以新加坡、日本为代表。

表6-1　部分国家和地区的“单一窗口”建设情况

国家（地区）	德国	瑞典	新加坡	芬兰	马来西亚	美国	中国香港	日本	中国内地
建立时间	1982年	1989年	1989年	1994年	1994年	1996年	1997年	2003年	2014年
建设模式	单一平台	单一机构	单一平台	单一系统	单一平台	单一系统	公共平台	单一平台	单一平台
运营模式	民营	国营	合营	国营	国营	国营	民营	合营	国有

三、主要成熟做法

（一）“单一窗口”建设应统筹考虑各方诉求

因各国（地区）具体国情不同，各自在推进“单一窗口”建设中面临诸多挑战，特别是有的政府部门行政理念和思维固化，相关管理部门的技术体系和标准差异客观存在，统筹建设“单一窗口”既涉及国内口岸管理体制机制，又涉及具体建设路径和科技力量，既涉及中央政府多个管理部门，又涉及地方政府和诸多外贸企业，管理主体和市场主体纵横交错，涉及利益群体多、攸关方较多。

在“单一窗口”建设上，需要统筹考虑，谋求各方的“最大公约数”，需要得到中央政府的大力支持、政府各相关管理部门的协同参与，共同加强顶层设计和制度安排，强化跨部门、跨地区的“单一窗口”协调协作机制，统筹推动解决技术架构、业务流程、数据简化协调、系统衔接、业务处理、法律法务、经费保障等问题，才能达到“单一窗口”建设预期目标。

（二）“单一窗口”建设的成熟经验

概括而言，主要体现在以下六方面。

1. 中央政府重视“单一窗口”建设

“单一窗口”建设并非一个单纯的建设自动化信息处理系统问题，而是涉及政府口岸管理机构之间如何协作，现有利益格局在各方都能接受的前提下如何进行优化调整的问题。政府是“单一窗口”建设的主导者，政府职能作用发挥是“单一窗口”建设的关键所在。

2. 中央政府明确一个主责部门牵头协调推进

国家层面的牵头部门负责研究和协调推动解决“单一窗口”建设中出现的重大问题，加强与相关参建部门沟通协调，发挥好主导作用。

主责部门作用发挥得好不好、到不到位，对“单一窗口”建设成功与否很关键。此外，部门间协同也是“单一窗口”建设的重点。

3. 政府与商界有良好的合作关系

“单一窗口”建设的宗旨是为了更好地促进贸易便利化，形成以提升贸易效率与商界利益为目标，以服务企业为中心，政府相关管理部门、金融机构、港口港务、物流运输等机构共同参与的多元合作体系，它为政府相关部门间合作、政府与商界间合作搭建了良好平台，实现跨部门跨行业跨地区的数据共享、联网核查和互联互通，提高政务综合服务水平。

4. 强有力的现代科技支撑和安全稳定的网络运营环境

“单一窗口”所依托的基础网络和公共应用平台，应当具备扩展性强、服务性好、覆盖面广、接入方式多等特点，能为用户提供完善的业务需求项目、可靠的安全防护、高效的运维体系和稳定的一体化服务，能够统一协调“单一窗口”各参与部门的数据标准，各类申报单证应当实现电子化和数据标准化，确保“单一窗口”系统和程序兼容。

5. 秉承求同存异理念来寻求各方利益的“最大公约数”

各国（地区）“单一窗口”建设，均应立足本国（地区）实际国情来组织实施，既不能照搬照抄、生搬硬套，又应统筹兼顾、因地制宜，充分考虑“单一窗口”各参建部门的利益协调、法律支撑和科技水平等因素，通过分阶段、分步骤实施，增强部门互信，加强协作配合，最大限度实现协同推进。

6. 推动实现单证无纸化电子化、数据标准化，提升系统互操作性

进出口环节监管证件及其随附单证以及进出口相关的港航物流类等单证的无纸化电子化是实现“单一窗口”的重要环节，需要在参考国际通行标准和通行规则基础上，采用国际标准实现数据的兼容协调性。

同时，单一窗口还应将物理和逻辑层面的众多信息技术系统进行互联，提升系统之间的互操作性。

第四节 我国“单一窗口”建设进程、主要成效及部分案例

一、建设进程

建设国际贸易“单一窗口”是世界各国促进贸易便利化、提高国家竞争力的通行做法之一。我国“单一窗口”是口岸管理相关部门申报信息、物流监控信息、查验放行信息等数据的共享平台。在国务院口岸工作部际联席会议统筹下，“单一窗口”建设由海关总署牵头，国家相关部门、国际贸易相关单位组成“单一窗口”建设工作组，负责“单一窗口”建设的统筹规划，统一业务规范和技术架构，制定“单一窗口”建设规范和标准体系，统一“单一窗口”共性的基本功能，制定“单一窗口”标准版并推广应用。地方层面由各省（区、市）政府牵头，负责落地实施和推广应用“单一窗口”标准版，并遵循有关标准规范，整合地方资源，完善平台设施，积极拓展地方特色服务功能。

2014 年初，“单一窗口”试点率先在上海自贸试验区启动。当年 6 月，上海洋山保税港区“单一窗口”试点运行，将传统“串联式”口岸通关流程变为同步化“并联式”流程，极大简化企业多头申报流程，提升了通关效率，取得了可复制可推广的经验。随后，“单一窗口”试点复制推广到其他沿海地区和有条件的中西部地区。2016 年，在总结前期试点经验的基础上，国家层面加强“单一窗口”建设顶层设计，完善相关工作机制，统一有关标准规范，组织制定“单一窗口”标准版并在全国推广应用，2017 年底前“单一窗口”标准版已实现全国所有口岸全覆盖。

二、主要成效

通过“单一窗口”将通关流程由“串联”办理改为“并联”办理，实现了一点接入、一次提交、一次查验、一键跟踪、一站办理的特色功能。“一点接入”，即数据多跑路、企业少跑腿，面对“单一窗口”平台，一次性录入或导入申报数据，一次性申领进出口许可证件，企业一次提交备案数据，并行办理备案、注册登记、报检等业务。“一次提交”，即实现数据一次录入提交，多次共享使用，有效提高企业申报效率和准确率。“一次查验”，即一次移箱，一次开箱，联合查验。“一键跟踪”，即查询统计功能实现进出口贸易全流程通关状态查询，企业通过手机一键订阅，全程跟踪，有序调度。“一站办理”，即企业可以一站式线上办理申报、查验、支付、放行业务，并延伸到许可资质、出口退税办理等贸易管理环节。①

我国“单一窗口”实行免费申报制度，企业通过“单一窗口”一站式线上办理申报、查验、支付、放行业务并延伸到许可资质、出口退税办理等贸易管理环节。“单一窗口”广泛应用，实现了口岸部门间申报数据的信息共享，让数据多跑路、企业少跑腿，企业的申报数据项减少 30%，通关时间压缩了 40%，节省了大量人力资源，有效提升了贸易便利化水平。截至 2018 年底，“单一窗口”标准版建设完成货物申报、舱单申报、运输工具申报、许可证件申领、原产地证书申领、企业资质办理、查询统计、出口退税、税费支付、加贸保税、跨境电子商务、物品通关等 12 大类基本功能，其中货物申报、舱单和运输工具等主要申报业务应用率达到 80% 以上，实现了与相关部门系统“总对总”对接，提供对外服务事项 400 多项，累计注册用户达 220 多万家。“单

① 以“单一窗口”建设提高贸易便利化水平——访海关总署党组成员、国家口岸管理办公室主任张广志[N]. 经济日报,2017 - 12 - 29.

一窗口”已覆盖全国所有口岸和特殊监管区、自贸试验区、跨境电商综试区。[①] 同时，“单一窗口”作为推进国际通关便利化的重要措施之一，在推动我国《贸易便利化协定》实施等方面发挥着重要作用。

三、部分案例

（一）上海“单一窗口”融合应用区块链技术，兼具“监管 + 服务”十大功能[②]

2019 年以来，上海“单一窗口”推出多项融合区块链[③]技术的跨境人民币融资、医药供应链追溯、辅助海关智慧监管、融合第三方贸易服务等应用成果，目前上海“单一窗口”兼具“监管 + 服务”十大功能板块，53 项地方应用，对接 22 个部门，覆盖监管全流程及国际贸易主要环节。融资方面，“单一窗口”新增跨境人民币贸易融资服务，依托“单一窗口”平台大数据优势，采用区块链技术，解决贸易融资过程中信息不对称的核心问题，降低金融机构融资风险，压缩进出口企业融资成本。医药供应链方面，上海国际医药供应链信息服务平台揭牌成立，平台采用区块链技术，实现分布式账本、数据防篡改和信息可追溯，为进口医疗器械和药品等行业上下游企业提供从源头到消费的“端到端”“可视化”供应链信息服务。

上海“单一窗口”基于区块链技术的保税展示展销智慧监管和服务得到拓展。通过推动技术创新，打造基于区块链的“6 + 365”保税展示展销智慧监管和服务系统，通过利用区块链分布记账、共享账本、不可篡改、多方验证等优势技术特点，不仅为企业减少了数据重复提交

① 国际贸易“单一窗口”注册用户逾 220 万家[N]. 人民日报，2019 - 04 - 19(7).

② 上海国际贸易单一窗口兼具“监管 + 服务”十大功能　上海电子口岸区块链联盟成立[N]. 人民日报(海外版)，2019 - 11 - 14(4).

③ 区块链泛指通过去中心化和分布式共享账本技术，不仅能够提升上海口岸查验部门的监管水平，更能提高国际贸易各相关方信息共享和业务协同水平。

次数，提高了运作效率，还通过上下游交叉验证提高数据准确性和业务真实性，实现海关保税展示“无感”监管，同时引导税务、银行、保险、物流等关联机构上链，为参与“6 + 365”保税展示展销的进口贸易商提供更加可靠、便捷的金融、物流等全程一站式服务。

（二）深圳上线“单一窗口”线上投保“关税保证保险”模块①

“关税保证保险”是海关总署开发的、以保险产品作为海关税款担保的创新举措，是国内首例以政府机关作为被保险人的保险产品，能够有效分散税收风险，填补了信用险相关领域的空白。进出口企业凭具备资质的保险公司出具的关税履约担保保单，向海关申请办理税款担保通关手续；在货物通关时，企业凭借一张保单，即可享受“先凭保放行、后汇总缴税”，享受创新担保带来的通关便利，从而大幅提高货物通关时效，实现“省钱、省时、省力”。关税保证保险以企业需求为导向，顺应现代金融与担保机制改革趋势，将金融创新产品与海关税款担保有机融合，既保障了海关税款安全，又减轻了企业负担，实现海关、企业、保险公司的三方共赢。

2019 年深圳“单一窗口”线上投保“关税保证保险”模块，将“关税保证保险”业务与“互联网 +”相结合。企业通过单一窗口上传投保资料，经保险公司审核通过后，企业完成线上保费支付即可生成关税保证保险单，无须到保险公司完成投保流程。系统会自动实现保单数据电子传输、海关线上备案等，企业足不出户即可完成关税保证保险的全流程无纸化办理。关税保证保险上线后，企业门槛大幅降低，只要不是海关信用评级中的失信企业即可投保，收费低于银行保函，不会占用企业在银行的授信，也不需要保证金质押，企业现金流不受影响，进一步释放了企业流动资金，有效降低了企业通关成本。系统上线后，进出

① 深圳上线单一窗口线上投保“关税保证保险”模块，助力企业享受多项通关便利 凭一张保单可先放行后缴税[N]. 南方日报，2019 - 08 - 30(03).

口企业办理通关业务更方便、快捷。创新担保的通关便利政策惠及越来越多进出口企业，进一步激发各类企业尤其是中小微企业扩大进出口业务的动力活力。

（三）重庆“单一窗口”申报量位居中西部第一①

2017 年 10 月，在试运行 5 个月后，重庆“单一窗口”上线运行。从当年建设启动到需求调研、业务协调，再到建设实施、调试运行，直至上线，仅用 8 个月时间。其间，整合全市涉及国际贸易的 22 家单位 54 个系统，汇集共享 11 类 2519 万条信息；通过整合申报改革，将报关单、报检单合二为一，229 项申报项精简为 105 项，74 项随附单据合并整合为 10 项，102 项监管证件简化为 64 项；过去申报项目报关，正常情况下需 45 ~ 50 分钟，如今通过“单一窗口”只需 10 秒钟。重庆“单一窗口”试运行期间，2017 年 8 月，全国“单一窗口”第一票原产地证书由其申报成功。2018 年 3 月，重庆“单一窗口”在全国第一个实现在线收付汇业务，全国“单一窗口”第一票空运运输工具由重庆“单一窗口”申报成功。

重庆“单一窗口”从零起步、思路领先、理念超前，紧扣企业“难点”“痛点”，开拓创新出一批地方特色功能便利企业，探索建立国际物流和口岸通关全程动态系统，实现物流信息全程“进度可见、时间可测、成本可控”，为企业“精益生产”提供精准服务，积极打造“最优窗口”和国际贸易良好生态环境，实现虚拟服务与实体经济良性互动，连续摘取多项“全国第一”，申报量位居全国前列、中西部第一，不仅成为重庆国际贸易业务申报的主渠道，还成为汇聚贸易流量、培育产业优势、拓展对外服务的重要平台，已成为重庆内陆开放高地建设的重要标志，在全国独树一帜。

---

① 重庆国际贸易“单一窗口”申报量位居中西部第一 十秒报关奇迹是怎样炼成的[N]. 重庆日报,2019 - 02 - 13(003).

（四）便利进出口企业通关“单一窗口”商品条码申报在海南口岸落地①

商品条码在国际上一般称为“全球贸易项目代码”，简称 GTIN 码，是国际物品编码协会（GS1）标准中应用最广泛的一种编码标识。商品条码由一组规则排列的条、空及其对应代码组成，其中的商品代码是商品流通过程中的全球唯一身份标识，是商品在市场流通的“身份证”和“通行证”。

2019 年 8 月，海南省免税品公司完成海南口岸首份商品条码辅助填报报关单填报，标志着“单一窗口”商品条码申报功能在海南口岸落地实施，为优化营商环境、便捷企业通关、规范进出口申报新增一大利器。全国“单一窗口”商品条码申报功能是海关税收征管改革中的一项大数据技术应用，企业通过商品条码申报，可实现报关单商品部分申报信息的自动储存、智能辅助填制。这项功能减轻了报关人员填报工作量，提高了申报准确度，为企业信息化、智能化、规范化申报提供了快速便捷的新工具。

四、前景展望

“单一窗口”建设没有最好只有更好，“单一窗口”建设永远在路上。目前，“单一窗口”建设已经取得了阶段性成效。展望未来，我国“单一窗口”建设将进一步对标国际先进，全面深化建设，深入挖掘潜力，进一步完善功能应用，持续推进部门间数据共享，使“单一窗口”朝着更加便利化、智能化、国际化方向发展。同时，“单一窗口”领域对外合作交流将进一步拓展深化，国内讲好“普通话”，国际会说“世界语”，秉承更加开放和国际化运营理念，积极推动将其打造成为与国

① 便利进出口企业通关“单一窗口”商品条码申报在海南口岸落地[N]. 海南日报,2019－08－05(1).

际接轨、跻身世界一流、与我国贸易强国地位相称的国际通关合作的重要基础平台，为高水平开放、高质量发展提供开放支撑。

第五节　以“智慧港口”“智慧海关”为先导的“智慧口岸”建设

2019年1月，习近平总书记视察天津港时强调：“经济要发展，国家要强大，交通特别是海运首先要强起来。”“要志在千里，努力打造世界一流的智慧港口、绿色港口，更好服务京津冀协同发展和共建‘一带一路’。”习近平总书记的重要讲话为智慧港口、智慧口岸建设指明了前进方向。当今世界，移动互联网、大数据、云计算、物联网、智能控制等新的科学技术发展为“智慧口岸”建设夯实了基础，数字化技术成为口岸管理变革的新动力。过去，传统港口等口岸借助地理区位、运营管理水平等比较优势形成主要竞争力，港口间激烈的同质化竞争使各个港口普遍重视差异化定位，形成相互促进的区域港口集群。数字化潮流和开放式创新环境为港口等口岸发展注入新活力。作为“智慧口岸”的组成部分，“智慧港口”集互联网、物联网和码头自动化技术为一体，是具有多边界属性和系统化的大港口生态圈，是港口等口岸管理智能化的重要路径。

一、“智慧港口”建设的内涵及意义

“智慧港口”是以现代基础设施设备为基础，以云计算、大数据、物联网、互联网、智能控制等新一代信息技术与港口运输业务深度融合为核心，以港口运输组织服务创新为动力，以完善的体制机制、法律法规、标准规范、发展政策为保障，在更高层面上实现港口资源优化配置，满足多层次、敏捷化、高品质港口运输服务需求，具有生产智能、管理智慧、服务柔性、保障有力等特征的现代化港口发展模式。

“智慧港口”之所以能够实现智能化，关键在于坚持需求导向，依托物联网、“互联网＋”、大数据等技术手段，推进信息技术与港口业务发展的全面融合，创新港口物流业务模式，促进港口信息开放共享，进而推动港口转型升级，实现港口基础设施与口岸检查检验设施装备现代化、新一代信息技术与港口业务深度融合化、港口生产运营智能自动化、港口运营组织协同一体化、港口运输服务敏捷柔性化、港口管理决策客观智慧化。

“智慧港口”发展目标主要包括：建立便捷、安全、低成本的集疏运体系；形成紧密协作的海运物流生态圈，提升增值服务比例，推动贸易便利化；建设成为安全可靠、绿色生态、可持续发展的港口。“智慧港口”通过信息化技术和商业模式创新，提升海运物流链效率，降低贸易成本，实现智能化的集疏运体系，并促进贸易生态圈中物流、信息流、资金流的高效运转。实现“智慧港口”发展目标，必须关注“智慧港口”六个方面能力建设，即共享经济的生态圈战略、便捷可靠的客户体验、智能化的运营、高效的组织和供应链协作、开放式的业务创新、互联互通的信息和技术。

建设智慧港口能为社会带来巨大价值。根据埃森哲和上海港务集团的共同研究与估算，以长三角区域为例，通过海运进行的国际贸易涉及金额约 8.1 万亿元，我国社会物流成本占 GDP 的比例约 18%；其中，运输费用占比超过一半，仓储堆存等费用占约 1/3，管理费用占约 1/8，“智慧港口”建设约能降低物流成本 3.6%，每年“智慧港口”预计能为腹地海运物流创造价值 338 亿元。

2017 年 1 月，交通运输部发布《关于开展智慧港口示范工程的通知》，提出发挥信息化引领和支撑作用，加快港口信息化、智能化进程，促进港口提质增效升级。全国有 13 个项目入选智慧港口示范工程。近年来，以上海、天津、广州、深圳、青岛、厦门、宁波、大连等沿海主要港口为代表，“智慧港口”建设已经在沿海地区港口扎实推进，通过推动新一代信息技术与传统港航业务深度融合，促进港口相关领域流程再造、管理创新和业务协同，实现业务单证电子化、生产作业自动化、内部监控可视化、行业监管痕迹化、用户服务移动化、全程业务协同化等系列目标，“智慧港口”建设成效显著，取得了很好的经济效应和社会效应。

二、“智慧港口”建设的主要内容

（一）探索建设全自动码头

推动提升码头和设备操作的自动化智能化水平，是智慧港口最直接最重要的管理手段。一方面，使码头与堆场间的运输、堆场内的作业、道口的进出等全过程实现自动化智能化运作，保证码头高效运营的前提下，避免对其他物流环节造成瓶颈。重点关注两方面能力提升：一是运营自动化智能化，以提高资产设备利用率，降低人工强度，保证安全生产和服务水平稳定性；二是信息集中化可视化，实时追踪车辆、船舶、设备、人员工作等情况，分析瓶颈和安全防护，优化资源分配。另一方面，通过港口设备远程自动化控制系统，实现司机在远程操控岸桥、场桥等设备的自动化作业，在码头操作系统的统一计划、统一调度等业务指令下，不同码头作业单元协同有序开展工作，不断提高码头作业效率。在协调支持码头机械设备自动化过程中，码头需集成各类信息系统、整合设备资源，同时通过数据标准化和优化流程，使分散的码头资源形成一个整体，实现自动化的优化决策。

（二）建设港口大数据中心和智慧物流平台

一方面，加强科技应用，以数据集中和共享为途径，推动业务融合、数据融合和技术融合，实现跨部门、跨业务、跨层级的协同管理和服务。同时，实现与有关行政管理部门信息对接，推进跨部门间信息开放共享。另一方面，建设集装箱等智慧物流平台，整合港口物流参与方信息资源，打通港口物流各环节信息壁垒，为集装箱等物流作业提供各环节业务数据，协调解决各方物流信息汇集与实时共享问题，实现集装箱设备交接单（EIR）无纸化，实现资源整合、流程优化、数据共享、业务协同、效率提升、成本降低的目标，打造智能化、无纸化、一站式、全流程的港口物流服务链。

（三）优化港口集疏运、多式联运和港口物流链业务协同

一方面，积极建设港口集疏运业务协同平台和多式联运服务平台，进一步优化业务流程，推进港区集疏运业务协同平台实现全港覆盖和设备交接单电子化，开展港口物流链信息共享协同，与船代、堆场、拖车业务数据互通共享，实现港口腹地物流网络的信息共享与交互，为多式联运各节点参与方提供集装箱、货物、运输工具的全程信息化服务。另一方面，着力优化港口集疏运体系和业务协同，创新港口物流运营模式，提升码头整体作业调度水平，提高码头和集卡车队作业效率，合理安排集卡进港作业，减少集卡在港等待时间，有效提高集卡车队运输效率和港口码头作业效率，提升全程物流服务水平。

（四）建设“一站式”网上服务大厅

为船公司、船代、货主、货代、运输企业、码头、场站等物流相关客户提供业务受理、综合查询、结算服务、数据服务、物流服务、金融保险服务等网上在线服务，优化业务办理流程，提供高效便捷的应用服务，实现“一个窗口、一个标准、一次受理、一次办结”，提升客户服务质量，降低企业经营成本，推动港口服务模式转变，营造良好的口岸营商环境。

三、“智慧海关”建设

近年来，海关总署积极推动“智慧海关”建设。全国海关全面落实科技兴关，坚持面向实现先进的、在国际上最具竞争力的海关监管体

制机制目标，面向维护国门安全职责，面向强化监管和优化服务要求，紧紧围绕智慧作业、智慧决策、智慧服务、智慧管理等方面，着力加强顶层设计，着力优化科技资源布局，着力完善技术基础设施，着力开展关键技术攻关，大力推进新的科技应用，加快推动智慧海关建设，预计 2021 年智慧海关将基本建成，科技兴关取得显著成效；到 2025 年将全面实现智慧海关，海关科技整体水平跻身世界海关前列，在关键领域领跑全球海关科技发展。

第七章

持续优化口岸营商环境

中国古人说："诚信者，天下之结也。"就是说诚信是结交天下的根本。中国将坚持对外开放的基本国策，发挥超大规模市场优势和内需潜力，着力推动规则、规制、管理、标准等制度型开放，不断加大知识产权保护力度，持续打造市场化、法治化、国际化营商环境，为中外企业提供公平公正的市场秩序。我相信，中国发展将为各国带来更多新机遇，为世界经济注入更多新动能。[①]

——习近平

① 习近平出席二十国集团领导人第十六次峰会第一阶段会议并发展重要讲话[EB/OL]. 新华社,http://www.gov.cn/xinwen/2021-10/301/content_564789.htm.

众所周知，营商环境是滋养企业发展、促进创新创业的丰厚土壤，是影响企业活动的政务、市场、法律、社会、服务、人文环境等诸多要素的总和。“水深则鱼悦，城强则贾兴。”良好的营商环境是一个国家（地区、城市）经济软实力和综合竞争力的重要体现，是招商引资、扩大开放、利企惠民、盘活经济的重要条件。各国长期以来的发展实践证明，经济社会发展的动力源于市场主体活力和创造力；作为一个国家（地区、城市）的顶层设计和制度安排，营商环境的优劣直接影响市场主体的兴衰、生产要素的聚散、发展动力的强弱，直接影响着市场活力能否得到有效激发、吸引内资外资多寡和区域经济发展质量与速度，已成为体现一个国家（地区、城市）区域经济发展水平的重要“软实力”。

在经济全球化的当今社会，营商环境越发成为一个国家（地区、城市）经济竞争力的核心要素，成为吸引企业家投资兴业的强大磁场，成为全球各经济体主动适应经贸发展趋势、顺应市场发展需求、推动经济高质量发展而普遍重视、相互竞争、追赶超越的重要手段。

第一节　党中央、国务院重视优化营商环境

当前，我国已经进入新时代，经济由高速增长转向高质量发展阶段。持续优化营商环境就是解放生产力和提高竞争力，是以改革开放为动力推动高质量发展的重要举措，是面向全球打造竞争新优势、提升国际竞争力的内在要求，是充分激发市场活力、顶住国内经济下行压力的

关键行动。党的十八大以来，以习近平同志为核心的党中央高度重视优化营商环境，并做出决策部署。2013年11月，党的十八届三中全会通过的《中共中央关于全面深化改革若干重大问题的决定》提出："建设法制化营商环境。"2015年10月，党的十八届五中全会公报提出："形成对外开放新体制，完善法治化、国际化、便利化的营商环境。"2020年10月，党的十九届五中全会提出："持续优化市场化法治化国际化营商环境。"近年来，我国优化营商环境取得显著成效，受到国内外一致赞誉。

一、习近平总书记重视优化营商环境

习近平总书记强调，"营商环境只有更好，没有最好"，要"营造国际一流营商环境"，"中国开放的大门只会越开越大，营商环境只会越来越好"，"要对标国际一流标准改善营商环境"。2016年9月，习近平主席在二十国集团工商峰会开幕式上的主旨演讲中强调："我们将加大放宽外商投资准入，提高便利化程度，促进公平开放竞争，全力营造优良营商环境。"2017年7月，习近平总书记在中央财经领导小组第十六次会议上强调："要改善投资和市场环境，加快对外开放步伐，降低市场运行成本，营造稳定公平透明、可预期的营商环境，加快建设开放型经济新体制，推动我国经济持续健康发展。"2018年11月，习近平主席在首届中国国际进口博览会开幕式上的主旨演讲中强调："营造国际一流营商环境。营商环境只有更好，没有最好。各国都应该努力改进自己的营商环境，解决自身存在的问题，不能总是粉饰自己、指责他人，不能像手电筒那样只照他人、不照自己。"2019年11月，习近平主席在第二届中国国际进口博览会开幕式上的主旨演讲中强调："中国将不断完善市场化、法治化、国际化的营商环境。"

2020年3月，习近平主席在二十国集团领导人应对新冠肺炎特别峰会上的讲话中强调："持续优化营商环境，积极扩大进口，扩大对外投资，为世界经济稳定作出贡献。”2020 年 7 月，习近平总书记在企业家座谈会上指出：“新冠肺炎疫情对我国经济和世界经济产生巨大冲击，我国很多市场主体面临前所未有的压力。市场主体是经济的力量载体，保市场主体就是保社会生产力。”他强调：“要加大政策支持力度，激发市场主体活力，使广大市场主体不仅能够正常生存，而且能够实现更大发展，落实好纾困惠企政策，打造市场化、法治化、国际化营商环境。”2020 年 8 月，习近平总书记在合肥主持召开扎实推进长三角一体化发展座谈会并发表重要讲话，他强调：“加快打造改革开放新高地。近来，经济全球化遭遇倒流逆风，越是这样越是要高举构建人类命运共同体旗帜，坚定不移维护和引领经济全球化。长三角区域一直是改革开放前沿。要对标国际一流标准改善营商环境，以开放、服务、创新、高效的发展环境吸引海内外人才和企业安家落户，推动贸易和投资便利化，努力成为联通国际市场和国内市场的重要桥梁。”习近平总书记关于优化营商环境的一系列重要讲话精神，为当前和今后持续优化营商环境指明了前进方向，提供了根本遵循，具有重大的现实意义和深远的历史意义。

二、国务院对优化营商环境做出决策部署

近年来，国务院将优化营商环境作为深化“放管服”（即“简政放权、放管结合、优化服务”）改革、转变政府职能、实现“六稳”“六保”的重要举措之一。2017 年 6 月，国务院总理李克强在全国深化“放管服”改革电视电话会议上指出：“营商环境就是生产力。”2018 年 3 月，李克强总理在《政府工作报告》中总结过去五年工作时指出：“营商环境持续改善，市场活力明显增强，群众办事更加便利。”他强调：“优化营商环境就是解放生产力、提高竞争力，要破障碍、去烦苛、筑坦途，为市场主体添活力，为人民群众增便利。”2018 年 6 月，李克强总理在全国深化“放管服”改革、转变政府职能电视电话会议

上的讲话中指出："'放管服'改革致力于营造法治化、国际化、便利化的营商环境。""'放管服'改革的成效如何，要看各地营商环境是否有所优化、群众办事是否更加便利、发展环境是否改善，最终要由企业和群众说了算，企业和群众是否满意才是标准，真正让人民群众成为改革的监督者、推动者、受益者。"2018 年 9 月，李克强总理在浙江台州主持召开座谈会，听取企业家关于实体经济发展的意见建议。他指出："我们 40 年的改革开放，就是一个市场化改革不断深化的过程。党的十八届三中全会明确提出，让市场在配置资源中发挥决定性作用和更好发挥政府作用。今后要进一步深化改革、扩大开放，加快打造市场化、法治化、国际化营商环境。"

2019 年 3 月，李克强总理在《政府工作报告》中指出："简政放权、放管结合、优化服务改革力度加大，营商环境国际排名大幅上升。"他要求："要大力推进改革开放，加快建立统一开放、竞争有序的现代市场体系，放宽市场准入，加强公正监管，打造法治化、国际化、便利化的营商环境，让各类市场主体更加活跃。"2019 年 6 月，李克强总理在全国深化"放管服"改革、优化营商环境电视电话会议上的讲话中指出："'放管服'改革来优化营商环境，从根本上说就是解放和发展生产力。""深化'放管服'改革和优化营商环境是改革开放的一个关键举措，是正确处理政府和市场关系的重大改革之举，也是当前实现'六稳'、办好我们自己的事的重要举措，要坚持不懈深入推进。"2019 年 10 月，国务院常务会议通过《优化营商环境条例》，自 2020 年 1 月 1 日起施行。据中国政府网报道，从 2019 年发布的 41 篇国务院常务会议新闻通稿中发现：至少有 13 次常务会议议题涉及优化营商环境，"优化营商环境"与"对外开放"议题并列成为 2018 年国务院常务会议的最高频次议题。2020 年 5 月，李克强总理在《政府工作报告》中要求，"以公正监管维护公平竞争，持续打造市场化、法治化、国际化营商环境"。

近年来，在党中央、国务院的高度重视和决策部署下，我国优化营商环境力度持续加大，通过深化“放管服”改革等一系列改革创新举措，极大地激发了市场主体活力、增强了市场主体的竞争力、释放了国内市场巨大潜力，优化营商环境取得了显著成效。同时，我国实现了营商环境全球排名不断上升，受到国际社会的广泛关注和高度认可。

三、优化口岸营商环境、促进跨境贸易便利化的意义及要求

当前，我国经济社会发展的“人口红利”“政策红利”逐渐弱化，“创新红利”“制度红利”引领发展趋向。口岸营商环境是国家整个营商环境体系的重要组成部分。优化口岸营商环境、促进跨境贸易便利化，是贯彻落实党中央、国务院的决策部署，深化“放管服”改革，实施更高水平跨境贸易便利化措施，促进外贸稳定健康发展的重要手段；是构建开放型经济新体制和现代化经济体系，实现高水平开放、促进经济高质量发展的必然选择。市场主体是推动经济高质量发展的微观基础，全力打造符合现代市场规律和国际贸易规则的良好口岸营商环境，加强顶层设计和制度安排，才能更好地满足“走出去、引进来”的发展需求，为中外企业平等竞争、激发活力、增强动力、蓬勃发展创造更加有利的制度环境条件。

2018 年 10 月，国务院发布《国务院关于印发优化口岸营商环境促进跨境贸易便利化工作方案的通知》。[①] 这是当前和今后一段时间我国优化口岸营商环境、促进跨境贸易便利化工作的指导性文件，该通知对优化口岸营商环境、促进跨境贸易便利化工作提出总体要求，包括指导思想、基本原则、工作目标、工作任务等。

---

① 国务院关于印发优化口岸营商环境促进跨境贸易便利化工作方案的通知[EB/OL]. 中央政府网，http://www.gov.cn/zhengce/zhengceku/2018-10/19/content_5332590.htm.

（一）指导思想

以习近平新时代中国特色社会主义思想为指导，统筹推进“五位一体”总体布局和协调推进“四个全面”战略布局，按照党中央、国务院决策部署，坚持稳中求进工作总基调，坚持新发展理念，深入推进“放管服”改革，对标国际先进水平，创新监管方式，优化通关流程，提高通关效率，降低通关成本，营造稳定、公平、透明、可预期的口岸营商环境。

（二）基本原则

一是简政放权，改革创新。进一步削减进出口环节审批事项，规范审批行为，优化简化通关流程，取消不必要的监管要求，清理不合理收费，加快完善与我国经济社会发展要求相适应的跨境贸易管理体系。二是对标国际，高效便利。充分利用信息化、智能化手段，提高口岸监管执法和物流作业效率。借鉴国际经验，建立符合我国口岸管理实际、与国际通行做法对接并可比的口岸营商环境评价机制。三是目标导向，协同治理。充分发挥国务院口岸工作部际联席会议制度作用，加强各有关部门、各地方协作配合，找准制约口岸营商环境持续优化的短板，从企业和社会实际需要出发，着力压缩整体通关时间，降低进出口环节合规成本。

（三）工作目标

到2018年底，需在进出口环节验核的监管证件数量比2017年减少1/3以上，除安全保密需要等特殊情况外，全部实现联网核查，整体通关时间压缩1/3。到2020年底，相比2017年集装箱进出口环节合规成本降低一半。到2021年底，整体通关时间比2017年压缩一半，世界银行跨境贸易便利化指标排名提升30位，初步实现口岸治理体系和治理能力现代化，形成更有活力、更富效率、更加开放、更具便利的口岸营商环境。

（四）工作任务

包括五大方面 20 项工作任务，具体内容为：一是简政放权，减少进出口环节审批监管事项。取消一批进出口环节监管证件，能退出口岸验核的全部退出。优化监管证件办理程序。二是加大改革力度，优化口岸通关流程和作业方式。深化全国通关一体化改革，全面推广“双随机、一公开”监管。推广应用“提前申报”模式。创新海关税收征管模式，推进关税保证保险改革，全面推广财关库银横向联网，加快推进税单无纸化改革。优化检验检疫作业，创新检验检疫方法。引入市场竞争机制，推广第三方采信制度。三是提升通关效率，提高口岸物流服务效能。提高查验准备工作效率，加快发展多式联运。创新边境口岸通关管理模式，加快鲜活商品通关速度。四是加强科技应用，提升口岸管理信息化智能化水平。加强国际贸易“单一窗口”建设。推进口岸物流信息电子化。提升口岸查验智能化水平。五是完善管理制度，促进口岸营商环境更加公开透明。加强口岸通关和运输国际合作，降低进出口环节合规成本。实行口岸收费目录清单制度，公开通关流程及物流作业时限，建立口岸通关时效评估机制。

第二节　营商环境的概念内涵及理论基础

一、营商环境的概念内涵

（一）我国对优化营商环境的概念界定和制度安排

2019 年 10 月，国务院常务会议通过的《优化营商环境条例》对营商环境进行了明确界定：“本条例所称营商环境，是指企业等市场主体在市场经济活动中所涉及的体制机制性因素和条件。”

《优化营商环境条例》第三条明确：“国家持续深化简政放权、放管结合、优化服务改革，最大限度减少政府对市场资源的直接配置，最大限度减少政府对市场活动的直接干预，加强和规范事中事后监管，着力提升政务服务能力和水平，切实降低制度性交易成本，更大激发市场活力和社会创造力，增强发展动力。各级人民政府及其部门应当坚持政务公开透明，以公开为常态、不公开为例外，全面推进决策、执行、管理、服务、结果公开。”第四条规定：“优化营商环境应当坚持市场化、法治化、国际化原则，以市场主体需求为导向，以深刻转变政府职能为核心，创新体制机制、强化协同联动、完善法治保障，对标国际先进水平，为各类市场主体投资兴业营造稳定、公平、透明、可预期的良好环境。”①

（二）世界银行《营商环境报告》的概念界定

对于营商环境概念界定，国内外还有其他不尽相同的定义。世界银行发布的《营商环境报告》对营商环境的界定，得到全球众多经济体的认可。根据世界银行《营商环境报告》(*Doing Business*) 的定义，营商环境是指一个经济体内的市场主体在开办企业、生产经营、信贷、投资保护、贸易、纳税、破产等覆盖整个企业生命周期过程中所需要花费的时间和成本等各种周围境况和条件的总和，其核心在于政府监管部门围绕市场主体开展经济、社会活动所进行的各种制度设计与运行机制。

通俗来讲，营商环境是指企业在开设、生产运营、贸易活动、纳税、关闭及执行合约等方面遵循政策法规所需的时间和成本等条件总和，它是伴随企业活动整个过程的周围环境和发展条件，通常包括政务环境、市场环境、法治环境、人文环境、生态环境、贸易环境、基础设施环境等诸多环境条件，是一项涉及经济社会改革、对外开放等众多领域的系统工程，是政府与市场、社会共同提供的一种具有制度特征的公共产品。

---

① 优化营商环境条例[EB/OL]. http://www.gov.cn/zhengce/zhengceku/2019-10/23/content_5443963.htm.

（三）优化营商环境的丰富内涵

栽好营商环境“梧桐树”，引得开放经济“凤凰来”。营商环境既是生产力又是竞争力，是市场主体投资兴业发展所需考察的重要因素之一。优化营商环境就是解放生产力、提高竞争力。目前全球直接投资逐渐放缓，能否增强外资对中国市场的信心，关键在于持续改善优化营商环境，这样才能更好地提升我国的竞争力和吸引力，更好地利用国内国际“两个市场”，实现各类要素资源集聚和优势发挥。持续营造公平、竞争、稳定、可预期的市场化、法治化、国际化的营商环境，有利于打破“卷帘门”“玻璃门”“旋转门”，有利于增加企业经营安全系数、减少投资风险、规范政府行为，有利于吸引资金、人才、技术等各种要素聚集，有利于提升经济发展的“软实力”“话语权”和社会创造潜力，有利于激发市场主体活力、增强内生动力、释放内需潜力，有利于推动高水平开放、高质量发展。营造市场化、法治化、国际化的国际一流营商环境，已经成为包括中国在内的当今世界诸多经济体的共同抉择。

二、优化营商环境的理论基础

思想是行动的基础，理论是实践的指南。坚持理论与实践相结合，强化理论武装，推动工作实践，在知行合一上狠下功夫，才能更好地推进实践创新。笔者认为，优化营商环境至少有以下几方面理论基础。

（一）习近平新时代中国特色社会主义思想

习近平新时代中国特色社会主义思想是 21 世纪马克思主义，是马克思主义中国化的最新成果，它从理论与实践相结合上为科学社会主义注入了鲜活新内涵，开辟了中国特色社会主义和治国理政、管党治党新境界，是引领中国特色社会主义新时代的纲领、旗帜和灵魂，更是优化营商环境的首要理论遵循和最坚实的理论基础。

坚定不移坚持开放发展，是习近平总书记在国内国际诸多场合都做出的明确宣示。习近平总书记先后强调，“开放带来进步，封闭必然落后”。“过去40年中国经济发展是在开放条件下取得的，未来中国经济实现高质量发展也必须在更加开放的条件下进行。我多次强调，中国开放的大门不会关闭，只会越开越大。中国推动更高水平开放的脚步不会停滞！中国推动建设开放型世界经济的脚步不会停滞！中国推动构建人类命运共同体的脚步不会停滞”！“营商环境是企业生存发展的土壤。今后，中国将在关键环节和重要领域加快改革步伐，不断完善市场化、法治化、国际化的营商环境，放宽外资市场准入，继续缩减负面清单，完善投资促进和保护、信息报告等制度”。“要对标国际一流标准改善营商环境”。“我们要携起手来，共同应对风险挑战，共同加强合作沟通，共同扩大对外开放”。“让中国市场成为世界的市场、共享的市场、大家的市场”。习近平总书记一系列重要讲话为深化改革、扩大开放指明了前进方向。

坚持对外开放是我国的基本国策。优化营商环境是深化改革、扩大开放的重要举措。新中国成立以来特别是改革开放40多年来的实践证明，坚持在对外开放中谋发展、谋合作、谋共赢是我国不断取得新成就的重要因素。开放改变了当代中国，实现了从封闭半封闭到全方位开放的伟大历史转折，使中国走向了世界，正日益走近世界舞台的中央；开放也深刻影响了当今世界，让世界认识了一个真实立体全面的中国，使中国能够为世界经济增长作出巨大贡献，为解决人类问题提供“中国智慧”和“中国方案”。改革开放永不停息，优化营商环境永远在路上。持续优化市场化、法治化、国际化营商环境，对标国际一流标准改善营商环境，是我国与时俱进、深化改革、扩大开放、顺应时代潮流、建设更高水平开放型经济新体制、全面提高对外开放水平的重要举措，是以习近平新时代中国特色社会主义思想为指引谱写改革开放新篇章的具体实践。

（二）马克思主义政治经济学

马克思主义政治经济学认为，经济基础决定上层建筑，政治是经济的集中体现，政治工作是一切经济工作的生命线。理论与实践、历史与现实告诉我们，优化营商环境的关键之处在于改进工作作风、净化政治生态、打造真正干事创业发展氛围，如此才能更好地促进政务环境、法治环境、人才环境、社会环境等综合软实力提升。优化营商环境是一场深刻的自我革命，其主要目的在于坚持改革开放、不断解放生产力和发展生产力，提升综合竞争力，这是实现高水平开放、高质量发展和治理能力现代化的内在要求。

通过持续优化营商环境，深化“放管服”改革，对标国际先进水平，持续推出更多改革创新举措，着力打造市场化、法治化、国际化营商环境，可以极大地解放和发展生产力，进一步改善生产关系，更大地激发市场主体活力和社会创造力，更好地汇聚众智众力，接力抓、合力干、专力办，群策群力、一以贯之、接续奋斗，为我国实现“两个一百年”奋斗目标做出应有贡献。

（三）制度经济学和交易成本理论

什么决定一个国家是穷还是富？为什么有的国家蒸蒸日上，而有的国家却陷入长期贫困？国内外诸多政治家和专家学者站在不同角度，给出了各自的答案。新制度经济学家、诺贝尔奖获得者道格拉斯·诺斯（Douglass North）等提出“制度是极其重要的”这一命题，较好地揭示了其中原因。他认为，一国是富还是穷，是由制度的质量来决定的。在诺斯看来，富国成功地形成了可靠、低成本的制度，保护产权，确保合约履行。良性法律 + 良性执法 = 良好的经济绩效。相反，穷国则缺乏这些孕育市场交易的制度安排。

营商环境涉及制度经济的是交易成本。20 世纪 30 年代，诺贝尔经济学奖得主罗纳德·科斯（Ronald Coase）率先在“生产成本”之外提出“交易成本”概念；他提出运用价格机制来配置资源，由于经济体系中企业专业分工与市场价格机能运作，交易双方在买卖前后产生各种与此交易相关的磋商、签约、履约、监督、执行、保护等成本，交易成本实际上是制度成本。优化营商环境，需要推动降低市场主体（企业）的制度性交易成本。具体到优化口岸营商环境，就是要推动落实降低进出口环节税费等政策措施，规范和降低进出口环节合规成本，减少企业外部成本。

（四）政府管制和企业家精神理论

政府和市场是资源配置的两种手段，二者缺一不可。市场经济的重要主体是企业，企业的核心灵魂是企业家。古今中外，千百年来，无数优秀的企业和企业家为社会财富积累、创造就业岗位、促进经济社会发展、增强综合国力做出了重要贡献。管制与企业家精神是奥地利经济学派的核心思想。政府管制主要表现在，政府对经济及其外部性领域和特定的非经济领域所采取的监管、调节、干预等手段，包括在经济职能行使过程中实施价格管制、税收调节、市场准入、劳动监管、环境监测等直接干预手段，以及在管理职能行使过程中实施政府行政审批、政府行为规范、行政自由裁量等管制手段。政府管制具有“双刃剑”作用，科学合理的政府管制能有效减少市场失灵、“外部性”等问题以及信息不对称引发的“道德风险”等问题，从而促进企业创新。而不合理的政府管制则可能提高企业运营成本，抑制企业创新活动，增加企业创新风险。企业家精神是一个社会的宝贵财富。政府管制对企业创新和民众创业的影响存在一定的异质性，适度政府管制会激发企业家精神，但过度管制则可能抑制企业家精神。

政府大力营造良好的营商环境，能充分发挥企业家精神，提升企业创新热情，促进企业健康发展。从国际实践看，20世纪70年代末以来，英国、美国、德国等国放松政府管制的变革行动，主要侧重于政府管理职能发挥，政府不再过多直接干预经济，不再做资源配置的主体，而是以监督者和服务者角色，充分发挥市场作用，借助政策引导、公共服务、平台搭建等，激发企业等市场主体的创新活力。从国内实践看，近年来，我国不断深化“放管服”改革，其核心要义在于简政放权、放管结合、优化服务、减少管制，以政府权力的“减法”换取市场活力和创新力的“加法”，有效释放市场主体的创新创业活力，以改革创新打造优良的营商环境。

2017 年 9 月，为了激发市场活力、营造企业家健康成长环境，弘扬优秀企业家精神，更好发挥企业家作用，中共中央、国务院发布实施《关于营造企业家健康成长环境　弘扬优秀企业家精神　更好发挥企业家作用的意见》，明确提出：深入贯彻习近平总书记系列重要讲话精神和治国理政新理念新思想新战略，着力营造依法保护企业家合法权益的法治环境、促进企业家公平竞争诚信经营的市场环境、尊重和激励企业家干事创业的社会氛围，引导企业家爱国敬业、遵纪守法、创业创新、服务社会，调动广大企业家积极性、主动性、创造性，发挥企业家作用，为促进经济持续健康发展和社会和谐稳定、实现全面建成小康社会奋斗目标和中华民族伟大复兴的中国梦做出更大贡献。

（五）国家治理和公共治理理论

营商环境在一定程度上反映着一个国家（地区、城市）政府治理能力的高低。优化营商环境已成为国家治理、政府治理、公共治理现代化的内容之一，同时也是地方政府之间治理竞争的新场域。

治理理论与优化营商环境的内在逻辑上存在着高度的契合性，具体表现为：一是治理主体的多元化。包括政府与企业、企业与企业、政府部门之间的多元化关系。二是治理机制的合作性。营商环境不单是政府的事情，也不单是企业的事情，而是大家的事情，公众参与、加强合作是优化营商环境的有效路径之一。三是治理方式的制度化。打造市场化、法治化、国际化的营商环境，需要全面落实依法行政，积极改进政府监管服务流程，提高政府监管服务效率，相关法律法规和管理制度应当公开、透明、稳定，符合公平、竞争、规范、有序的市场要求。四是治理目标的公共性。营商环境是一种具有制度特征的公共产品，其建设过程也是公共治理过程，政府是优化营商环境的主要治理主体，政府与企业要保持合理关系、实现协同治理。营商环境优劣反映了不同地区间政府治理能力的差别。

（六）信用管理理论

信用是依附在人与人之间、单位与单位之间以及商品交易之间形成的一种相互信任的生产关系和社会关系。古人说：人无信不立，业无信不兴，国无信则衰。也就是说，人没有信用就不能立足于社会，做业务没有信用就不会兴盛，国家没有信用就会衰败。诚信是国家治理、政府治理、公共治理的重要资源。可以说，诚信是做人之本、立业之基、治国之道，不仅可以让人终身受益，扶助企业长足发展，还是抚民安邦的长久大计。当今社会，无论是个人、企业或者政府部门、公共组织，没有信用作为支撑，都难以长久立足、持续发展。

优化营商环境的参与主体包括企业、公众和政府部门，涉及企业信用、个人信用和政府信用，构建以信用管理为核心的秩序进行资源配置，可以有效降低交易成本和治理成本。尤其政府是公共服务的提供者、公共政策的制定者和公共秩序的维护者，在优化营商环境进程中，政府发挥着关键主导作用和引领示范效应。作为政府公职人员，要加强政务诚信建设，带头依法行政、履行职责、承担责任，恪守信用原则，关注市场主体关切，承诺于民之事不可荒废，避免对微观经济直接干预，降低交易成本和治理成本，实现政府秉公用权、企业诚信经营，构建“亲清”新型政企关系，使优化营商环境改革发展成果更好地惠企利民。

第三节 世界银行《营商环境报告》解读

优化口岸营商环境、提升跨境贸易便利化水平，涉及国内外诸多政府部门和市场主体，科学衡量一个国家（地区、城市）的跨境贸易便利度，需要将横向比较与纵向比较相结合，不仅同一年度内、具有可比性的不同经济体之间需要进行比较，而且不同年度同一经济体以及不同经济体之间也需要进行比较。

跨境贸易便利化水平主要体现在海关、边境程序及物流效率等方面。国际上关于跨境贸易便利度的评价方法主要有世界银行的全球营商环境评估（Doing Business，DB）和全球物流绩效指数（Logistic Performance Index，LPI）、世界经济论坛的全球贸易促进指数（Enabling Trade Index，ETI）。目前世界银行《营商环境报告》已成为各经济体公认的评价方法。

一、世界银行《营商环境报告》简介

世界银行成立于1945年，1947年成为联合国的专门机构，是国际三大金融机构之一。世界银行营商环境评估指标是衡量全球各个经济体营商环境发展状况的一个外部评价指标，受到各经济体广泛关注。2002年，世界银行设计出一整套评价全球各经济体营商环境的指标体系，自2003年以来每年对全球不同经济体的企业营商环境便利度进行分析探讨和评价排名，定期向社会发布《营商环境报告》，旨在鼓励政府实施高效、便利的监管措施，截至2019年底已持续发布17份年度报告，现已成为全球各经济体吸引投资和招商引资的权威风向标。目前，该报告已覆盖全球190个经济体。

世界银行《营商环境报告》考察全球190个经济体内最大或者前两大商业城市，更多地集中于中小企业在其生命周期内所面临的政府监管

政策与制度安排、外部环境等方面，识别和推介哪些经济体的具体监管改革创新取得了成效及其可借鉴的原因。营商环境评价指标涉及影响企业经营至关重要的若干商业监管方面，目前世界银行营商环境报告评价体系共设置 12 个一级指标，包括开办企业、办理施工许可、获得电力、登记财产、获得信贷、保护中小投资者、纳税、执行合同、办理破产、政府采购、劳动力市场监管和跨境贸易；除政府采购、劳动力市场监管未纳入排名，其余 10 个指标被纳入营商环境便利度排名。在每个一级指标下面设置若干个二级指标，比如跨境贸易（一级指标）有 8 个二级指标。

截至 2019 年底，近年来，世界银行每年 10 月向全球公开发布《营商环境报告》，所涵盖的数据采集时间为上年度 5 月初至本年度 5 月底。《营商环境报告》公开发布，较好地促进各经济体政府部门积极采取措施提高办事效率和服务水平。报告中评估和报道各国（地区）政策效果发挥了良好作用，使改革创新思想在传播中变得越发强大，这种不断循环和发扬光大的交流改进成为改善体制机制的外部思想借鉴，对促进经济长期持续良好运行具有重要作用。

二、《营商环境报告》关于跨境贸易指标的评价方法

（一）选取参评样本城市

世界银行《营商环境报告》选择各经济体最大的 1 ~ 2 个商业城市，1 亿人口以上国家选择 2 个城市；目前，从我国选取的城市是上海和北京，其中北京、上海的权重分别为 45% 和 55%，总体得分按照上海 55%、北京 45% 的权重加权平均。

（二）确定评估标的商品

世界银行用以评估各经济体跨境贸易的标的商品，俗称“标准品”。进出口标准品有所不同。进口方面，世界银行在全球各经济体统

一选择以 20 英尺标准集装箱装载的全新汽车零部件（HS 8708，15 吨），具体假设为该项商品在该经济体是最经常采用的贸易方式和最大的贸易对象。我国为通过海运方式自德国进口的汽车零部件（HS 8708）。需要说明的是，2020 年 3 月，世界银行发给我国的跨境贸易调查问卷，在进口汽车零部件的目的地国家方面，由此前调查问卷的日本改为德国，调整了进口标准品国别。

出口方面，世界银行选择各经济体出口贸易额最大的商品，但是，贵金属、宝石、矿物燃料、石油产品、活体动物、食物和产品的残渣和废弃物以及药品，被排除在纳入评估的出口产品清单之外。比如，我国为内地以海运方式出口至香港地区的机电产品（HS85）、俄罗斯为钢铁制品（HS72）。出口货物并不限定必须以集装箱装运，一批货物就是一个贸易单元。

（三）确定进出口运输方式

世界银行通常选择该经济体与其贸易伙伴最广泛使用的运输方式，具体到某个样本城市的进口、出口标准品选择海运还是陆运，世界银行一般通过确定该城市为评估城市后向企业进行问卷调查得出相应结论。如，目前我国参加世界银行营商环境评估城市为北京、上海，北京和上海两市的进口、出口标准品运输方式均为海运；需要说明的是，评估北京的海运状况，主要通过评估天津港海运状况而得出评估结果，在跨境贸易指标迎评方面，京津两市属于休戚与共、联合行动的新时代一体化“双城记”。

（四）具体评估指标

世界银行对跨境贸易指标，从合规时间、合规成本两个层面，分 8 个分项指标开展评估。所谓合规时间和合规成本，就是指企业为满足海关和其他政府机构有关规定（如单证、查验、检查等）所付出的所有时间、费用和人工成本。

（五）指标评测方法

世界银行跨境贸易指标采用的基本评测方法是“前沿距离方法”(Distance to Frontier，DTF)。世界银行每年定期邀请各经济体的政府部门、相关领域专家、商业人员、第三方评估机构等进行问卷调查，根据调查数据将各指标表现最佳的经济体定义为“最佳表现”（Frontier）并赋值为100；排在第99或95个百分位的经济体在该指标上的平均值为“最差表现”(Worst Performance)；然后将其他经济体的表现与“最佳表现”进行比较后计算得出“前沿距离”，表示某一经济体在该指标上与世界最佳水平的差距，这个差距值即为DTF得分。

第四节　世界银行对营商环境跨境贸易指标的主要评价方法

为使营商环境评估数据能在各经济体之间进行比较，世界银行在纳入营商环境评估的具体参评城市，以及跨境贸易指标评估所涉进出口商品、开展跨境贸易运输方式和合规成本计算等方面，设置了一些特定的假设条件。

一、世界银行营商环境评估样本城市选择

世界银行《营商环境报告》对全球190个经济体的营商环境进行评估，通常选择各经济体最大的1～2个商业城市作为参评样本城市。北京、上海是世界银行评估我国营商环境的样本城市，但对于营商环境跨境贸易指标评估，考虑到北京通过海运方式进出口商品需从天津港口岸进出境，世界银行评估跨境贸易时将天津与北京一体评估。

二、纳入世界银行跨境贸易指标评估的进出口商品选取

各经济体跨境贸易评估的进出口商品（即标准品）可以为不同商品。按照世界银行案例假设，对于进口商品，目前统一确定为所有经济体从其常规进口伙伴（即进口汽车零部件金额最大的那个经济体）进口一标准化船15吨集装箱装运的全新汽车零部件（HS 8708）。对于出口商品，则选取每个经济体向其常规出口伙伴出口其具有比较优势、出口额最大的产品，由出口价值数据决定每个经济体的比较优势，15吨装运。贵金属和宝石、矿物燃料、油类产品、活体动物、食品与产品残留及肥料、药物等不包括在可能出口的产品清单里。一船货物为一个贸易单位，出口货物未必是集装箱装运的，而进口的汽车零部件则假定为集装箱装运的。案例假设基于重量计算的货运成本高于基于体积计算的货运成本。

三、进出口标准品运输方式确定

关于进出口货物的运输路径，世界银行假设是从出口经济体的最大商业城市仓库运输到进口经济体的最大商业城市仓库。对于进出口标准品的运输方式，世界银行一般选取出口或进口产品与贸易伙伴之间最广泛使用的方式，即海运或者陆运。各经济体进出口产品的主要贸易伙伴，由其出口和进口价值数据决定。如北京、上海两个城市进出口标准品的运输方式均确定为海运方式，即世界银行调查问卷的案例研究中，设定北京/天津、上海从日本（德国）通过海运方式进口汽车零部件，北京/天津、上海通过海运方式向香港地区出口机电产品。某个经济体样本城市具体选择哪种运输方式也不是一成不变的，运输方式会因进出口目的地国（地区）调整等因素改变而改变。在跨境货物运输中，对水运港口或陆地边境口岸的界定，是商品进入或离开该经济体的具体地

方（海港或陆上边境通道）。

四、进出口环节单证合规及边境合规成本计算

进出口环节单证，设定为政府机构要求企业提交的与进出口货物有关的所有信息资料，这些单证资料均视为出口或进口过程中所必须获取、准备、提交的材料。进出口合规成本，设定为进出口企业雇用并支付货运商、代理商并支付与国内运输、海关等查验单位和港务管理等其他机构的通关、检查检验、货物装卸、单证合规费用等相关费用。

五、世界银行营商环境跨境贸易评估指标及其评价

世界银行《营商环境报告》中的跨境贸易指标，主要衡量进出口货物过程相关的时间和成本，包括单证合规、边境合规及国内运输相关的时间和成本（不包括关税）。边境合规是企业为满足海关和其他机构查验、检查所付出的所有时间、费用和人工成本；单证合规是企业为满足所有政府机构对单证的要求所付出的时间和成本。世界银行通过合规时间、合规成本2个层面8个具体指标，来评价各经济体跨境贸易发展情况（见表7－1）。表7－2为世界银行跨境贸易统计的时间范围、对应进出口商品种类和计量单位。

表7－1　世界银行营商环境跨境贸易指标的具体评估内容

跨境贸易	合规时间	单证合规	进口单证合规时间（小时）
			出口单证合规时间（小时）
		边境合规	进口边境合规时间（小时）
			出口边境合规时间（小时）
	合规成本	单证合规	进口单证合规成本（美元）
			出口单证合规成本（美元）
		边境合规	进口边境合规成本（美元）
			出口边境合规成本（美元）

跨境贸易 8 项细分指标的具体得分计算公式为：（最差国家数据 - 我国数据）÷（最差国家数据 - 最优国家数据）×100 = 我国得分；其中，最差国家数据是指近 5 年最差国家平均数，最优国家数据是指 2005 年以来该指标曾达到的最高水平。

表 7－2　世界银行跨境贸易统计的时间范围、对应进出口商品种类和计量单位

指标项目	统计时间范围		商品种类	计量单位
	起始点	终止点		
进口边境合规成本	运输工具抵达港口/边境	国内收货人仓库	汽车零部件（即 HS 编码前四位为 8708，且须为全新）	统一为一票所包含一个 20 英尺标准集装箱的货物，且货物重量为 15 吨（也可为除集装箱外的其他装运形式）
进口单证合规成本	国外发货人工厂/仓库	国内收货人仓库		
出口边境合规成本	国内发货人工厂/仓库	国外收货人仓库	有相对优势的产品（如中国为电机、电气设备及其零件；录音机及放声机，电视图像、声音的录制和重放设备及其零件、附件等商品。即 HS 编码前两位为 85，且须为全新）的商品	
出口单证合规成本	国内发货人工厂/仓库	运输工具离开港口/边境		

资料来源：根据世界银行《营商环境报告》整理而得。

需要说明的是，世界银行《营商环境报告》跨境贸易数据为世界银行通过对当地进出口企业、国际贸易商、运输和物流公司、船舶和报关协会、货运代理机构、律师事务所、会计师事务所以及政府相关部门进行问卷调查收集而得。通过发放调查问卷收集企业反馈数据及证据，结合多项具体假设，综合考虑改革措施实施效果，采用 DTF（Distance to Frontier）计算方法，测算得出跨境贸易便利度得分。如果经济体由于政府限制、武装冲突或自然灾害等没有发生进出口贸易，则被视为“无实践”经济体。“无实践”经济体在所有跨境贸易指标上的前沿距离分数均为 0。据世界银行《营商环境报告》，2018/2019 年度跨境贸易表现最优的经济体为丹麦、奥地利、西班牙、法国、波兰、葡萄牙、捷克、荷兰、斯洛文尼亚、斯洛伐克、比利时、意大利、罗马尼亚、匈牙利、克罗地亚、卢森堡，跨境贸易得分为 100 分。

还需要说明的是，目前世界银行营商环境跨境贸易评估指标及评估程序还存在不尽科学合理之处，主要体现在：一是指标设定不尽科学。不同口岸类型、同一口岸不同运输方式的通关流程、时间、成本差异巨大，企业对不同贸易方式、不同货物品类的时间成本预期各不相同，不区分具体口岸类型就简单比较通关时效与合规成本，评价结果的客观性、代表性、全面性已引起其他国际组织和专家学者的高度关注，并向世界银行提出改进措施建议。二是指标设定与流程不尽对应。世界银行评价各经济体跨境贸易便利度的8个指标，评估数据获取主要基于调查问卷和世界银行专家团队与各经济体的沟通核实，参加问卷调查者的主观感受与评价指标的客观实际未必吻合，代表具体程序的评价指标与通关监管的联系及企业通关流程体验并未完全匹配。三是全球190个经济体的发展状况各异，分运输方式、分不同地区、分不同发展水平进行评估较为科学，当下世界银行采用“一把尺子”来衡量已经引人诟病。上述方面还需要世界银行专家团队及时完善和改进。客观评价，尽管世界银行跨境贸易评估指标不尽科学完善，但其多年来已获得国际公认，有值得学习借鉴之处。

六、世界银行营商环境跨境贸易指标的具体测评方法

根据世界银行营商环境报告有关设定，跨境贸易的时间、成本、单证、边境合规、运输、改革等相关情况测评方法如下。

（一）合规时间

以小时为单位，1天为24小时。如果通关花费7.5小时，则数据照此记录；如单证早上8点提交到海关并连夜进行处理，第二天早上8点领取，则通关时间记录为实际过程花费的24小时。指标内时间的计算需要考虑流程共时性。

（二）合规成本

保险费用和未开收据的非正式付款不包括在记录的成本内。成本费用以美元计算，问卷填写者在答复调查问卷时，应按当天的汇率将本国货币换算成美元。

（三）单证合规

该指标反映满足来源经济体、目的地经济体及任何过境经济体的所有政府机构对单证要求所需的时间和成本，其目的是衡量一系列单证的总负担，这些单证使得国际贸易得以完成。根据世界银行的设定，单证合规包含以下三方面内容：①获取、准备和提交在原产地经济体的运输、清关、检查检验和港口/边境装卸过程中的单证。②获取、准备和提交目的地经济体以及/或者任何过境经济体所要求的单证。③法律和实践中要求的所有单证，包括以电子方式提交的单证。单证的具体数量并不用于世界银行计算排名，仅需一次的单证不进行计算。单证合规时间和成本，包括获得单证、准备单证、处理单证、提交单证等的时间和成本。对进出口而言，属于强制性单证的任何单证都包括在时间和成本计算中，但只需一次性获取的单证不含在内。《营商环境报告》不包括在国内市场进行生产和销售所需文件，除非政府机构在出口过程中需查看这些文件。

（四）边境合规

该指标衡量的时间和成本，与遵守各经济体的海关等查验部门规定、让货物通过经济体边境而强制要求的其他检查规定有关，还衡量港口或边境装卸的时间和成本。根据世界银行的设定，边境合规包含以下方面内容：①海关手续。包括清关检查、报关费用和行政费用。②非海关手续。即其他机构的检验，包括动植物建议和技术检查。③港口/边境手续。即截止时间、港口/边境口岸入口排队时间、港口/边境装卸、装载/卸载、存储。

边境合规时间和成本的计算，取决于边境合规程序发生在哪里、是谁要求、由谁进行以及进行检查的可能性多大。如果所有的报关报检都在港口或边境同时进行，对边境合规时间的估计会将这种同时性计入。边境合规的时间和成本可忽略不计或为零是完全可能的，在欧盟或关税同盟成员国之间通过陆路进行贸易情况下即是如此。如果部分或全部检查检验在别的地方进行，那么这些检查检验的时间和成本将加到在港口或边境的检查的时间和成本上。如果只有不到20%或刚好20%的情况会发生除海关之外其他机构检查，则边境合规的时间和成本只包括海关的通关检查（标准情况）。如果有超过20%的情况会发生其他机构检查，则时间和成本会计入所有机构的通关和检查。不同类型的检查发生概率是不同的。各经济体的边境合规时间和成本不包括为满足其他经济体法规要求而花费的时间和成本。

（五）国内运输

该指标反映与货物从经济体最大商业城市仓库运到该经济体使用最广泛的海港或陆上边境相关的时间和成本，这一过程包括实际运输、交通延迟、道路检查、在仓库或边境装卸货物的时间。对有海外贸易伙伴的经济体来说，国内运输指标反映的是从仓库装货到货物抵达该经济体港口的时间和成本。对通过陆路边境进行贸易的经济体，国内运输指标反映从仓库装货到货物抵达该经济体陆上边境的时间和成本。时间和成本估计是基于问卷调查而做出的。在某些情况下，货物从仓库运送到海关检查站进行通关检查，之后继续运往港口或边境；此情况下，国内运输时间（成本）是这两段运输的时间（成本）之和，通关检查的时间和成本计入边境合规指标而不是国内运输指标。

（六）改革创新

基于对进出口时间和成本数据影响程度，一些被认为对数据产生重要影响的变化被列为改革。改革分两种类型：一种是使企业做业务更容易的改变，另一种是使企业做生意更困难的改变。和前沿水平的差距被用于评估数据变化影响，任何使数据和前沿水平的差距产生2%及以上变化的数据更新都被列为改革。例如实施“单一窗口”制度，使之和前沿水平差距减少2%或更多，这一变化被视为改革。小的改变对差距所产生影响小于2%，则不能被视为改革。

世界银行《营商环境报告》公布的2018/2019年跨境贸易良好实践，主要包括：电子提交和处理；通过“单一窗口”将不同机构连接起来；升级贸易物流基础设施；基于风险的检查检验；地区合作；激励竞争；教育与沟通等。表7-3为世界银行2018年10月发布的《营商环境报告》所披露2018/2019年跨境贸易便利化改革。

表7-3　世界银行《营商环境报告》公布的2018/2019年跨境贸易便利化改革

改革特色	经济体	部分亮点
引进或改进出口单证的电子提交和处理	阿根廷、亚美尼亚、阿塞拜疆、巴巴多斯、哥伦比亚、印度、印度尼西亚、科威特、摩洛哥、尼日利亚、巴布亚新几内亚、秘鲁、沙特阿拉伯、阿联酋	阿联酋实施了电子原产地证书；阿根廷精简了进口许可程序；巴布亚新几内亚实施了自动化海关数据管理系统，减少了进出口单证合规时间
引进或改进进口单证的电子提交和处理	阿根廷、阿塞拜疆、中国、印度、科威特、摩洛哥、尼日利亚、巴布亚新几内亚、秘鲁、沙特阿拉伯、塞拉利昂、乌拉圭、乌兹别克斯坦	印度通过将多个政府机构整合为在线系统e-Sanchit，促进了单证的电子化；塞拉利昂将海关电子数据交换系统升级为ASYCUDA World系统
加强边境出口基础设施建设	巴林、中国、印度、摩洛哥、尼泊尔、阿曼、沙特阿拉伯	巴林在法赫德国王大桥部署了新扫描仪并为过境建立了不同通道；尼泊尔开放了比尔干吉综合检查站，这是位于印度和尼泊尔之间的联合海关和边境检查站
加强边境进口基础设施建设	巴巴多斯、中国、印度、摩洛哥、尼泊尔、阿曼、沙特阿拉伯	印度和沙特阿拉伯通过升级港口基础设施，提升了进口便利度；摩洛哥通过丹吉尔Med信息系统推出了港口费用电子支付功能

续表

改革特色	经济体	部分亮点
加强进出口海关管理和检查	阿塞拜疆、巴巴多斯、伯利兹、中国、印度、以色列、科威特、摩洛哥、尼泊尔、尼日利亚、阿曼、巴基斯坦、沙特阿拉伯、塔吉克斯坦、乌克兰、阿联酋、乌兹别克斯坦	阿塞拜疆和中国推出了预缴进口报关功能；阿曼和乌兹别克斯坦推出了风险管理系统；巴基斯坦强化了各个机构在基于网络的一站式海关电子系统中的整合，并对在港口的联合现场检查进行协调

资料来源：世界银行《2019营商环境报告》。

各经济体跨境贸易便利度排名取决于其在跨国贸易的前沿距离分数的排序，这些分数为进出口单证合规和边境合规的时间与成本的前沿距离分数的简单平均值。尽管《营商环境报告》收集并公布各经济体国内运输相关时间和成本的数据，但在计算跨境贸易的前沿距离分数或跨境贸易便利度排名时并没有采用。其主要原因在于，各经济体国内运输的时间和成本受诸多外部因素影响，如过境地区的地理地形、道路通行能力、交通运输条件和口岸基础设施状况、与最近的口岸或边境的靠近程度、存放进出口货物的仓储地点等，这些客观条件和外部因素一般不会受到各经济体改革创新政策措施的直接影响。

第五节　我国优化口岸营商环境、促进跨境贸易便利化的实践做法

海关总署牵头，认真落实党中央、国务院的决策部署，主动作为，精准发力，会同国家相关部门和地方政府合力推进，不断深化“放管服”改革，认真落实国务院优化口岸营商环境促进跨境贸易便利化工作方案，紧紧围绕持续优化口岸营商环境，着力从精简单证、优化流程、提高时效、降低成本等方面，对标国际先进水平，加大力度、持续用力、久久为功，取得显著成效。

2019年10月，世界银行向全球发布的《营商环境报告2020》显

示，中国在全球 190 个经济体中的营商环境排名再次大幅提升，由全球第 46 位上升到第 31 位，已连续两年成为全球营商环境改善幅度最大的十大经济体之一。我国跨境贸易全球排名由 2017 年的第 97 位跃升至 2018 年的第 65 位，在提升 32 位的基础上，2019 年全球排名由第 65 位跃升至第 56 位并首次超过日本，在与我国有可比性的海运方式经济体中排名由第 20 位上升到第 7 位。我国持续优化口岸营商环境、不断促进跨境贸易便利化的工作成效有目共睹。

一、精简进出口环节监管证件和随附单证

在海关总署和各相关部门的共同努力下，在精简单证方面，2018 年已经实现进出口环节验核的监管证件从 86 种减至 48 种，减少 1/3，并实现联网，在通关环节比对核查。同时，依法削减进出口环节审批事项，精简随附单证，降低企业进出口单证合规时间与成本。

二、优化通关流程和作业模式

加大海关业务改革创新力度，推广进出口货物“提前申报”，实施进口“两步申报”改革。进一步加快全国通关一体化改革，关检业务全面融合，实现了统一申报单证、统一作业系统、统一风险研判、统一指令下达、统一现场执法的“五统一”要求。加强风险管理，进一步推广“双随机、一公开”监管模式。推广第三方采信制度，推进跨部门联合检查。关税保证保险试点扩大至全国海关，有效缓解企业资金周转压力。加强部门间协作，推进通关无纸化改革。优化检验检疫作业，“先验放、后检测”监管模式加快试点推广。

三、提升进出口货物通关整体时效

跨部门携手合作，共同压缩进出口货物整体通关时间，2018 年底

实现货物整体通关时间比2017年缩短1/3，2019年实现整体通关时间比2017年缩短1/2。加快发展多式联运，推进口岸物流信息电子化，深化“单一窗口”建设，提升口岸查验智能化水平。上海、天津在日本、中国香港航线实现海关与企业间海运提单、提货单、设备交接单等信息电子化流转。开展口岸作业场站货物装卸、仓储理货、报关、物流运输、费用结算等环节无纸化和电子化试点，公开通关流程及港口物流作业时限。加强口岸国际合作，创新边境口岸通关管理模式，会同有关邻国协商开通边境口岸农副产品快速通关“绿色通道”。深化粤港澳口岸合作，港珠澳大桥等口岸实施“合作查验、一次放行”等新型查验模式。

四、降低进出口环节合规费用

积极引入市场竞争，清理和规范口岸经营服务性收费。2018年实现全国31个省（区、市）口岸收费目录清单向社会公示，通过信息公开倒逼规范收费，增强口岸收费的透明度、可比性，实行“阳光价格”。政府定价或政府指导价的收费项目标准有所降低，交通运输部、发展改革委发布公告，2019年4月起在全国范围内降低港口设施保安费20%、货物港务费15%，港口经营服务性收费项目得到压减。报关、货代、船代、物流、仓储、港口服务等环节相应降低经营服务性收费，部分船公司下调码头操作费（THC）等费用标准。

五、世界银行近年来对我国跨境贸易改革创新举措的评价

世界银行发布的《营商环境报告》显示，近年来我国在促进跨境贸易便利化方面实施了一系列改革创新措施，并取得良好成效。这些跨境贸易改革创新措施包括：优化口岸管理体制；推广进口货物提前申报，建设国际贸易“单一窗口”，简化进出口通关流程；取消政府部门

行政性收费；公布口岸收费标准，增强政策透明度并鼓励竞争；升级港口基础设施，提升口岸智能化、信息化水平；等等。

2018 年 10 月，世界银行发布的《营商环境报告 2019》显示，我国跨境贸易全球排名从 2017 年的第 97 位跃升至第 65 位，上升 32 位，是全球营商环境改善最为显著的经济体之一。该报告称，过去一年中国对评估指标各个方面都实施了改革，在促进跨境贸易便利化方面改革亮点颇多，几乎各项指标都取得了显著进展，这些进展不只是一年的改革成果，有很多是多年来持续推进改革的结果。

2019 年 10 月，世界银行发布的《营商环境报告 2020》显示，我国跨境贸易全球排名由 2018 年的第 65 名升至第 56 名。与全球不同区域经济体对比，我国跨境贸易居于领先水平，跨境贸易便利度水平与欧洲和中亚地区（得分水平相当于世界第 53 位）基本持平。表 7－4 为近 6 年我国营商环境得分排名及各项指标全球排名情况。表 7－5 为 2019/2020 年我国与全球不同地区经济体跨境贸易指标比较。表 7－6 为 2019/2020 年我国与部分海运经济体跨境贸易指标对比。表 7－7 为近三年（2017—2019 年）我国跨境贸易指标数据对比。

表 7-4　近 6 年我国营商环境得分排名及各项指标全球排名情况

年份	营商环境		开办企业	办理施工许可	获得电力	登记财产	获得信贷	保护中小投资者	纳税	跨境贸易	合同执行	办理破产
	得分	排名										
2014/2015	61.6	90	128	179	124	37	71	132	120	98	35	53
2015/2016	63.1	84	136	176	92	43	79	134	132	96	7	55
2016/2017	64.6	78	127	177	97	42	62	123	131	96	5	53
2017/2018	65.2	78	93	172	98	41	68	119	130	97	5	56
2018/2019	74	46	28	121	14	27	73	64	114	65	6	61
2019/2020	77.9	31	27	33	12	28	80	28	105	56	5	51
累计提升排名位次		59	101	146	112	9	-9	104	15	42	30	2

注：本表中，2014/2015 年度指 2014 年世界银行发布《营商环境报告 2015》，其他年度类同。

资料来源：根据世界银行《营商环境报告 2014—2019》整理而得。

表 7-5　2019/2020 年我国与全球不同地区经济体跨境贸易指标比较

经济体	前沿距离（得分）	出口单证合规时间（小时）	出口边境合规时间（小时）	出口单证合规成本（美元）	出口边境合规成本（美元）	进口单证合规时间（小时）	进口边境合规时间（小时）	进口单证合规成本（美元）	进口边境合规成本（美元）
中国	86.5	9	21	74	256	13	36	77	241
其中：上海	87.2	8	18	70	249	11	37	75	230
其中：北京	85.7	10	24	78	265	15	34	80	255
东亚及太平洋地区	71.6	55.6	57.5	109.4	381.1	53.7	68.4	108.4	422.8

续表

经济体	前沿距离（得分）	出口单证合规时间（小时）	出口边境合规时间（小时）	出口单证合规成本（美元）	出口边境合规成本（美元）	进口单证合规时间（小时）	进口边境合规时间（小时）	进口单证合规成本（美元）	进口边境合规成本（美元）
欧洲和中亚	87.3	25.1	16.1	87.6	150	23.4	20.4	85.9	158.8
经合组织高收入国家	94.3	2.3	12.7	33.4	136.8	3.4	8.5	23.5	98.1
中东及北非	61.8	66.4	52.5	240.7	441.8	72.5	94.2	262.6	512.5
南亚	65.3	73.7	53.4	157.9	310.6	93.7	85.7	261.7	472.9
拉丁美洲及加勒比海	69.1	35.7	55.3	100.3	516.3	43.2	55.6	107.3	628.4
撒哈拉以南非洲	53.6	71.9	97.1	172.5	603.1	96.1	126.2	287.2	690.6

资料来源：世界银行《营商环境报告 2020》。

表 7-6　2019/2020 年我国与部分海运经济体跨境贸易指标对比

经济体	跨境贸易排名	运输方式	出口单证合规时间（小时）	出口边境合规时间（小时）	出口单证合规成本（美元）	出口边境合规成本（美元）	进口单证合规时间（小时）	进口边境合规时间（小时）	进口单证合规成本（美元）	进口边境合规成本（美元）
韩国	36	海运	1	13	11	185	1	6	27	315
新加坡	47	海运	2	10	37	335	3	33	40	220
马来西亚	49	海运	10	28	35	213	7	36	60	213
中国	56	海运	9	21	74	256	13	36	77	241
日本	57	海运	2	27	54	272	3	40	107	315
印度	68	海运	12	52	58	212	20	65	100	266

资料来源：世界银行《营商环境报告 2020》。

表7-7 近三年(2017—2019年)我国跨境贸易指标数据对比

年份	出口单证合规时间(小时)	出口边境合规时间(小时)	出口单证合规成本(美元)	出口边境合规成本(美元)	进口单证合规时间(小时)	进口边境合规时间(小时)	进口单证合规成本(美元)	进口边境合规成本(美元)
2017/2018	21.2	25.9	84.6	484.1	65.7	92.3	170.9	745
2018/2019	8.6	25.9	73.6	314	24	48	122.3	326
2019/2020	9	21	74	256	13	36	77	241

资料来源:《营商环境报告2017—2019》。

六、前景展望

使命在肩，初心如磐。当前，我国正处于实现“两个一百年”奋斗目标的历史交汇期，面临“百年未有之大变局”，营商环境没有最好，只有更好。优化营商环境是一项没有休止符的系统工程，营造市场化、法治化、国际化的营商环境，需要深入贯彻落实党中央、国务院的决策部署，深入推进“放管服”改革，坚持持续用力、久久为功，全力打造公平竞争的市场环境、高效廉洁的政务环境、公正透明的法律政策环境、开放包容的人文环境，进一步对标国际先进水平，加快弥补短板弱项，加快探索建立具有中国特色、科学合理的营商环境评价体系，发挥示范引领作用，鼓励支持各地各部门改革创新，不断提升治理能力和治理水平，为更好地实现高水平开放、高质量发展提供良好环境条件。优化营商环境永远在路上，优化口岸营商环境、促进跨境贸易便利化永远在路上。

第六节　我国优化口岸营商环境、促进跨境贸易便利化的部分案例

本节选取上海、北京、天津、深圳、广州等城市优化口岸营商环境的具体案例。

一、上海打造跨境贸易营商环境世界高地[①]

上海为我国参加世界银行营商环境评价的样本城市之一，其贡献权重目前占到55%，功不可没。近年来，上海海关以贸易便利化为核心，

① 打造跨境贸易营商环境世界高地——上海海关蹲点采访之一[N]. 法制日报，2019-06-05.

不断探索建立与新技术、新产业、新业态、新模式为核心的“四新经济”相适应的海关监管新模式，向着打造跨境贸易营商环境世界高地的目标不断迈进。

（一）优质服务成为亮丽名片

中国航运业发展，无论是远洋、近海还是沿海，上海都是一个不容忽视的枢纽。上海是远东地区航运中心，为配合上海国际航运中心建设，浦江海关入驻上海航运交易所并设立业务现场，办理海运进出口集中式通关业务，为长三角地区乃至全国的几万家企业提供全年无休的“一站式”通关服务。所有对外窗口都贴有“五心承诺”4个字，“五心”即“服务贴心，工作细心，沟通耐心，执法专心，让优质企业报关安心”。浦江海关通过打造“五心”品牌，以需求导向提升服务质量、工作效能，让海关优质服务成为最亮丽的营商环境名片。近年来，该关紧跟时代发展步伐，不断优化营商服务软环境，探索“互联网+”框架下海关职能实现方式；推出“智慧通关”APP，通过业务查询、业务办理、关企互动等功能模块，打破时空壁垒，优化作业流程，降低企业通关成本、节约企业通关时间，实现“让数据多跑路，让群众少跑腿”，为企业搭建便捷通关“高速路”。

（二）集约化监管一站式服务

通过创新研发用品跨境流动监管服务模式，提升科创机构通关速度。为特殊物品量身打造通关快捷通道，在风险评估基础上允许高级认证企业享受不超过0.5%的低查验率，大幅提升研发用品整体通关便利化水平，对标国际最高标准，推出支持科创18项改革创新举措，解决科创机构进出口难点等问题，提供海关集约化监管和一站式服务。

（三）实现安全便利有机统一

为解决长期以来口岸监管面临的监管者与被监管者之间信息不对称问题，2018年上海海关自主提出上海跨境贸易管理大数据平台建设构想，并依托上海口岸优势，会同中远海运集团、上港集团联手启动大数据平台建设，探索用大数据的理念和方法，实现口岸安全与便利的有机统一。大数据平台作为改善营商环境的一把钥匙，带动了上海口岸通关效率和监管质量实现质的飞跃。大数据平台还为服务首届进博会发挥了重要作用，实现了全流程便捷化，合法合规货物实现提前申报、靠泊即提，整体通关时间比原来压缩 2/3 左右；同时，大数据平台管住全领域风险，先后截获多起禁止或有害货物，切实保障了人民群众生命健康安全。

二、北京严格知识产权保护，营造一流营商环境①

北京紧紧围绕“四个中心”城市定位，全力推进知识产权保护工作，着力优化营商环境，在政策法规体系建设、知识产权体制机制建设、保护效力提升、创新文化宣传及国际交流合作等方面取得显著成效，社会满意度持续提高。

（一）知识产权创造实现高质量发展，助推北京科创中心建设

2018 年，北京市知识产权创造数量和质量走在全国前列，已成为全球创新活力和创新能力较强的区域。全市专利申请量 21.12 万件，其中发明专利申请量 11.77 万件；专利授权量 12.35 万件，其中发明专利授权量 4.7 万件。7 项发明专利获第二十届中国专利金奖，占获奖总数的 23.3%，居全国首位。万人发明专利拥有量 112 件，是全国平均水平的近 10 倍。有效注册商标 150.05 万件，作品自愿登记数量 91.95 万件，软件著作权登记量 16.32 万件；植物新品种申请量 488 件，授权量 397 件。

① 严格知识产权保护　营造一流营商环境[N]. 北京日报，2019－05－09.

（二）各部门积极采取措施，同心协力构建最严格的知识产权保护环境

深入开展知识产权执法专项行动，加大打击侵权违法行为力度。通过片区执法交流指导、组织专项执法行动、加强电商平台实时监控等形式，以“雷霆”“网剑”等专项行动为依托，不断加大对展会、电商等领域的执法力度。2018年共受理专利侵权案件299件，查处假冒专利案件1249件，两类案件连续两年突破千件大关。加强奥林匹克商标专用权保护，加大对互联网销售侵权假冒注册商标商品的查处力度，对侵犯奥林匹克标志、地理标志、老字号商标予以重点打击。组织开展“护苗”“净网”“秋风”“剑网”等专项整治行动，严厉打击侵权盗版非法出版物。深入推进“质检利剑”“双打”专项行动，围绕消费品、农资、建材、汽配、汽柴油五大领域开展专项整治。持续开展“龙腾”行动，针对汽车配件、手机及配件、轻工纺织、药品等重点商品开展检查，对侵权行为进行扣留、立案、查处。市民知识产权意识显著增强，举报投诉渠道进一步畅通，有效保护了知识产权。

三、天津优化口岸营商环境成效显著①

天津高度重视优化营商环境工作，持续优化口岸营商环境，不断提升跨境贸易便利化水平，在全国率先建立港口收费清单公示和明码标价制度，发布港口价格行为规则，规范企业经营行为。出台提升国际货代行业管理服务水平措施，制定国际货代进出口业务标准化流程和国际货运代理制式合同，建立货代企业信息管理平台，将企业纳入平台管理。加强堆场行业管理，加大执法检查力度。加强监管监督，营造诚实守信发展环境。天津港集团对标国际先进口岸，对标世界先进港口，公布“一站式

① 天津优化口岸营商环境成效显著[N]．国际商报，2019－01－10(10)．

阳光价格清单”，实施“一单到底、全程无忧”全流程服务，陆续推出“阳光物流季”和“阳光体验季”活动，上演“阳光价格”三部曲，不断完善“阳光物流”营销网络，加大“阳光价格”传导力度。行业协会充分发挥桥梁作用，出台诚信公约，加强行业自律，规范行业管理。

京津口岸加强协同配合，坚持问题导向，对标国际先进，精准施策，持续发力，实施通关流程、港口物流流程优化改革。海关开通申报绿色通道、查验绿色通道，港口设立物流绿色通道和出口专用堆场，服务企业“提前申报”，实现报关单“日清”。公布口岸进出口集装箱货物通关作业参考时限，建设集装箱业务受理中心和 24 小时受理业务“网上营业厅”平台，提高港口作业和服务效率。联合成立“通关服务队”和“政策宣讲团”，开展政策宣讲和服务对接；深入重点企业上门服务，现场解决通关问题，增强企业获得感，唱响京津口岸联动打造优质口岸营商环境的“双城联动记”，推动跨境贸易便利化再上新水平。

四、深圳积极营造国际一流口岸营商环境①

深圳海关主动服务粤港澳大湾区建设，全力支持深圳建设中国特色社会主义先行示范区。聚焦优化营商环境、惠企便民措施落实落地，制定优化口岸营商环境年度重点任务，凝聚合力开展简化流程、精简单证、压缩时间、降低成本、优化服务等工作，推动实现口岸提效降费，促进跨境贸易便利化水平大幅度提升。

（一）深化“放管服”改革，全力打造高效口岸

积极开展进口货物“两步申报”改革试点，在“两步申报”模式下，企业无须一次性提交全部申报信息及单证，最少仅需填报 9 个项目，提货后再按照报关单填制规范完成第二步的“完整申报”，办理缴

① 深圳海关积极营造国际一流口岸营商环境[N]. 南方日报，2019-09-04：SC04.

纳税款等手续即可，大幅减少货物提离前的通关环节，口岸通关效率进一步提升。全面落地减税降费政策，积极推行“银关保”“关税保证保险”“集团财务公司担保”等新型担保形式，积极推进平安财险试点和融资担保创新，帮助企业解决“融资难、融资贵”问题，有力促进口岸贸易便利化水平提升。全力推广“单一窗口”标准版，推进通关便利化，聚焦重点业务分类制定推广工作方案，打造“热线 + 微信 + 智能机器人”“7 × 24 小时”全方位全天候咨询服务体系。

（二）强化科技应用，大力建设智慧口岸

实行简化申报、清单核放和汇总统计等便利通关措施，把监管行为“嵌入”企业业务运转流程中，通过应用科技装备，提升运作效率。进一步压缩通关时间，深入推进机检优先查验作业模式，提升监管效能，实行分层查验试点；推行“智审 + 人审”作业模式，率先推动智能审图实用化。利用科技手段，加快现场查验速度。在各旅检口岸广泛采用人身探测器、金属探测门、太赫兹安检系统等先进设备，在强化监管时进一步便利守法旅客，打造“智慧旅检”系统，让旅客能享受到“无感”通关。

（三）创新驱动发展，贯彻落实国家重大战略

深圳海关以制度创新为核心，以风险防控为底线，以企业需求为导向，加强海关监管制度改革，服务前海蛇口自贸片区建设高质量发展。从建设国际科技创新中心、规则相互衔接、要素高效便捷流动等方面，重点推动粤港澳大湾区创新发展、支持深圳建设中国特色社会主义先行示范区。开展“保税 + 社区新零售”改革，促进传统零售与保税贸易融合发展，实现消费体验和结构升级。建设“离港空运服务中心”。整合海运、航运、陆路物流要素，叠加实施 MCC（海运国际中转分拨集拼）、“跨境一锁”、“全球中心仓”等政策，搭建航空货运一体化服务平台，逐步形成以前海为中心的粤港澳大湾区“全球揽货—前海集聚—机场直飞”进出口贸易生态圈。

五、广州“智慧海关”助力打造国际一流口岸营商环境[①]

为助力广东打造国际一流口岸营商环境，支持广东外贸发展增强新优势，广州海关充分发挥科技创新的支撑引领作用，运用大数据思维，利用5G、增强现实（AR）、人工智能（AI）等前沿技术，在关区内推进建立以实货监管为重点的“智慧海关”项目建设，推进24小时全天候智能通关。

（一）“智能+”服务旅客“无感通关”新体验

广州海关依托空港口岸海关综合指挥平台，利用5G眼镜、手腕平板等“智能穿戴”监管设备，通过人工智能分析、深度神经网络算法，实现人脸识别、行李追踪、3D全景、视频跟踪等功能，支撑对高风险旅客和行李物品的精准画像和智能识别，监管精准度更高，使守法旅客通关时间大幅压缩，可以快速通行，完全感受不到海关时刻的监管。

（二）“AR+AI”压缩进出口货物通关时间

广州海关叠加运用“AR”（增强现实）视频技术和“AI”（人工智能）算法技术改革成果。2019年以来，广州海关利用“AR+AI”技术，聚焦企业反映的通关痛点、堵点，将集约信息化和现实场景融合，简化优化监管模式和监管流程，创新应用远程协同系统，利用5G技术实现现场查验和后台专家联动、远程判别、现场验估，实现高效通关。目前，广州海关“智慧海关”项目覆盖关区52个口岸，涉及集装箱、散货、旅检、邮轮码头、跨境电商等业务类型，通过加强科技手段运用，提升口岸智能化水平，加强海关与群众、企业、政府等信息互动，进一步通过“提时效”实现“降成本”，实现了进出口货物和进出境人员、运输工具的便捷通关。

---

① “智慧海关”助力打造国际一流口岸营商环境[N]. 科技日报,2019-12-30.

第八章
口岸开放发展与“一带一路”建设

中国坚持对外开放的基本国策，坚持打开国门搞建设，积极促进“一带一路”国际合作，努力实现政策沟通、设施联通、贸易畅通、资金融通、民心相通，打造国际合作新平台，增添共同发展新动力。①

以“一带一路”建设为契机，开展跨国互联互通，提高贸易和投资合作水平，推动国际产能和装备制造合作，本质上是通过提高有效供给来催生新的需求，实现世界经济再平衡。②

——习近平

① 习近平．决胜全面建成小康社会 夺取新时代中国特色社会主义伟大胜利——在中国共产党第十九次全国代表大会上的报告[N]．人民日报,2017－10－28.

② 习近平在推进“一带一路”建设工作座谈会上的讲话[EB/OL]．人民网,http://cpc.people.com.cn/n1/2019/0320/c64094－30984416.html.

我国地处亚太中心位置，位于亚欧大陆东部中心地带、太平洋西岸，东南面向太平洋，南抵太平洋和印度洋结合部，北靠亚欧大陆腹地，幅员辽阔，水陆疆域兼备，地势西高东低，南北相距 5500 公里，东西相距 5200 公里。从陆域和水域分别看，我国陆地边界线长约 2.28 万公里，与朝鲜、俄罗斯、蒙古国、哈萨克斯坦、吉尔吉斯斯坦、塔吉克斯坦、阿富汗、巴基斯坦、印度、尼泊尔、不丹、缅甸、老挝、越南等 14 个邻国接壤，除与印度、不丹尚未勘定国界线外，与其他邻国基本都对等设立了边境公路、边境铁路口岸[①]，陆域六大国际经济走廊分布四面八方，贯通欧亚非，辐射世界诸多区域。我国海岸线长 1.8 万多公里，与韩国、日本、菲律宾、文莱、马来西亚、印度尼西亚、朝鲜、越南 8 个国家隔海（江）相望；其中，朝鲜、越南既是陆域邻国又是水域邻国，沿海水域五大港口集群遍布，点面结合，通江达海，境内外节点枢纽港口作用发挥显著。

作为陆海兼具的世界大国，我国长期以来的发展实践证明，东部沿海地区引领中国发展方向，西部北部陆域决定中国生存空间，海洋开发建设拓展中国富强未来。我国特定的地缘区位环境，既决定着物流、人流、资金流等资源要素的流向趋势，又决定着对外开放口岸、特殊监管区域等开放平台的时序与梯度。

---

① 中国与阿富汗之间陆域接壤，没有设立直接进出境的陆路口岸。连接两国边境的瓦罕走廊是中阿陆域往来的唯一通道，是我国新疆维吾尔自治区境内至阿富汗巴达赫尚省的呈东西向的狭长地带，位于帕米尔高原南端和兴都库什山脉北段之间的一个山谷。瓦罕走廊地处 5600 米以上高海拔地带，一年中有半年以上时间大雪封山，自然条件恶劣、人迹罕至，历史上曾是古丝绸之路的一部分，也是华夏文明与西域文明相互交流的重要通道。

第一节 “一带一路”建设的核心理念、重点任务和国内区域定位

一、核心理念

当今世界正经历“百年未有之大变局”，全球治理体系和国际秩序正在加速变革，经济全球化依然是时代潮流，世界多极化显然是大势所趋。当今中国正在健步走向世界舞台中央，面对“百年未有之大变局”，习近平总书记着眼全人类发展进步，为维护世界和平与促进共同发展，优化全球治理体系，从中国人民和各国人民的共同利益出发，于 2013 年首次提出共建“一带一路”倡议，受到国际社会的高度评价和沿线国家的积极响应。

“一带一路”建设植根历史、面向未来、源自中国、惠及全球，是我国与全球各国尤其是沿线国家秉承和平合作、开放包容、互学互鉴、互利共赢的丝路精神，坚持共商、共建、共享的合作理念，致力于共同打造政治互信、经济融合、文化包容的命运共同体、利益共同体、责任共同体的重大时代倡议，标志着我国对外开放进入了一个新阶段新境界。

“一带一路”贯穿亚欧非大陆，一头是活跃的东亚经济圈，一头是发达的欧洲经济圈，中间广大腹地国家经济发展潜力巨大。共建“一带一路”顺应世界多极化、经济全球化、文化多样化、社会信息化的潮流，秉持开放的区域合作精神，致力于维护全球自由贸易体系和开放型世界经济。共建“一带一路”旨在促进经济要素有序自由流动、资源高效配置和市场深度融合，推动沿线各国实现经济政策协调，开展更大范围、更高水平、更深层次的区域次区域合作，共同打造开放、包容、均衡、普惠的区域次区域经济合作架构。

共建“一带一路”致力于亚欧非大陆及附近海洋全域的互联互通，

建立和加强沿线各国互联互通伙伴关系，构建全方位、多层次、复合型的互联互通网络，实现沿线各国多元、自主、平衡、可持续发展。对外开放口岸、协同推进口岸发展，是促进“一带一路”建设中实现我国与其他国家间政策沟通、设施联通、贸易畅通、资金融通、民心相通的重要手段之一，也是实现跨境软件硬件设施互联互通、加大经贸科技文化合作、促进人员往来交流的有效途径之一。

二、重点任务

2015 年 3 月，经国务院授权，国家发展改革委、外交部、商务部联合发布《推动共建丝绸之路经济带和 21 世纪海上丝绸之路的愿景与行动》，明确提出：丝绸之路经济带重点畅通中国经中亚、俄罗斯至欧洲（波罗的海），中国经中亚、西亚至波斯湾、地中海，中国至东南亚、南亚、印度洋。21 世纪海上丝绸之路重点方向是从中国沿海港口过南海到印度洋，延伸至欧洲；从中国沿海港口过南海到南太平洋。根据“一带一路”走向，陆上依托国际大通道，以沿线中心城市为支撑，以重点经贸产业园区为合作平台，共同打造新亚欧大陆桥、中蒙俄、中国中亚西亚、中国—中南半岛等国际经济合作走廊；海上以重点港口为节点，共同建设通畅安全高效的运输大通道。①

三、国内区域定位

推进“一带一路”建设，需要进一步充分发挥国内各地区比较优势，实行更加积极主动的开放战略，加强东中西部互动合作，推动形成优势互补、高质量发展的区域经济布局，全面提升开放型经济水平。

---

① 国家发展改革委、外交部、商务部联合发布《推动共建丝绸之路经济带和 21 世纪海上丝绸之路的愿景与行动》[EB/OL]. http://www.mofcom.gov.cn/article/resume/n/201504/20150400929655.shtml.

（一）西北地区

发挥新疆独特的区位优势和向西开放的窗口作用，深化与中亚、南亚、西亚等区域国家交流合作，形成丝绸之路经济带上重要的交通枢纽、商贸物流和文化科教中心，全力打造丝绸之路经济带核心区。发挥陕西、甘肃综合经济文化和宁夏、青海民族人文优势，打造西安内陆型改革开放新高地，加快兰州、西宁开发开放，推进宁夏内陆开放型经济试验区建设，形成面向中亚、南亚、西亚国家的通道、商贸物流枢纽、重要产业和人文交流基地。

（二）东北地区

发挥内蒙古连通俄罗斯、蒙古国的区位优势，完善黑龙江对俄铁路通道和区域铁路网，深化黑龙江、吉林、辽宁与俄罗斯远东地区陆海联运合作，推进构建北京—莫斯科欧亚高速运输走廊，建设向北开放的重要窗口。

（三）西南地区

发挥广西与东盟国家陆海相接的独特优势，加快北部湾经济区和珠江—西江经济带开放发展，构建面向东盟区域的国际通道，打造西南、中南地区开放发展新的战略支点，形成 21 世纪海上丝绸之路与丝绸之路经济带有机衔接的重要门户。发挥云南区位优势，推进与周边国家的国际运输通道建设，打造大湄公河次区域经济合作新高地，建设成为面向南亚、东南亚的辐射中心。推进西藏与尼泊尔等周边国家边境贸易和旅游文化等合作。

（四）东南沿海和港澳台地区

充分利用长三角、珠三角、海峡西岸、环渤海等经济区开放程度高、经济实力强、辐射带动作用大的优势，加快推进自由贸易试验区建设，支持福建建设 21 世纪海上丝绸之路核心区。充分发挥深圳前海、广州南沙、珠海横琴、福建平潭等开放合作区作用，深化内地（大陆）

与港澳台合作，全力打造粤港澳大湾区。推进浙江海洋经济发展示范区、福建海峡蓝色经济试验区和舟山群岛新区建设，加大海南国际旅游岛开发开放力度。加强上海、天津、宁波—舟山、广州、深圳、湛江、汕头、青岛、烟台、大连、福州、厦门、泉州、海口、三亚等沿海城市港口建设，强化上海、广州等国际枢纽机场功能。以扩大开放倒逼深层次改革，创新开放型经济体制机制，加大科技创新力度，形成参与和引领国际合作竞争新优势，成为“一带一路”特别是21世纪海上丝绸之路建设的排头兵和主力军。发挥海外侨胞和香港、澳门特别行政区独特优势作用，积极参与和助力“一带一路”建设。为台湾地区参与“一带一路”建设做出妥善安排。

（五）中西部内陆地区

利用内陆纵深广阔、人力资源丰富、产业基础较好优势，依托长江中游城市群、成渝城市群、中原城市群、呼包鄂榆城市群、哈长城市群等重点区域，推动区域互动合作和产业集聚发展，打造重庆西部开发开放重要支撑和成都、郑州、武汉、长沙、南昌、合肥等内陆开放型经济高地。加快推动长江中上游地区和俄罗斯伏尔加河沿岸联邦区的合作。建立中欧通道铁路运输、口岸通关协调机制，打造“中欧班列”品牌，建设沟通境内外、连接东中西的运输通道。支持郑州、西安等内陆城市建设航空港、国际陆港，加强内陆口岸与沿海、沿边口岸通关合作，开展跨境贸易电子商务服务试点。优化海关特殊监管区域布局，创新加工贸易模式，深化与沿线国家的产业合作。

第二节　陆域边境口岸开放发展和六大国际经济合作走廊建设

我国沿边地区共有内蒙古、辽宁、吉林、黑龙江、广西、云南、西藏、甘肃、新疆9个省区，138个县级行政区和新疆生产建设兵团58个边境团场，土地面积约200万平方公里，居住着45个少数民族。

沿边各省区边境口岸呈带状分布，东北门户区包括内蒙古、黑龙江、吉林、辽宁，主要面向东北亚，与俄罗斯、蒙古国、朝鲜等邻国对等设立边境口岸；西北门户区包括甘肃、新疆，主要面向中亚、西亚，与俄罗斯、蒙古国、哈萨克斯坦、塔吉克斯坦、吉尔吉斯斯坦、巴基斯坦等邻国对等设立边境口岸；西南门户区包括云南、广西、西藏，主要面向南亚、东南亚，与越南、老挝、缅甸、尼泊尔等邻国对等设立边境口岸。截至2018年底，我国沿边地区共有经国务院批准开放的边境公路、边境铁路、边境水运口岸86个；其中，边境公路口岸66个、边境铁路口岸11个、边境水运口岸10个。

一、新亚欧大陆桥经济走廊

所谓大陆桥运输，是指使用横贯大陆的铁路、公路运输系统为中间桥梁，把大陆两端的海上运输线路连接起来的运输方式，其主要功能是便于开展海陆联运，缩短运输里程。目前，已建成开通第一亚欧大陆桥（西伯利亚大陆桥）和第二亚欧大陆桥（新亚欧大陆桥）。

新亚欧大陆桥开辟了我国路桥经济新时代，实现了海桥、江桥、陆桥、空桥的功能互补和互动协调发展。新亚欧大陆桥于1990年9月开通运行，东起江苏连云港、山东日照等东部沿海港口，经陇海线、兰新线铁路贯穿东部、中部、西部地区的江苏、安徽、河南、陕西、甘肃、青海、新疆7个省区，由新疆阿拉山口铁路口岸出境，途经哈萨克斯坦、俄罗斯、白俄罗斯、波兰、德国，到达大西洋东岸的荷兰鹿特丹港、比利时的安特卫普等港口。

新亚欧大陆桥跨越亚欧两大洲，联结太平洋、大西洋，全程约10900公里，在我国境内4134公里，辐射东亚、中亚、西亚、东欧、西欧30多个国家及地区。依托新亚欧大陆桥，目前我国已开通由重庆至德国杜伊斯堡的“渝新欧”、由武汉至捷克梅林克帕尔杜比采的“汉新欧”、由成都至波兰罗兹的“蓉欧快铁”、由郑州至德国汉堡的“郑新欧”等中欧国际班列，实现了铁铁联运和沿途运输“一次申报、一次查验、一次放行”等跨境合作。

二、中俄蒙经济走廊

中国、俄罗斯、蒙古国三国地缘毗邻，有漫长的陆路边界，中蒙边境线长达4710公里，中俄边境线长达4374公里，俄蒙边境线长达3543公里，天然互联互通优势明显，三国发展战略高度契合，俄罗斯、蒙古国均是“一带一路”东北亚沿线最重要的国家。东北亚在地理上包括我国东北三省和环渤海地区、内蒙古以及朝鲜、韩国、日本、蒙古国、俄罗斯远东地区，人口约17亿，东北亚区域GDP和对外贸易值均约占全球总量的20%。2015年7月，中俄蒙三国元首批准《中华人民共和国、俄罗斯联邦、蒙古国发展三方合作中期路线图》，实现“丝绸之路经济带”倡议同俄罗斯“欧亚经济联盟”、蒙古国“草原之路”倡议紧密对接合作，加强铁路、公路、口岸等跨境基础设施互联互通，进一步推进通关、运输便利化等各领域合作。

中俄蒙经济走廊规划有两条重要通道：一条通道基本走向是从我国华北地区的京津冀到内蒙古呼和浩特，经内蒙古二连浩特到蒙古国乌兰巴托，然后汇入俄罗斯远东铁路网；另一条通道基本走向是沿着原中东铁路（从俄罗斯赤塔经满洲里、哈尔滨、绥芬河到达俄罗斯符拉迪沃斯托克，与俄罗斯西伯利亚铁路东段连接的铁路线），从我国东北地区大连、沈阳、长春、哈尔滨到内蒙古满洲里和俄罗斯赤塔等城市。这两条通道线路及其辐射区域形成一个互动互补的开放开发经济带。

三、中国—中亚—西亚经济走廊

中亚包括哈萨克斯坦、土库曼斯坦、吉尔吉斯斯坦、乌兹别克斯坦、塔吉克斯坦5国，西亚包括伊朗高原、阿拉伯半岛、美索不达米亚平原、小亚细亚半岛等区域国家。中亚、西亚集聚着全球重要的能源输出国，西亚的霍尔木兹海峡、曼德海峡是沟通印度洋、大西洋的交通纽带。这条经济走廊蕴藏着世界上最丰富的石油资源，是全球最重要的能源输出地，该区域能源资源丰富，是我国液化天然气进口的主要来源地，也是全球文化、宗教、军事最为复杂的地区之一。

该经济走廊的主要走向是，从我国新疆出发，从阿拉山口或者霍尔果斯口岸出境后，经中亚五国（由哈萨克斯坦到乌兹别克斯坦、吉尔吉斯斯坦、塔吉克斯坦、土库曼斯坦）和西亚的伊朗、伊拉克、土耳其等国，抵达波斯湾、地中海沿岸和阿拉伯半岛。该经济走廊上有我国倾力打造的产业“引进来、走出去”标杆项目。这条经济走廊是连接中国与中亚、西亚沿线国家间的能源大通道，是中国—中亚石油管道和天然气管道必经之地，将成为打通欧洲、亚洲、非洲的经济走廊。

四、中巴经济走廊

巴基斯坦是我国的全天候战略合作伙伴关系国家。中巴经济走廊北通丝绸之路经济带、南接21世纪海上丝绸之路，是“一带一路”贯通南北的关键所在，也是“一带一路”建设的旗舰项目；该经济走廊旨在打造一条北起新疆喀什、南至瓜达尔港的涵盖公路、铁路、油气、光缆通道在内的经济大动脉。2015年4月，习近平主席访问巴基斯坦，强调以中巴经济走廊建设为中心，以瓜达尔港、交通基础设施、能源、产业合作为重点，形成“1+4”合作布局，通过对包括陆海空交通、油气管道、光缆电站等在内的经济走廊建设，实现互联互通、合作共赢、共同发展。

五、孟中印缅经济走廊

孟加拉国、中国、印度、缅甸四国山水相连，同处一个大陆板块。

孟中印缅经济走廊区位优势突出，西濒阿拉伯海，东临孟加拉湾，南临印度洋，扼亚洲、欧洲、非洲、大洋洲海上交通要冲，是整合南亚、东南亚、中国西南部乃至东亚经济不可缺少的链环。云南是缅甸、孟加拉国、印度进入中国的陆地通道区域。

孟中印缅经济走廊，狭义地理范畴包括中国云南和印度东部的比哈尔邦、西孟加拉邦及东北部有关邦，缅甸与孟加拉全境；广义地理范畴包括4个国家全境。该经济走廊以昆明（中国）—曼德勒（缅甸）—达卡（孟加达）—加尔各答（印度）4个重要城市为经济节点和沿线国际通道主轴，面向印度洋开放，区域内拥有丰富的资源和巨大的市场。作为连接“三亚两洋”（东亚、东南亚、南亚和太平洋、印度洋）的梁桥，该经济走廊建设通过加强区域次区域合作，搭建桥梁铁路，畅通水陆通道，构筑商贸平台，有助于从根本上打破以往地缘政治格局，完善现有亚洲公路网、泛亚铁路、印度—湄公河经济走廊、中缅油气管道 、伊洛瓦底江、布拉马普特拉河等重点区域通道，形成新的经济增长区域。

六、中国—中南半岛经济走廊

在中国—东盟命运共同体架构下，中国—中南半岛经济走廊东起珠三角经济区，沿南广高速公路、桂广高速铁路，经广西南宁至凭祥出境，经越南河内至新加坡；该经济走廊以沿线中心城市为依托，以铁路、公路为载体，以人流、物流、资金流、信息流为基础，纵贯中南半岛的越南、老挝、柬埔寨、泰国、马来西亚等国家，是中国连接中南半岛的大陆桥。

目前，大湄公河流域国家正在建设贯通东西、连接南北的9条跨境公路，域内各方正在加快推进通关便利化、合作机制化、政策沟通多层化等合作，推动加快形成优势互补、区域分工、联动开发、共同发展的中国—东盟合作的跨国经济体。广西作为我国西南重地，毗边临海，南临北部湾，西南与越南接壤，与东盟“一湾连七国”，具有独特的“沿海、沿江、沿边”优势，是西南地区最便捷的出海通道和中国—东盟开放合作前沿窗口，区位优势明显，在中国—中南半岛经济走廊建设中发挥着打造西南、中南地区开放发展新支点的重要作用。

第三节　水域口岸开放发展与五大沿海港口集群建设

中国改革开放发端于沿海地区，起步于港口城市，而后向沿边、内陆地区梯次推进，国家对外开放口岸同步推进。目前，我国沿海地区各港口已发展形成五大区域港口集群，自北向南依次是环渤海地区港口群、长江三角洲地区港口群、东南沿海地区港口群、珠三角地区港口群和西南沿海地区港口群，基本建成了包括集装箱、煤炭、石油、铁矿石、粮食、商品汽车、陆岛滚装和旅客运输在内的综合性、立体式运输系统。这些对外开放的水运口岸、港口集群在我国深化改革开放、促进经济社会全面发展、加强“一带一路”建设中发挥着重要作用。

一、环渤海地区港口群

环渤海地区贯通南北、连接陆海，总人口约2.5亿，国内生产总值（GDP）以及投资、消费、进出口、港口货物吞吐量等指标都约占全国的1/4。环渤海港口群主要由辽宁、天津、河北和山东沿海港口群组成，港口腹地覆盖东北、华北、西北等地区，目前区域内有大小港口60多个，是全国乃至全球较为密集的港口群之一。环渤海港口群以大连、天津、青岛港为主要港口，以营口、烟台、日照、丹东、锦州、秦皇岛、曹妃甸、黄骅、威海港等港口为补充，主要服务于北方沿海和内陆地区发展。其中，辽宁沿海港口群以大连、营口港为主，为东北三省及内蒙古发展提供口岸支撑；津冀沿海港口群以天津、秦皇岛港为主，连接华北、西北部分省份，为京津和华北地区提供口岸支撑；山东沿海港口群以青岛、烟台、日照港为主，为山东半岛蓝色海洋经济增长带提供口岸支撑。

二、长三角地区港口群

长三角地区濒临黄海、东海，地处江海交汇之域，沿江沿海港口众多，是我国综合实力最强的经济区域。长三角港口群依托上海国际航运中心，以上海港为龙头，江苏、浙江为两翼发展起来，形成以上海港、宁波—舟山港为干线港，连云港、苏州（含常熟、张家港、太仓、江阴港）、南京、南通、镇江、温州、嘉兴、芜湖等港口为支线港，扬州、泰州等其他港口为喂给港的运输格局；它与“一带一路”新亚欧大陆桥沿线区域相对接，是贯穿海上和内陆、沿边地区运输的核心地带，主要服务长三角及长江沿线地区发展。

三、东南沿海地区港口群

东南沿海地区港口群集中于福建省，以厦门、泉州、福州港为主，莆田、漳州港等港口为支线，以集装箱、陆岛运输和海峡间对台客货运输为重点，主要服务我国与东南亚之间互联互通以及大陆对台“三通”、海峡西岸经济区建设及江西等内陆省份发展需要。该港口群中，泉州港作为古海上丝绸之路的重要起点港口之一，宋元时被誉为闻名于世的东方第一大对外贸易港，是21世纪海上丝绸之路的重要节点港口城市。而厦门港作为东南国际航运中心，面向东海，濒临台湾海峡，与台湾、澎湖列岛隔水相望，是我国东南海疆之要津、入闽之门户和东南沿海天然良港。

四、珠三角地区港口群

珠三角地区港口群地处粤港澳大湾区，滨江临海，经济发达，是全球通过能力最大、水深条件最好的区域性港口群之一，是“一带一路”建设的重要节点。目前该区域港口吞吐量居世界各湾区之首；其中，香港、广州、深圳、东莞、珠海港吞吐量超过亿吨，中山、惠州、佛山等港口吞吐量突破8000吨。该港口集群中，香港的龙头地位和辐射作用尤为重要。香港地处珠江口东侧，南临南海、北接深圳、西接珠江，与澳门、珠海及中山隔珠江口相望，位于东亚中心位置和亚洲国际航道要冲，是远东地区国际航运中心和世界三大天然良港之一、全球三大金融中心之一。

在充分发挥香港的经济、贸易、金融、信息和国际航运中心等优势的同时，以广州、深圳、珠海、汕头港为主，加快推进珠三角港口群一体化发展，优化港口资源配置，强化集疏运体系建设，将广州、深圳打造成为世界级的国际门户枢纽港口，并相应发展汕尾、惠州、虎门、茂名、阳江等港口，加强广东与港澳及内陆交流，服务华南、西南地区发展，构建对接港澳、连通西江、合作紧密、服务泛珠三角地区发展的世界级港口群。

五、西南沿海地区港口群

西南沿海地区港口群地处环北部湾区域，所在海域既是泛北部湾地区连通东南亚、实现陆海多式联运和跨境中转的国际大通道，又是西南地区到东南亚最近距离的陆海联运贸易大通道，是21世纪海上丝绸之路的重要航道和服务南海开发的重要基地。该港口群由粤西、广西沿海和海南省港口组成，包括湛江港、广西北部湾港（含钦州、防城、北海港）、海口港、洋浦、三亚、八所等港口，为西南地区进入东南亚、南亚提供出海通道，为海南扩大与岛外运输提供保障。

该港口集群中，北部湾港北靠渝、云、贵，东邻粤、琼、港、澳，西接越南，南濒海南岛，地处华南、西南经济圈与东盟经济圈的结合部，是西南地区进入中南半岛最便捷的出海门户。海口港位于海南岛北端、琼州海峡南侧，与雷州半岛隔海相望，地处北部湾东出南海的咽喉要道和南海航运中枢，自古就是我国沿海港口到东南亚各地通航贸易的必经之港，是泛珠三角经济合作区、北部湾经济区以及中国—东盟区域经济合作区的交汇点。

第四节　具有中国特色的国际航运中心和自由贸易港建设

依托国际性枢纽港口城市建设具有全球影响力的国际航运中心，是一个国家（地区）提升综合竞争力和在全球优化资源配置能力的重要举措，备受各国重视。

一、深入推进国际航运中心建设

我国沿海港口城市规划建设国际航运中心起步于20世纪90年代，国务院自2009年批准上海成为首个规划建设的国际航运中心以来，先后批准建设大连东北亚国际航运中心、天津北方国际航运中心、厦门东南国际航运中心、广州国际航运中心。除上述5个沿海港口城市正着力建设国际航运中心外，其他一些港口城市也相继提出规划建设国际航运中心。作为对外开放的枢纽性水运口岸，目前上海、大连、天津、厦门、广州国际航运中心，既是所在沿海港口集群的龙头港口和重要门户，又是“一带一路”建设的重要节点，地位、作用突出。

2014—2019年度新华·波罗的海国际航运中心发展指数报告研究显示：国际航运中心前三名（新加坡、伦敦、中国香港）多年来总体排名较为稳定，这些航运中心以发达的航运市场、完善的航运服务、丰沛的物流运输集众多航线航班于一体，依托国际经济、贸易、金融惯性发展逻辑，一直发挥着国际航运枢纽作用。但第4位至第10位排名出现较大波动，如汉堡由2014年的第5位下降至2018年和2019年的第7

位；鹿特丹由 2014 年的第 4 位下降至 2018 年和 2019 年的第 6 位。

上海作为“一带一路”和长江经济带的重要交汇点，随着“‘一带一路’ + 自贸区 + 航运中心”深度融合实施，港口运行效率和国际影响力不断提升，全球航运中心排名持续提升，已由 2014 年的第 7 位上升为 2015 年和 2016 年的第 6 位、2017 年的第 5 位、2018 年和 2019 年的第 4 位。东京 2014 年为第 8 位，2015 年被挤出前 10 名全球梯队，2016—2018 年列第 9 位。纽约由 2014 年的第 9 位上升至 2018 年和 2019 年的第 7 位。釜山 2014 年列第 10 位，2015—2017 年被雅典取代，2018 年再次列第 10 位，2019 年被挤出全球前 10 名梯队。2019 年休斯敦凭借海事法律与金融服务的提升，首次跻身前 10，居第 9 位。

此外，随着近年来“一带一路”建设大力推进，国际航运资源向亚太尤其是中国沿海地区进一步集聚，国际航运中心东移趋势明显，该指数研究报告显示宁波—舟山、广州、青岛、天津、深圳、厦门、大连港也已跻身国际航运中心行列。表 8 - 1 为 2014—2019 年新华 · 波罗的海国际航运中心发展指数全球综合实力前 10 位。图 8 - 2 为 2019 年新华 · 波罗的海国际航运中心发展指数分类评价结果。

表 8 - 1　2014—2019 年新华 · 波罗的海国际航运中心发展指数排名 TOP10

排名	2019 年	2018 年	2017 年	2016 年	2015 年	2014 年
1	新加坡	新加坡	新加坡	新加坡	新加坡	新加坡
2	中国香港	中国香港	伦敦	伦敦	伦敦	伦敦
3	伦敦	伦敦	中国香港	中国香港	中国香港	中国香港
4	中国上海	中国上海	汉堡	汉堡	鹿特丹	鹿特丹
5	迪拜	迪拜	中国上海	鹿特丹	汉堡	汉堡
6	鹿特丹	鹿特丹	迪拜	中国上海	中国上海	迪拜
7	汉堡	汉堡	纽约	纽约	迪拜	中国上海
8	纽约—新泽西	纽约	鹿特丹	迪拜	纽约	东京
9	休斯敦	东京	东京	东京	釜山	纽约
10	雅典	釜山	雅典	雅典	雅典	釜山

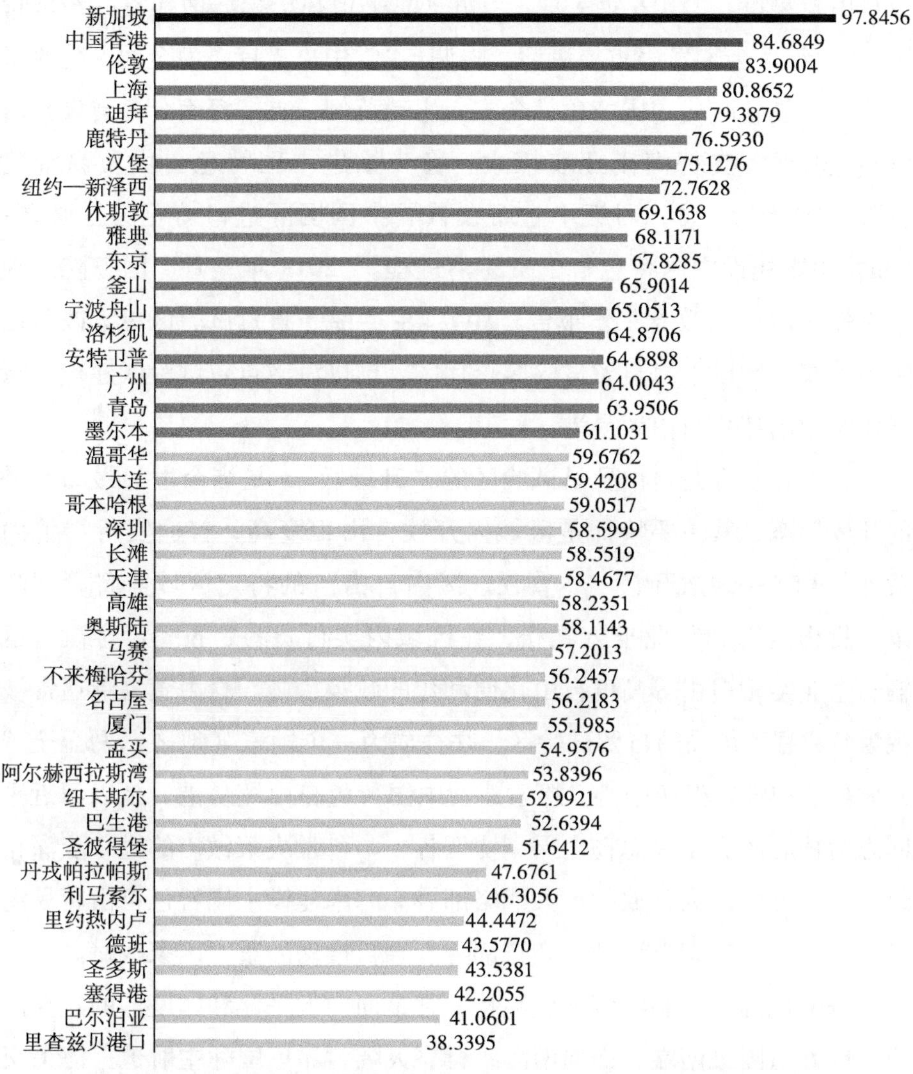

图 8－2　2019 年新华·波罗的海国际航运中心发展指数分类评价结果

二、积极探索建设自由贸易港

理念引领行动，方向决定出路。2017 年 10 月，习近平总书记在党的十九大报告中强调：“赋予自由贸易试验区更大改革自主权，探索建设自由贸易港。”2018年4月，习近平总书记在庆祝海南建省办经济特区30周年大会上发表重要讲话，强调：“党中央支持海南全面深化改革开放，争创新时代中国特色社会主义生动范例，支持海南全岛建设自由贸易试验区，支持海南逐步探索、稳步推进中国特色自由贸易港建设”。2018年11月，习近平主席在首届中国国际进口博览会上强调：“加快探索建设中国特色自由贸易港进程。”2019年3月，国务院总理李克强同志在《政府工作报告》中要求：“赋予自贸试验区更大改革创新主动权，增设上海自贸试验区新片区，推进海南自贸试验区建设、探索建设中国特色自由贸易港。”

自由贸易港是自由贸易试验区的“升级版”，是当今世界最高水平的开放形态，其主要特征是区域内开放自由程度高，普遍实行“境内关外”和“一线放开、二线管住、区内自由”的特定区域监督管理政策，货物监管和行业准入宽松，在区域内实行贸易、投资、金融、运输、企业经营自由等高度自由化便利化的政策措施。自由贸易港通常被视为开放程度最高的自贸试验区，往往成为一个国家（地区）乃至全球开放高地和贸易枢纽中心。探索建设中国特色自由贸易港，是以习近平同志为核心的党中央总揽全局、协调各方、科学决策做出的进一步深化改革、全方位扩大开放的重大战略部署。海南建设中国特色自由贸易港是习近平总书记亲自谋划、亲自部署、亲自推动的重大国家战略。

海南地理位置和经济地位独特，它是面向太平洋和印度洋的重要门户，地处祖国最南端，面向南海，背靠大陆，靠近国际主航道，海上交通便利，具备相对独立的地理单元，省域内已形成以海口港为全国主要港口，洋浦港、八所港、三亚港、清澜港为地区重要港口的“四方五港多港点”发展格局，已形成覆盖全国沿海各主要港口的内贸航线网络和连接东南亚、辐射亚欧的外贸航线布局，正在加快建设安全、便捷、高效、绿色的海陆空立体化综合性交通运输体系，有利于发展航运货物中转业务、转口贸易和打造全球集装箱运输枢纽。同时，海南作为全国最大的经济特区和国际旅游岛，一直争当中国改革开放的“试验田”和“排头兵”，敢闯敢拼，敢为人先，拥有世界一流的海洋旅游资源，拥有全国最佳的生态环境，拥有隔海而居、中外游客可以自由徜徉的区位优势，是“一带一路”建设的重要支点之一，有助于打造全面深化改革开放试验区、国家生态文明试验区、国际旅游消费中心、国家重大战略服务保障区，具备全国改革开放试验田的独特优势和建设中国特色自由贸易港的坚实基础。

当前，海南省深入贯彻落实党中央、国务院的决策部署，积极学习借鉴全球先进自由贸易港建设经验，立足国情实际，对标国际先进，先行先试先闯，坚持以人为本，创新人才政策，积极落实百万人才进海南计划，吸引国内外一流人才来海南创业发展；积极探索体现中国特色、符合海南发展定位的自由贸易港政策，注重自由贸易港政策制度体系的顶层设计和集成创新，以分步骤、分阶段建立健全自由贸易港的政策体系、制度体系和相配套的体制机制为抓手，加强改革创新的系统性、集成性、协同性，着力打造开放层次更高、营商环境更优、辐射作用更强、具有世界影响力的开放新高地，充分展示了中国政府向国际社会做出的主动开放、扩大开放的正式承诺。

第五节　口岸国际合作交流

中国海关积极推进口岸领域对外合作交流。近年来，按照国家“一带一路”建设部署要求，进一步统筹谋划口岸发展，坚持互利合作共赢，以加强“政策沟通、设施联通、贸易畅通、资金融通、民心相通”为主要内容，充分考虑毗邻国家国情和实际发展需求，会同相关国家共同采取措施，不断加强口岸领域合作，将口岸合作纳入与邻国签署的共建“一带一路”合作备忘录等协议协定，积极探索边境口岸通关监管模式创新，支持边境口岸所在地政府、口岸查验机构与毗邻国家对应政府和查验机构开展交流协作；我国与“一带一路”沿线国家特别是毗邻国家间口岸设施联通、口岸管理和通关政策沟通、贸易畅通、通关效率、安全便利水平等进一步提升，口岸开放发展在促进“一带一路”建设中发挥着重要作用。

一、加强政策沟通

本着求同存异、互利共赢原则，中国海关加强与“一带一路”沿线国家口岸执法机构的机制化合作和政策沟通，协商确定海关合作规划和具体措施，进一步提高“一带一路”开放门户和跨境通道的口岸通关便利化水平。2015 年，海关总署牵头在西安举办以“互联互通，共建共赢”为主题的“一带一路”海关高层论坛，致力于“一带一路”区域内的互联互通建设，将口岸合作纳入国际海关间合作议题。在国家外交框架下，进一步建立健全我国与毗邻国家间口岸合作机制，加强与周边国家口岸管理部门合作，充分利用现有口岸合作机制，开展沟通磋商，加强协调协作，深化利益融合，促进政治互信，达成合作共识，及时解决口岸建设、开放、运行、管理等互联互通问题，保障口岸通关顺畅安全，构建和扩大口岸领域合作朋友圈，发挥国际运输大通道上口岸功能作用。

二、推进设施联通

着眼长远发展，积极推动我国与毗邻国家间边境铁路、公路口岸基础设施和检查检验设施建设，稳妥有序推动边境口岸对等开放和同步建设，促进我国与沿线国家特别是毗邻国家间边境口岸通行能力相匹配，提升沿线口岸开放水平。深化边境互联互通合作，支持有条件的边境口岸实施《1975 年国际公路运输公约》（TIR 公约），支持中欧班列发展、西部陆海新通道建设、中欧安全智能贸易航线试点计划（俗称“安智贸”）、“一带一路”重点港口等合作，支持跨境交通运输合作项目早日落地，支持拓展货运航线网络和增开国际客运航线，积极协调畅通陆域、水域的国际运输通道，推动实现国际运输便利化，面向东北亚、中亚、西亚、东南亚、南亚的“一带一路”国际运输大通道网络进一步贯通。

三、实现贸易畅通

“一带一路”沿线市场规模和发展潜力独一无二，各国在经贸合作等方面意愿强烈，潜力巨大。充分利用现有双多边合作机制，会同外方就促进跨境贸易便利化做出适当安排，加强边境口岸工作时间、监管手续等方面沟通，协调解决通关中存在的具体问题，共同改善边境口岸通关设施条件，共同提升边境口岸通关效率，降低企业贸易成本。发挥边境口岸的集聚效应和带动作用，与有关毗邻国家建设边境示范口岸，完善集疏运体系，有效促进沿边地区开发开放。支持世界贸易组织《贸易便利化协定》生效实施，积极落实涉及口岸领域事项。支持中俄边境口岸特定商品监管结果互认合作，中蒙、中哈海关联合监管合作等重点项目合作。在中国与哈萨克斯坦、塔吉克斯坦、吉尔吉斯斯坦、蒙古国、越南等邻国边境，会同外方共同选取基础设施条件较好、贸易量较大的边境口岸开通农副产品快速通关“绿色通道”，支持农产品贸易和农业合作发展。同时，深化全国通关一体化改革，支持“一带一路”核心区、综合试验区、跨境经济合作区、自贸实验区、中哈物流基地等开放平台建设，完善海关特殊监管区域布局，为“一带一路”建设营造更加便捷高效的环境，进一步提升区域经济循环速度和质量，实现互利共赢。

四、服务资金融通

各国在经常项下和资本项下实现本币兑换及结算将大大降低流通成

本，提升本地区经济国际竞争力。积极支持中俄、中蒙、中越等边境地区重点口岸城市开展陆路跨境调运货币现钞业务，推动人民币与外币双边本币在边境口岸城市互换、跨境结算，发挥沿边地区口岸城市贸易效应，提升人民币跨境国际影响力。

五、促进民心相通

国之交在于民相亲，民相亲在于心相通。“一带一路”建设只有得到沿线各国人民支持，才能更好地为区域次区域合作奠定坚实的民意基础。以周边为首要，加强睦邻友好关系，以邻为伴，安邻富邻，践行亲、诚、惠、容理念，积极推动具备条件的边境口岸允许两国公民自驾8座以下小型车辆经指定的边境口岸进出边境限定区域，支持加强边境地区人文、旅游和科技、医疗、疫情防控、能力建设等合作，进一步促进两国民间交往、民心相通，促进我国与毗邻国家边境地区经济社会发展，实现兴边富民安邦，让中国发展更好惠及其他国家。

2019年5月，习近平主席在亚洲文明对话大会开幕式上的主旨演讲强调：“亲仁善邻、协和万邦是中华文明一贯的处世之道，惠民利民、安民富民是中华文明鲜明的价值导向，革故鼎新、与时俱进是中华文明永恒的精神气质，道法自然、天人合一是中华文明内在的生存理念。今日之中国，不仅是中国之中国，而且是亚洲之中国、世界之中国。未来之中国，必将以更加开放的姿态拥抱世界、以更有活力的文明成就贡献世界。”①

“一带一路”建设是走近世界舞台中央的中国为解决全球共同发展问题、优化全球治理体系而提出的“中国方案”，共建“一带一路”既是中国倡议，也是中国与沿线国家的共同愿望。站在新时代的起点上，

---

① 习近平在亚洲文明对话大会开幕式上的主旨演讲[EB/OL]. 新华网,2019-05-15. http://www.xinhuanet.com/politics/leaders/2019-05/15/c_1124497022.htm.

中国与沿线国家一道，以共建“一带一路”为契机，坚持平等协商，兼顾各方利益，反映各方诉求，实现共赢共享，携手推动更大范围、更高水平、更深层次的大开放、大交流、大融合，让和平的薪火世代相传，让发展的动力源源不断，让文明的光辉永续绽放，更好地共同推进构建人类命运共同体的伟大征程。

延伸阅读8.1

深刻理解把握“百年未有之大变局”

2018年6月24日，中共中央总书记、国家主席、中央军委主席习近平在中央外事工作会议上发表重要讲话。习近平总书记强调：“纵观人类历史，世界发展从来都是各种矛盾相互交织、相互作用的综合结果。我们要深入分析世界转型过渡期国际形势的演变规律，准确把握历史交汇期我国外部环境的基本特征，统筹谋划和推进对外工作。”“当前，我国处于近代以来最好的发展时期，世界处于百年未有之大变局，两者同步交织、相互激荡。做好当前和今后一个时期对外工作具备很多国际有利条件。”

“百年未有之大变局”是习近平总书记立足于中华民族伟大复兴这一历史坐标，以广阔的历史视野审视世界百年未有之大变局，直面当今世界面临的问题与挑战，对当前国际局势及其发展态势作出的一个重大论断，强调我国处于近代以来最好的发展时期与世界处于百年未有之大变局“两者同步交织、相互激荡”，这个论断洞悉历史、深邃辩证、总括全局，深刻揭示了当今世界新的时代特征，以新思想引领新时代，以新使命开启新征途。

我国发展仍处于并将长期处于重要战略机遇期。“百年未有之大变局”的核心在于世界格局中的力量对比及其转移，本质在于当前国际秩序的大发展与大调整，动力在于新一轮科技革命和产业变革的突破性进展以及思想和制度创新，主要特征着重表现为世界战略格局、世界经济格局、国际秩序、全球治理体系及治理规则、人类文明及交往模式等领域所发生的富有历史意义的大变化。从历史发展规律看，任何大变局本质上都是由世界力量对比发生重大变化而引发的国际秩序调整。这就决定了“大变局”的过程必然是一个从变化到稳定，再走向新变化的充满机遇和风险的历史过程。

目前，国内学界普遍认为，“百年未有之大变局”是经济全球化、政治多极化、区域一体化、国际力量多元化引发的全球治理结构的“大变局”，是国家间加速权力再分配的国际权力结构的“大变局”，是新一轮科技革命和产业革命加速重塑世界所带来的人类经济活动、生活方式及国家间竞争形态的“大变局”。

秩序新旧交替，体系破立并举，后冷战时代的国际秩序正在呈现“碎片化”特点，世界多极化发展呈现“东升西降”和“新升老降”趋势，西方国家出现严重的国内矛盾和信任赤字、治理赤字、和平赤字、发展赤字危机，世界政治和国际关系正在进入一个以再全球化、再意识形态化、再国家化为特点的新的历史长周期。当今世界主要力量中，美国“一超独大”局面未有实质性改变，中国、欧盟、俄罗斯和日本、印度、英国等“六强”成为世界经济增长的主要引擎，全球经济增长的重心正在从欧美逐渐转移到亚洲。

变局激荡、秩序重塑、临“危”寻“机”、启“知”成“行”，中国正处于近代以来最好的发展时期，中华民族的伟大复兴无疑是此轮百年未有之大变局中最独特最震撼的篇章之一。乱而思治，危而望安，在新时代之关口，中国如何审“局”察“势”、如何抉择、怎样行动，关乎长远国运发展。

在世界百年未有之大变局中，我们对内要以中华五千年文明的历史积淀从容把握“百年未有之大变局”的规律走向，牢牢把握为中国人民谋幸福、为中华民族谋复兴、为人类谋和平与发展的初心和使命不动摇，不为任何风险所惧，不被任何干扰所惑，始终保持战略定力，关键是办好自己的事，继续坚持改革开放，学习借鉴先进经验，实现高水平开放、高质量发展，不断提升国家现代治理能力；对外则顺应时代潮流、契合世界期待，构筑人类命运共同体，做世界和平的建设者、全球发展的贡献者、国际秩序的维护者，推动大变局向促进人类共同进步的正确方向前进，推动中华民族复兴之路与人类和平发展之路同步，中国的奋斗与世界的未来必将相遇在时代命运的交汇点上，必将创造中华民族发展史、世界社会主义发展史、人类社会发展史上的“中国奇迹”和“中国道路”“中国模式”。

延伸阅读 8.2

我国六大经济走廊和国际陆海贸易新通道建设

经济走廊是一个区域经济学概念，是依托一定的交通运输干线、地理区位、自然环境和资源禀赋等条件而形成的带状像走廊一样的区域经济单元；在区域内，一些经济比较发达的主要城市通过互通互联发挥经济集聚和辐射带动作用，连接带动不同等级规模的城市实现经济社会发展，实行以点带面，从线到片，依托纵横交错、贯通四方的交通网，形成一条点状密集、以点带面辐射、线状延伸的生产、流通一体化的走廊状经济区域。

经国务院授权，国家发展改革委、外交部、商务部于2015年3月公布的《推动共建丝绸之路经济带和21世纪海上丝绸之路的愿景与行动》，提出根据“一带一路”走向，陆上依托国际大通道，以沿线中心城市为支撑，以重点经贸产业园区为合作平台，共同打造新亚欧大陆桥、中蒙俄、中国—中亚—西亚、中国—中南半岛等国际经济合作走廊；海上以重点港口为节点，共同建设通畅安全高效的运输大通道。陆域六大经济走廊将亚太经济圈与欧洲经济圈紧密联系在一起。

就六大经济走廊的具体走向而言：一是中蒙俄经济走廊。该经济走廊将环渤海经济圈与欧洲经济圈连接起来，在我国北方形成一条陆路上从亚洲到欧洲的跨境通道，联通东亚经济圈和欧洲经济圈的重要桥梁。

二是新亚欧大陆桥经济走廊。新亚欧大陆桥又名“第二亚欧大陆桥”，是从江苏连云港市到荷兰鹿特丹港的国际化铁路交通干线，全长1.09万公里，国内部分由陇海铁路和兰新铁路组成，途经江苏、安徽、河南、陕西、甘肃、青海、新疆7个省区，沿线辐射世界30多个国家和地区。沿线途经中国、哈萨克斯坦、俄罗斯、波兰、德国、荷兰，这条线路比绕道太平洋、马六甲海峡、印度洋、苏伊士运河的水运距离缩短 1 万公里，运费可节约 20%，时间可节约一半。

三是中国—中亚—西亚经济走廊。该走廊连接我国西北地区和中亚、西亚的波斯湾、阿拉伯地区以及地中海沿线地区，经新疆出国境，抵达中亚五国（哈萨克斯坦、乌兹别克斯坦、吉尔吉斯斯坦、塔吉克斯坦、土库曼斯坦），再到中东西亚的伊朗、伊拉克、土耳其等国。

四是中国—中南半岛经济走廊。以广西南宁和云南昆明为起点，东起珠三角经济区，沿南广高速公路、南广高铁，纵贯中南半岛的越南、老挝、柬埔寨、泰国、马来西亚至新加坡，是我国珠三角、西南地区与中南半岛和东盟诸国合作的桥梁。

五是中巴经济走廊。北起新疆喀什，南到巴基斯坦瓜达尔港，全长 3000 公里，是贯通南北丝绸之路的关键枢纽和包括公路、铁路、油气管道、光缆通道在内四位一体的贸易走廊。

六是孟中印缅经济走廊。该走廊是我国西南地区向南发展的重要通道，将珠三角经济圈与南亚印度洋经济圈连接起来，将带动南亚、东南亚和东亚三大经济板块联合发展。

国际陆海贸易新通道，又称为中新互联互通南向通道、西部陆海新通道，是在中国—新加坡战略性互联互通示范项目框架下，以重庆为运营中心，由我国西部省区市与新加坡等东盟国家利用铁路、公路、水运、航空等多种运输方式打造的国际贸易物流通道，是西部地区便捷的出海物流大通道和产业、经贸、开放合作带。该通道在“一带一路”框架下，向北连接丝绸之路经济带，向南连接 21 世纪海上丝绸之路和中南半岛，以广西、云南、贵州、四川、重庆、甘肃、青海、新疆、陕西等相关省区市为关键节点，利用多式联运，向南通达新加坡等东盟国家，进而辐射澳大利亚、新西兰、中东及欧洲等区域，向东连接东北亚、北美等区域，向北与中欧班列连接而通达至中亚、欧洲等地。综合来看，加快推进六大经济走廊和国际陆海贸易新通道建设，有利于助推我国加快形成“陆海内外联动、东西双向互济”的对外开放新格局，有利于我国与“一带一路”沿线国家及地区共同打造合作、互利、共赢、繁荣的国际合作新格局。

延伸阅读8.3

中欧国际班列

亚洲与欧洲之间物流通道主要包括海运通道、空运通道和陆运通道，中欧班列以其运距短、速度快、安全性高等特征和安全快捷、绿色环保、受自然环境影响小等优势，已成为亚欧间国际物流陆路运输的主要方式。中欧班列是按照固定车次、线路等开行，往来于中国与欧洲及“一带一路”沿线国家和地区间的集装箱国际铁路联运班列。

2011年3月19日，首列中欧班列“渝新欧”（重庆至杜伊斯堡）成功开行，该班列从重庆团结村铁路场站始发，由阿拉山口出境，途经哈萨克斯坦、俄罗斯、白俄罗斯、波兰至德国杜伊斯堡站，全程约11000公里，运行时间约15天。2017年3月23日，中欧（重庆）班列开行6年后突破1000列，成为中国首个突破千列的中欧班列。截至2018年底，中欧班列累计开行12937列，国内开行城市达56个，连接15个国家49个城市。截至2019年10月底，中欧班列累计开行超过2万列次；截至2019年底，全国中欧班列累计开行21651列次，连接18个国家57个城市，为中欧经贸合作做出了积极贡献。

2011—2016年，全国中欧班列开行数量分别为17列、42列、80列、308列、815列、2191列，6年合计开行班列3453列。2016年当年中欧班列开行1702列；2017年开行3673列，同比增长116%，超过2011—2016年6年的总和。2018年，中欧班列开行6300列，同比增长72%；其中，返程班列2690列，同比增长111%。2019年中欧班列开行8225列，同比增长29%，发运72.5万标准箱，同比增长34%，综合重箱率达到94%。

目前，中欧班列出境主要有西、中、东三条通道：西部通道经新疆阿拉山口或霍尔果斯出境，中部通道经内蒙古二连浩特出境，东部通道经内蒙古满洲里或黑龙江绥芬河出境。中欧班列统筹协调、运行管理、竞争合作、提质增效不断深化，现已实现了统一品牌标志、统一运输组织、统一全程价格、统一服务标准、统一经营团队、统一协调平台的“六统一”，并在整列直达基础上逐步推进按成组集结、零散中转等运输组织方式，进一步提高中欧班列运输质量和运行效益，有效促进了亚欧大陆间跨境互联互通。

参考文献

[1]习近平．习近平主持召开中央全面深化改革领导小组第十四次会议并发表重要讲话[EB/OL]．中央政府门户网站，http://www.gov.cn，2015-07-01.

[2]习近平．决胜全面建成小康社会　夺取新时代中国特色社会主义伟大胜利——在中国共产党第十九次全国代表大会上的报告[N]．人民日报，2017-10-28.

[3]习近平在庆祝海南建省办经济特区30周年大会上的讲话[N]．人民日报，2018-04-14.

[4]习近平在东北三省考察并主持召开深入推进东北振兴座谈会时强调　解放思想锐意进取深化改革破解矛盾　以新气象新担当新作为推进东北振兴[EB/OL]．央视网，2018-09-28.

[5]习近平．在参加全国政协十三届二次会议文化艺术界、社会科学界委员联组会时的讲话[N]．人民日报(海外版)，2019-03-05.

[6]习近平主持召开中央全面深化改革委员会第七次会议[EB/OL]．新华网，2019-03-19.

[7]习近平在二十国集团领导人峰会上关于世界经济形势和贸易问题的讲话[EB/OL]．新华网，2019-06-28.

[8]习近平在庆祝中华人民共和国成立70周年大会上的讲话[EB/OL]．新华网，2019-10-01.

[9]习近平．坚持和完善中国特色社会主义制度推进国家治理体系

和治理能力现代化[J]. 求是,2020(1).

[10]习近平. 习近平谈“一带一路”[M]. 北京:中央文献出版社,2018.

[11] 李克强. 在全国深化“放管服”改革　优化营商环境电视电话会议上的讲话[EB/OL]. 新华网,2019-07-28.

[12]汪洋. 推动形成全面开放新格局[N]. 人民日报,2017-11-10.

[13]曾培炎. 新中国经济50年1949—1999[M]. 北京:中国计划出版社,1999.

[14]构建新时代中国特色社会主义新海关——专访海关总署署长、党委书记倪岳峰[J].《瞭望》新闻周刊,2019(5).

[15]倪岳峰. 筑牢口岸检疫防线　大力促进外贸稳增长[J]. 求是,2020(10).

[16] 强化监管优化服务　推动外贸促稳提质(权威访谈)——访海关总署署长倪岳峰[N]. 人民日报,2020-08-12.

[17]魏礼群. 新中国70年经济社会发展回顾与思考[J]. 求是,2019(19).

[18]江小涓. 新中国对外开放70年[M]. 北京:人民出版社,2019.

[19]徐宪平,等. 国家发展战略与宏观政策(上)(下)[M]. 北京:北京大学出版社,2018.

[20]叶剑. 中国口岸通览[M]. 北京:经济管理出版社,1996.

[21] 杨圣明. 中国经济开放理论创新——外贸·外资·WTO[M]. 北京:华文出版社,2001.

[22]韩毓海,胡鞍钢,王绍光,周建明. 人间正道[M]. 北京:中国人民大学出版社,2011.

[23]庞松. 中华人民共和国通史(第一卷)(1949—1956)[M]. 广州:南方出版传媒,广东人民出版社,2020.

[24] 罗平汉,赵鹏．中华人民共和国通史(第二卷)(1956—1966)[M]．广州:南方出版传媒,广东人民出版社,2020.

[25] 郑谦,张化．中华人民共和国通史(第三卷)(1966—1976)[M]．广州:南方出版传媒,广东人民出版社,2020.

[26]武国友．中华人民共和国通史(第四卷)(1976—1992)[M]．广州:南方出版传媒,广东人民出版社,2020.

[27]陈述．中华人民共和国通史(第五卷)(1992—2002)[M]．广州:南方出版传媒,广东人民出版社,2020.

[28]柳建辉．中华人民共和国通史(第六卷)(2002—2012)[M]．广州:南方出版传媒,广东人民出版社,2020.

[29]沈传亮．中华人民共和国通史(第七卷)(2012—2019)[M]．广州:南方出版传媒,广东人民出版社,2020.

[30]张莉．新世纪以来的中国对外开放[M]．北京:中共党史出版社,2012.

[31]程连升．筚路蓝缕　计划经济在中国[M]．北京:中共党史出版社,2016.

[32]彭栋梁,崔忠芳．毛泽东对外开放思想研究[M]．北京:中央民族大学出版社,2006.

[33]裴长洪．共和国对外贸易60年[M]．北京:人民出版社,2009.

[34]郑有贵．中华人民共和国经济史(1949—2012)[M]．北京:当代中国出版社,2017.

[35]张丽君,王玉芬．改革开放30年中国港口经济发展[M]．北京:中国经济出版社,2008.

[36]黄茂兴,等．中国自由贸易港探索与启航——全面开放新格局下的新坐标[M]．北京:经济科学出版社,2017.

[37]王珍珍,陈婷,赵富蓉．我国自由港建设的机制及实践探索[J]．全球化,2018(9).

[38]孟朱明. 联合国国际贸易单一窗口教程[M]. 北京:中国商务出版社,2012.

[39]张天怀. 中国外贸港口与航线[M]. 北京:对外经济贸易大学出版社,2005.

[40]辉煌70年编写组. 辉煌70年——新中国经济社会发展成就1949—2019[M]. 北京:中国统计出版社有限公司,2019.

[41]国家统计局国民经济综合统计司. 新中国六十年统计资料汇编[M]. 北京:中国统计出版社,2010.

[42]国家发展和改革委员会."十三五"国家级专项规划汇编(上、下)[M]. 北京:人民出版社,2017.

[43]全国人大财政经济委员会办公室,国家发展和改革委员会发展规划司. 建国以来国民经济和社会发展五年计划重要文件汇编[M]. 北京:中国民主法制出版社,2008.

[44]交通部综合规划司. 新中国交通五十年统计资料汇编(1949—1999)[M]. 北京:人民交通出版社,2000.

[45]交通部上海海运管理局. 上海海运三十年(1949—1979)[M]. 1979.

[46]中华人民共和国交通部. 中国港口建设1981—1985[M].

[47]新华月报. 新中国70年大事记1949. 10. 1—2019. 10. 1(上、中、下)[M]. 北京:人民出版社,2020.

[48]人民日报理论部. 深入学习习近平同志系列讲话精神[M]. 北京:人民出版社,2013.

[49]交通运输部.2019年交通运输行业发展统计公报[EB/OL]. http://www.gov.cn/xinwen/2020-05/12/content_5510817.htm.

[50]交通运输部.2018年交通运输行业发展统计公报[EB/OL]. http://xxgk.mot.gov.cn/jigou/zhghs/201904/t20190412_3186720.html.

[51]交通运输部.2017年交通运输行业发展统计公报[EB/OL]. ht-

tp://xxgk. mot. gov. cn/jigou/zhghs/201806/t20180622_3036269. html.

[52]交通运输部 . 2016 年交通运输行业发展统计公报[EB/OL]. http://xxgk. mot. gov. cn/jigou/zhghs/201704/t20170417_2976503. html.

[53]交通运输部 . 2015 年交通运输行业发展统计公报[EB/OL]. http://xxgk. mot. gov. cn/jigou/zhghs/201605/t20160506_2976374. html.

[54]交通运输部 . 2014 年交通运输行业发展统计公报[EB/OL]. http://xxgk. mot. gov. cn/jigou/zhghs/201504/t20150430_2976272. html.

[55]交通运输部 . 2013 年交通运输行业发展统计公报[EB/OL]. http://xxgk. mot. gov. cn/jigou/zhghs/201405/t20140513_2976802. html.

[56]交通运输部 . 2012 年公路水路交通运输行业发展统计公报[EB/OL]. http://www. mot. gov. cn/fenxigongbao/hangyegongbao/201510/t20151013_1894759. html.

[57]交通运输部 . 2011 年公路水路交通运输行业发展统计公报[EB/OL]. http://www. mot. gov. cn/fenxigongbao/hangyegongbao/201510/t20151013_1894758. html.

[58]交通运输部 . 2010 年公路水路交通运输行业发展统计公报[EB/OL]. http://www. mot. gov. cn/fenxigongbao/hangyegongbao/201510/t20151013_1894757. html.

[59]交通运输部 . 2009 年公路水路交通运输行业发展统计公报[EB/OL]. http://www. mot. gov. cn/fenxigongbao/hangyegongbao/201510/t20151013_1894755. html.

[60]交通运输部 . 2008 年公路水路交通运输行业发展统计公报[EB/OL]. http://www. mot. gov. cn/fenxigongbao/hangyegongbao/201510/t20151013_1894754. html.

[61]交通部 . 2007 年公路水路交通行业发展统计公报[EB/OL]. http://www. mot. gov. cn/fenxigongbao/hangyegongbao/201510/t20151013_1894752. html.

[62]交通部 . 2006 年公路水路交通行业发展统计公报[EB/OL]. http://

www. mot. gov. cn/fenxigongbao/hangyegongbao/201510/t20151013_1894751. html.

[63]交通部. 2005 年公路水路交通行业发展统计公报[EB/OL]. http://www. mot. gov. cn/fenxigongbao/hangyegongbao/201510/t20151013_1894750. html.

[64]交通部. 2004 年公路水路交通行业发展统计公报[EB/OL]. http://www. mot. gov. cn/fenxigongbao/hangyegongbao/index_1. html.

[65]交通部. 2003 年公路水路交通行业发展统计公报[EB/OL]. http://www. mot. gov. cn/fenxigongbao/hangyegongbao/201510/t20151013_1894748. html.

[66]交通部. 2002 年公路水路交通行业发展统计公报[EB/OL]. http://www. mot. gov. cn/fenxigongbao/hangyegongbao/201510/t20151013_1894747. html.

[67]交通部. 2001 年公路水路交通行业发展统计公报[EB/OL]. http://www. mot. gov. cn/fenxigongbao/hangyegongbao/201510/t20151013_1894746. html.

[68]交通运输部. 中国交通运输年鉴(2018)[M]. 北京:人民交通出版社股份有限公司,2018.

[69]国家口岸管理办公室编译. 国际贸易单一窗口(上册)(下册)[M]. 北京:中国海关出版社,2016.

[70]国家口岸管理办公室. 陆路口岸通关事务指南[M]. 北京:中国海关出版社,2018.

[71]《中国国际贸易单一窗口建设年鉴》编委会. 中国国际贸易单一窗口建设年鉴(2018)[M]. 北京:中国海关出版社,2019.

[72]《中国对外贸易运输总公司发展史》编写组. 中国外运四十年[M]. 北京:中国工人出版社,1990.

[73]中国航海学会. 中国航海史(现代航海史)[M]. 北京:人民交通出版社,1989.

[74]天津口岸文明共建活动领导小组. 天津口岸文明共建成果集[M]. 天津:天津人民出版社,2001.

[75]对外经济贸易大学国际经济研究院课题组. 对外开放四十年:回顾与展望[M]. 北京:人民日报出版社,2019.

[76]《中国口岸》杂志社. 口岸管理论文集[M]. 合肥:安徽人民出版社,1996.

[77]中国口岸协会. 中国口岸年鉴(2019)[M]. 北京:中国海关出版社,2020.

[78]中国口岸协会. 中国口岸年鉴(2018)[M]. 北京:中国海关出版社,2019.

[79]中国口岸协会. 中国口岸年鉴(2017)[M]. 北京:中国海关出版社,2018.

[80]中国口岸协会. 中国口岸年鉴(2016)[M]. 北京:中国海关出版社,2017.

[81]中国口岸协会. 中国口岸年鉴(2015)[M]. 北京:中国海关出版社,2016.

[82]中国口岸协会. 中国口岸年鉴(2014)[M]. 北京:中国海关出版社,2015.

[83]中国口岸协会. 中国口岸年鉴(2013)[M]. 北京:中国海关出版社,2014.

[84]中国口岸协会. 中国口岸年鉴(2012)[M]. 北京:中国海关出版社,2013.

[85]中国口岸协会. 中国口岸年鉴(2011)[M]. 北京:中国海关出版社,2012.

[86]中国口岸协会. 中国口岸年鉴(2010)[M]. 北京:中国海关出版社,2011.

[87]中国口岸协会. 中国口岸年鉴(2009)[M]. 北京:中国海关出版社,2010.

[88]中国口岸协会. 中国口岸年鉴(2008)[M]. 北京:中国海关出版社,2009.

[89]中国口岸协会. 中国口岸年鉴(2007)[M]. 北京:中国海关出

版社,2008.

[90]中国口岸协会. 中国口岸年鉴(2006)[M]. 北京:中国海关出版社,2007.

[91]中国口岸协会. 中国口岸年鉴(2005)[M]. 北京:中国海关出版社,2006.

[92]中国口岸协会. 中国口岸年鉴(2004)[M]. 北京:中国海关出版社,2005.

[93]中国口岸协会. 中国口岸年鉴(2003)[M]. 北京:中国海关出版社,2004.

后　记

时代是思想之母，实践是理论之源。2018 年是新中国改革开放 40 年，2019 年是新中国成立 70 周年，2020 年是全面建成小康社会、实现第一个百年奋斗目标之年，2021 年是中国共产党成立 100 周年。站在中国特色社会主义新时代潮头，遥忆近代以来，清季乱世屡被欺，东方雄狮久未醒，新中国成立乾坤斗转，凤凰浴火涅槃展翼飞，中华民族复兴之路创奇迹。而今岁月峥嵘七十载，历史翻越近百年，喜迎华诞慨国盛，欣值盛世书以志。

每个时代的人都难免会被时光打上烙印。宋代著名思想家张载提出“横渠四句”，即“为天地立心，为生民立命，为往圣继绝学，为万世开太平”，充分体现了中国知识分子自古以来的精神标识和共同期许，彰显了民胞物与的博大胸襟和笃实践履的做事风格，是后辈以身践行的楷模榜样。而今吾辈喜迎盛世，近年来笔者在工作之余，结合岗位实践和现有资料，积极思考，结合当今时代之主题，秉承工匠精神，把握专业学识，立足当前，回顾既往，展望未来，力图撰写一本从多角度全景式展现新中国成立以来口岸开放与变革发展等状况的书籍。心之所向，素履以往；生如逆旅，一苇以航。作者利用节假日等相对集中的时间，抓紧看书、查阅资料、反复研究、学习借鉴，断断续续历经三年时光终于完稿。俗语云，专业源于钻研，严谨源于责任，坚持源于忠诚，耐心源于坚韧，唯其热爱如故，遂能专注投入。尽管作者倾心竭力、尽其所能，限于写作时间、资料典籍和能力等因素，本书必定有诸多不完善之处，作者期盼今后有合适时机再予以修改完善。

本书共分为八章，各章主要内容简介如下：第一章为综述，主要阐述新中国成立70年来口岸开放与发展所取得的辉煌成就和积累的主要经验。第二章为社会主义革命和建设时期的口岸开放与发展：1949—1978年，主要阐述我国改革开放前的国民经济发展、对外贸易发展和外贸管理体制沿革、全国交通运输和口岸开放发展情况、口岸查验和口岸管理体制机制等内容。第三章为改革开放和社会主义现代化建设时期的口岸开放与发展：1978—2012年，主要阐述改革开放逐步启动和探索前进阶段、改革开放快速推进和市场经济体制建立完善阶段的经贸发展、口岸管理机构和查验机构变迁、全国口岸开放与发展、交通运输发展等内容。第四章为中国特色社会主义新时代的口岸开放与发展：2012年至今，主要阐述党的十八大以来的时代新巨变、全国外贸进出口发展状况、全国交通运输发展状况、全国口岸开放布局和整体发展状况、口岸管理和查验体制机制发展状况等内容。第五章为电子口岸与口岸管理信息化建设，主要阐述电子口岸建设的内涵与背景、主要发展阶段、主要功能及应用成效等内容。第六章为国际贸易“单一窗口”和“智慧口岸”建设，主要阐述“单一窗口”建设背景，概念内涵及基本要素，建设与运营模式及成熟经验，建设进程、主要成效及部分案例以及以“智慧港口”“智慧海关”为先导的“智慧口岸”建设等内容。第七章为持续优化口岸营商环境，主要阐述党中央、国务院重视优化营商环境，优化营商环境的理论基础和海关总署牵头优化口岸营商环境的主要成效，解读世界银行《营商环境报告》及部分案例等内容。第八章为口岸开放发展与“一带一路”建设，主要阐述“一带一路”建设的核心理念、重点任务和国内区域，陆域边境口岸开放发展和六大国际经济合作走廊建设，水域口岸开放发展与五大沿海港口集群建设，具有中国特色的国际航运中心和自由贸易港建设，口岸国际合作交流等内容。通过全景式多角度透视新中国口岸开放及变革发展等情况，可以清晰看出，口岸开放与变革发展是时代产物，伴随着国家对外开放发展而不断变化，不同历史时期的口岸开放与发展状况不同。

鸟欲高飞先振翅，人求上进多读书。需要说明的是，在写作过程中，作者查阅、参考了大量国内外与本书相关的文献资料，汲取了其中研究成果，在此衷心感谢本书所引用的所有文献资料作者们，他们的辛勤研究是我的写作基础，予我以诸多启发。

需要指出的是，出于新中国成立后改革开放前口岸开放和运行历史数据收集较难，对有关章节内容把握不够精准等原因，本书在阐述口岸发展历程时难免出现遗漏甚至谬误。下一步，作者还将进一步深化研究，力求少出错谬。

本书得以顺利出版，得到中国经济出版社总编辑毛增余和责任编辑严莉的鼎力支持，在此表示谢意。

需要感恩的是，家人对我工作和学习给予理解和支持，激励我更加努力地工作学习生活，更加努力地追求梦想、实现梦想。

人生哪能多如意，万事只求半称心。人生苦短，不负韶华。时不我待，只争朝夕。在此引用贾平凹先生《地平线》一文中的话："命运和理想是天和地的平行，但又总有交叉的时候。那个高度融合统一的很亮的灰白色的线，总是在前边吸引着你。永远去追求地平线，去解这个谜，人生就充满了新鲜、乐趣和奋斗的无穷无尽的精力。"庄子云："知足者不以利自累也，审自得者失之而不惧，行修于内者无位而不怍"。生命不息，奋斗不止。岁月不居，知足常乐。

本书稿进一步修改完善和出版之际，适值新型冠状病毒肺炎疫情在全球暴发流行，各经济体染疫者众、病死者多。多难兴邦。疫情为人类公敌，风月同天，与子同裳，抗击疫情，共克时艰，当今世界个人命运与时代命运紧密相连，此次百年不遇之大疫情在影响着百年未有之大变局，在悄然改变着当今世界发展之格局，也必将会对每个人产生久远影响。

凡是过往，皆为序章。是为后记。